应用型本科院校"十三五"规划教材/经济管理类

Macroeconomics Exercises

宏观经济学习题集

（第2版）

主 编 刘妍 张艳芳
副主编 刘阳 姚娜

哈尔滨工业大学出版社
HARBIN INSTITUTE OF TECHNOLOGY PRESS

内 容 简 介

本习题集是与高景海和佟明亮主编的《宏观经济学》(4版)教科书(哈尔滨工业大学出版社)配套的教学参考书,旨在帮助学生理解宏观经济学的基本原理,提高对这些原理的应用。

本习题集的分章与前述《宏观经济学》教科书相同,各章均采用名词解释、判断、选择、简答、计算和论述六种题型。同时,习题集中为每个题型都提供了详尽的答案,便于学生参考。

图书在版编目(CIP)数据

宏观经济学习题集/刘妍,张艳芳主编. —2版—哈尔滨:哈尔滨工业大学出版社,2019.1
ISBN 978−7−5603−7855−8

Ⅰ.①宏⋯ Ⅱ.①刘⋯ ②张⋯ Ⅲ.①宏观经济学−高等学校−习题集
Ⅳ.①F015−44

中国版本图书馆 CIP 数据核字(2018)第 272538 号

策划编辑	杜　燕
责任编辑	李广鑫
出版发行	哈尔滨工业大学出版社
社　　址	哈尔滨市南岗区复华四道街10号　邮编150006
传　　真	0451−86414749
网　　址	http://hitpress.hit.edu.cn
印　　刷	哈尔滨久利印刷有限公司
开　　本	787mm×960mm　1/16　印张13.5　字数300千字
版　　次	2012年8月第1版　2019年1月第2版
	2019年1月第1次印刷
书　　号	ISBN 978−7−5603−7855−8
定　　价	31.80元

(如因印装质量问题影响阅读,我社负责调换)

《应用型本科院校"十三五"规划教材》编委会

主　任　　修朋月　　竺培国

副主任　　王玉文　　吕其诚　　线恒录　　李敬来

委　员　　（按姓氏笔画排序）

丁福庆　于长福　马志民　王庄严　王建华
王德章　刘金祺　刘宝华　刘通学　刘福荣
关晓冬　李云波　杨玉顺　吴知丰　张幸刚
陈江波　林　艳　林文华　周方圆　姜思政
庹　莉　韩毓洁　蔡柏岩　臧玉英　霍　琳
杜　燕

序

  哈尔滨工业大学出版社策划的《应用型本科院校"十三五"规划教材》即将付梓，诚可贺也。

  该系列教材卷帙浩繁，凡百余种，涉及众多学科门类，定位准确，内容新颖，体系完整，实用性强，突出实践能力培养。不仅便于教师教学和学生学习，而且满足就业市场对应用型人才的迫切需求。

  应用型本科院校的人才培养目标是面对现代社会生产、建设、管理、服务等一线岗位，培养能直接从事实际工作、解决具体问题、维持工作有效运行的高等应用型人才。应用型本科与研究型本科和高职高专院校在人才培养上有着明显的区别，其培养的人才特征是：①就业导向与社会需求高度吻合；②扎实的理论基础和过硬的实践能力紧密结合；③具备良好的人文素质和科学技术素质；④富于面对职业应用的创新精神。因此，应用型本科院校只有着力培养"进入角色快、业务水平高、动手能力强、综合素质好"的人才，才能在激烈的就业市场竞争中站稳脚跟。

  目前国内应用型本科院校所采用的教材往往只是对理论性较强的本科院校教材的简单删减，针对性、应用性不够突出，因材施教的目的难以达到。因此亟须既有一定的理论深度又注重实践能力培养的系列教材，以满足应用型本科院校教学目标、培养方向和办学特色的需要。

  哈尔滨工业大学出版社出版的《应用型本科院校"十三五"规划教材》，在选题设计思路上认真贯彻教育部关于培养适应地方、区域经济和社会发展需要的"本科应用型高级专门人才"精神，根据前黑龙江省委书记吉炳轩同志提出的关于加强应用型本科院校建设的意见，在应用型本科试点院校成功经验总结的基础上，特邀请黑龙江省9所知名的应用型本科院校的专家、学者联合编写。

  本系列教材突出与办学定位、教学目标的一致性和适应性，既严格遵照学科体系的知识构成和教材编写的一般规律,又针对应用型本科人才培养目标及与之相适应的教学特点,精心设计写作体例,科学安排知识内容,围绕应用讲授理论,做到"基础知识够用、实践技能实用、专业理论管用"。同时注意适当融入新理论、新技术、新工艺、新成果,并且制作了与本书配套的PPT多媒体教学课件,形成立体化教材,供教师参考使用。

《应用型本科院校"十三五"规划教材》的编辑出版,是适应"科教兴国"战略对复合型、应用型人才的需求,是推动相对滞后的应用型本科院校教材建设的一种有益尝试,在应用型创新人才培养方面是一件具有开创意义的工作,为应用型人才的培养提供了及时、可靠、坚实的保证。

希望本系列教材在使用过程中,通过编者、作者和读者的共同努力,厚积薄发、推陈出新、细上加细、精益求精,不断丰富、不断完善、不断创新,力争成为同类教材中的精品。

第2版前言

目前图书市场上各类关于宏观经济学的辅导图书很多,但是适用于应用型本科院校学生学习的这类辅导图书不多见,因此,我们在吸取此类图书优点的基础之上,针对应用型本科院校的学生特点,编写了此书。本书旨在为应用型本科院校的学生学习宏观经济学是提供辅导,使之更好地把握宏观经济学各种理论的内在联系和逻辑关系,从而能够真正理解和掌握宏观经济学理论体系的目的。

本书相对其他图书的特色有:

1. **明确学习目标**。以"考点归纳"的形式列出学习过程中需要掌握的每章主要知识点。围绕这些知识点,在"要点解读"中进行详细解析,从而使读者对教科书中相关内容的理解能够把握重点。

2. **强化重点难点**。在题型结构的设计上,本书利用名词解释、判断、简答、计算和论述六种题型对重点难点进行了强化。

3. **习题具有代表性**。本书在编写过程中,主要参考了国外经典的经济学教科书的配套习题集,同时参考了国内优秀的宏观经济学教材中的习题,针对应用型本科院校学生的特点,选取有代表性的习题。

本习题集编写组成员及分工如下:哈尔滨远东理工学院姚娜撰写一、六、八章,张艳芳撰写第二、三、五章,刘阳撰写第九、十章,剑桥学院刘妍撰写第四、七、十一章。

由于作者水平所限,书中的疏漏和不当之处,诚望广大读者能及时反馈给我们,以便再版时修订。

编者
2018年10月

目　录

第一章　宏观经济学导论 1
　　习题精编 4
第二章　总产出 8
　　习题精编 20
第三章　总支出：消费、储蓄与投资 34
　　习题精编 46
第四章　货币需求与货币供给 58
　　习题精编 58
第五章　总需求决定模型 65
　　习题精编 77
第六章　$IS-LM$ 模型 81
　　习题精编 96
第七章　$AD-AS$ 模型 103
　　习题精编 108
第八章　失业与通货膨胀 122
　　习题精编 126
第九章　宏观经济周期与经济增长 139
　　习题精编 153
第十章　宏观经济政策 163
　　习题精编 184
第十一章　国际经济学 192
　　习题精编 195
参考文献 204

Chapter 1

宏观经济学导论

【考点归纳】

本章是宏观经济学理论的先导知识,主要介绍宏观经济学的发展、演变及其研究对象和方法。通过本章的学习,要求学生应该达到以下目标:

了解该课程的基本框架,理解宏观经济学的研究对象和基本内容;

掌握宏观经济学的一些基本概念;

了解宏观经济学的相关理论与代表人物,了解宏观经济学的形成和发展;

理解宏观经济学的研究方法及特点;

了解宏观经济学和微观经济学的区别与联系。

【要点解读】

一、宏观经济学的研究对象

(一)什么是宏观经济学

宏观一词来源于希腊文(Makros),表示"大"的意思。宏观经济学也称总体经济学,通常是指一国的国民经济。我们在实际生活中经常遇见诸如一国的总产出水平和就业量是由什么决定的,决定一国经济增长的因素有哪些,是什么引起的一国经济的波动,是什么导致了失业,为什么会产生通货膨胀,全球经济体系对一国国民经济的运行有何影响,宏观经济政策如何才能改善一国的经济运行状况等问题。对上述问题的探讨和分析构成了宏观经济学的主要内容。

(二)宏观经济学的研究对象

宏观经济学以国民经济为研究对象,通过对国民经济系统总量的考察,特别是通过对一国经济系统的国民产出总量、价格总水平和就业水平的分析,说明这些总量是如何决定的;研究怎样使一国的总产出达到最大值,即潜在水平或充分就业水平;研究制约一国国民产出增长的主要因素、增长规律以及长期趋势中为什么会呈现周期性波动;研究决定一般物价水平的因素,以及它在较长一段时期内发生通货膨胀或通货紧缩的原因和稳定物价的政策;在开放经济条件下,宏观经济学还要研究怎样兼顾目标和改善国际收支目标。

(三)宏观经济学的基本内容

宏观经济学研究的基本内容包括:国民收入决定理论,失业和通货膨胀理论,经济周期与经济增长理论,开放的宏观经济理论和宏观经济政策等。其中国民收入决定理论是宏观经济学的核心内容。

二、宏观经济学的研究方法及特点

宏观经济学的研究主要采用逻辑实证分析方法。这种方法首先建立假设条件,然后利用数学方法推导出结论。因此,必须注意,宏观经济学中的结论都是有成立条件的,还必须注意,对于推导,重要的是掌握其中的经济含义。

宏观经济学中的许多问题都是通过均衡分析方法解决的。例如,总产出的决定、价格水平的决定等都是通过静态均衡方法解决的,政府对宏观经济的影响(政策效应)是通过比较静态均衡方法解决的。静态均衡,从几何方法看,就是通过两条曲线的交点决定均衡值;从代数方法看,就是通过改变曲线的位置从而改变曲线的交点决定均衡值的改变;从高等数学方法看,就是观察解中的参数变化对解有何影响,即对其求导数。

实际上,宏观经济学的研究方法在本质上与微观经济学并没有区别。但由于研究对象和范畴的差异,宏观经济学的研究方法有其自身的特点。具体来说,有以下几点:

(一)以微观经济分析为基础

从现实经济运行角度看,宏观经济变量的基础是居民户和单个厂商在各种市场上相互作用的结果。如果对宏观经济现象的解释不与微观经济个体行为相一致,宏观经济学就缺乏现实基础,就有可能脱离实际。因此说,微观经济分析是宏观经济分析的基础。

(二)三种市场划分

为便于对宏观经济活动进行分析和研究,宏观经济学把各种各样的市场划分为金融市场、产品和劳务市场以及生产要素市场。金融市场是所有的金融资产、政府债券及其他有价证券和资产的交易场所;产品和劳务市场包括所有有形产品和无形服务的交易。要素市场则是居民户和厂商之间进行生产要素交易的场所。

(三)行为主体的划分

市场经济中,不同行为主体的行为方式及对经济活动的影响各不相同。据此,宏观经济学将它们划分为三种主要的主体:家庭、厂商与政府。宏观经济学在很大程度上是要研究这三种行为主体在以上三个市场中的行为方式以及之间的相互作用。

三、宏观经济学的理论体系

（一）萨伊定律与古典经济模型

萨伊是18世纪末和19世纪初法国著名的经济学家。他认为,商品的买卖实际上只是商品和商品的交换;在交换中,货币只是在一瞬间起了媒介作用;卖者得到了货币,马上又会购买商品,所以卖者同时就是买者,即供给者就是需求者。一种产品的生产给其他产品开辟了销路,供给会创造自己的需求,不论产量如何增加,产品都不会过剩,至多只是暂时的积压,市场上商品的总供给和总需求一定是相等的,这就是著名的萨伊定律。

古典宏观经济模型是对萨伊定律的全面论证。其基本观点是:由于价格机制是健全的,资本主义市场经济经常处于充分就业的状态。该模型主要内容包括:总产出等于总供给,总供给主要取决于劳动力市场的供求状况;工资的灵活变动使劳动力市场实现充分就业均衡,从而使总产出量达到最大;利息率的灵活变动使投资与储蓄趋于一致;货币数量决定总需求,并在总供给不变的情况下,直接影响价格水平。

（二）凯恩斯宏观经济学的形成和发展

凯恩斯革命是指凯恩斯的经济理论对宏观经济学的古典学派进行了带有革命性质的批判,建立了现代宏观经济学,其标志是1936年《就业、利息和货币通论》一书的出版。凯恩斯革命主要表现在三个方面:经济学研究的重点从稀缺资源最优配置转移到怎样克服资源闲置问题上来;资本主义市场经济经常运行在小于充分就业的状态中;政府应采取积极干预经济政策,促使充分就业的实现。凯恩斯理论的核心内容是有效需求理论。

20世纪四五十年代以来,凯恩斯的理论得到后人的进一步拓展,使之不断完善和系统化,从而构成了凯恩斯宏观经济学的完整体系。这些拓展主要体现在希克斯和汉森同时创建的"IS-LM模型"、莫迪利安尼提出的"生命周期假说"、弗里德曼提出的"永久收入说"、托宾对投资理论的发展、索罗等人对经济增长理论的发展以及克莱因等人对宏观经济计量模型的发展。在众多经济学家的努力下,日臻完善的凯恩斯宏观经济理论与微观经济学一起构成了经济学的基本理论体系,这一理论体系也被称为"新古典综合派"。

（三）新古典学派与新凯恩斯学派的争论

从20世纪70年代开始,西方发达国家出现的"滞胀"现象,严重地动摇了凯恩斯主义的统治地位。凯恩斯的宏观经济理论既不能在理论上对这种现象进行令人信服的解释,也不能在实践上提出有效的政策措施,其内在合理性和可解释性遇到了根本性的挑战,古典学派和凯恩斯理论的"综合"因此受到了许多经济学家的怀疑,其中以货币主义和理性预期学派的影响最大。货币主义以弗里德曼为代表,理性预期学派以卢卡斯为代表。理性预期学派认为,在理性预期下,市场能够自动出清,政府对经济的干预是没有必要的,这又回到了古典学派的主张,因此理性预期学派也被称为"新古典学派"。由于以弗里德曼为代表的货币主义的理论主张和新古典学派基本一致,货币主义往往也被看成是新古典学派的一个组成部分。另一方面,凯恩斯理论也在不断发展,在吸取了理性预期的某些研究成果后,出现了"新凯恩斯学派"。目前,宏观经济学的争论主要在新古典学派和新凯恩斯学派之间展开,其争论的主要内容集中在市场机制的有效性和政府干预经济的必要性两个方面,而且这种争论将继续进行下去。宏观经济理论的学派之争是宏观经济学的又一大特色,这也是与微观经济学不同的地方。

四、宏观经济学和微观经济学的区别与联系

(一)宏观经济学和微观经济学的区别

宏观经济学也称总体经济学,它以整个经济的总体行为为研究对象,考察作为整体的市场表现,说明社会的资源总量是如何决定的;微观经济学也称个体经济学,它以整个经济制度中各个家庭和厂商的行为及其相互联系为研究对象,考察单个产品或投入的市场价格形成,并由此说明社会如何解决资源配置问题。宏观经济学和微观经济学的研究对象是不同的,微观经济学主要研究资源配置,其基本结论是:竞争性的市场经济将导致资源的最优配置。微观经济学的研究以资源的充分利用为前提;而宏观经济学恰恰认为资本主义市场经济没有实现资源的充分利用,相反,出现了资源的闲置。因此,宏观经济学所要研究的是:怎样克服资源的闲置,实现资源的充分利用。

(二)宏观经济学和微观经济学的联系

首先,微观经济学与宏观经济学是互为补充的。微观经济学是在资源总量既定的条件下,研究各种资源的最优配置,而宏观经济学则是在配置方式既定的条件下研究这些资源总量的决定问题。即微观经济学与宏观经济学研究对方假定不变的东西。

其次,微观经济学是宏观经济学的基础。宏观经济学中的消费是单个消费者选择的结果,而投资也同样来源于单个厂商的选择。

【习题精编】
1. 简述宏观经济学的产生和发展。
2. 评述新古典学派与新凯恩斯学派的争论。

【习题答案】
1. 在西方经济学说史上,有两本划时代的名著。一本是亚当·斯密的《国民财富的性质和原因的研究》(简称《国富论》),另一本是凯恩斯的《就业、利息和货币通论》(简称《通论》)。1776年《国富论》的出版,宣告了西方经济学这一学科的诞生。而160年后,即1936年《通论》的问世,则标志着作为西方经济学一个重要组成部分的宏观经济学的创立。

西方经济学流派中的古典学派和新古典学派,不仅研究微观经济问题,而且还研究宏观

经济问题。如亚当·斯密既研究商品的价格与分配问题,也研究国民收入与国民财富问题。在凯恩斯的《通论》一书发表之前,西方经济学中的微观经济学已日臻成熟,而宏观经济学则相当薄弱,与微观经济学不相适应。尽管如此,当时的新古典学派人物,比如马歇尔、庇古等人对宏观经济运行毕竟还有他们的一套理论观点,被称之为宏观经济理论的"古典模式"。这个模式的基本点可以概括为:

(1)价格与工资具有灵活性,当供求失衡时,价格与工资会迅速调整,使供求趋于平衡。因而,总供给曲线大体上是一条垂直线。

(2)既然总供给曲线是一条垂直线,总需求的变动就不会影响实际国民产出水平,只会影响价格总水平。

(3)调控总需求的宏观经济政策不能影响实际国民总产出水平和失业率,而只能影响通货膨胀率。

1929~1933年,西方各国爆发了最广泛、最严重的经济大萧条,整个西方世界的失业人数超过4 000万。古典的宏观经济理论对此茫然无知,更提不出解决问题的对策,难免陷于破产的结局。凯恩斯潜心研究萧条经济学,突破前人的旧框框,创造性地建立了国民收入决定和就业理论,从宏观经济方面解释了失业的原因,并提出了实现充分就业的对策。一些西方经济学者把1936年《通论》的出版称为经济理论中的"凯恩斯革命"。宏观经济理论的"凯恩斯模式"的基本观点是:

(1)价格和工资在短期内是固定不变的,因而总供给曲线不是垂直的,在经济不景气、实际国民产出水平较低时,总供给曲线基本上是一条水平线。

(2)在此情况下,总需求的变动不会影响价格总水平,只会影响实际国民产出。

(3)调控需求的宏观经济政策能够影响实际国民产出和失业率。这样,凯恩斯理论也就为政府干预经济奠定了理论基础。

20世纪四五十年代以来,凯恩斯的理论得到后人的进一步拓展,使之不断完善和系统化,从而构成了凯恩斯宏观经济学的完整体系。这些拓展主要体现在希克斯和汉森同时创建的"IS-LM模型"、莫迪利安尼提出的"生命周期假说"、弗里德曼提出的"永久收入说"、托宾对投资理论的发展、索罗等人对经济增长理论的发展以及克莱因等人对宏观经济计量模型的发展。在众多经济学家的努力下,日臻完善的凯恩斯宏观经济理论与微观经济学一起构成了经济学的基本理论体系,这一理论体系也被称为"新古典综合派"。

第二次世界大战以后,凯恩斯主义理论风靡西方世界,不仅为绝大多数经济学者所信奉,而且西方主要国家的政府也把它作为制定宏观经济政策的指南。凯恩斯主义理论在西方经济学界的统治地位一直维持到20世纪60年代中期。从20世纪70年代开始,西方经济从战后的繁荣阶段步入"滞胀"阶段,经济不景气与通货膨胀两种病症并发,这是前所未有的现象。凯恩斯主义理论不能对此做出解释,当然也开不出对症的药方。为研究解决滞胀问题,西方不少经济学派应运而生,纷纷著书立说,对凯恩斯主义理论进行种种修改和补充。其中影响较大的有三个学派:货币主义学派、供给学派和理性预期学派。这些学派的理论观点,在很大程度上丰富和发展了宏观经济学。

2. 从 20 世纪 70 年代开始,西方发达国家出现的"滞胀"现象,严重地动摇了凯恩斯主义的统治地位。凯恩斯的宏观经济理论既不能在理论上对这种现象进行令人信服的解释,也不能在实践上提出有效的政策措施,其内在合理性和可解释性遇到了根本性的挑战,古典学派和凯恩斯理论的"综合"因此受到了许多经济学家的怀疑,其中以货币主义和理性预期学派的影响最大。货币主义以弗里德曼为代表,理性预期学派以卢卡斯为代表。理性预期学派认为,在理性预期下,市场能够自动出清,政府对经济的干预是没有必要的,这又回到了古典学派的主张,因此理性预期学派也被称为"新古典学派"。由于以弗里德曼为代表的货币主义的理论主张与新古典学派基本一致,货币主义往往也被看成是新古典学派的一个组成部分。另一方面,凯恩斯理论也在不断发展,在吸取了理性预期的某些研究成果后,出现了"新凯恩斯学派"。目前,宏观经济学的争论主要在新古典学派和新凯恩斯学派之间展开,这实际上就是过去古典学派和凯恩斯学派之争的延续,其争论的主要内容集中在市场机制的有效性和政府干预经济的必要性两个方面。

(1)市场机制的有效性。市场机制是否有效的核心是价格、工资是否具备充分的灵活性。如果价格、工资具有完全灵活性,市场就会通过自我调节达到出清状态;如果工资和价格缺乏灵活性,情况就会相反。新古典学派从理性预期出发,对价格、工资的灵活性作了新的解释。他们认为,人们的预期不是被动地重复过去,而是主动的、有理性的,人们能够利用现有的一切信息形成理性预期并指导自己的行动。由于理性预期的存在,价格、工资就具备完全灵活性,市场是能够出清的。比如,当人们预期到政府会增加货币供应量时,工人会在工资合同中增加自己的工资,厂商也会提高产品的价格,这样实际货币供给量并没有发生变动,实际经济也不会发生变化。那么造成现实生活中经济波动的原因是什么呢? 新古典学派的实际商业周期模型做出了解释。实际商业周期模型认为,造成经济波动的原因在于技术进步。当技术进步发生时,新发明会带动生产力的提高从而提高工资,高工资吸引人们工作更长时间从而带动产量和就业的增加;而当技术进步停滞时,经济衰退的情况就会出现。新凯恩斯学派则认为,即使理性预期存在,价格、工资的刚性仍然是一种普遍的现象,从而导致市场不能出清。例如,工资合同的期限一般都是 2~3 年,在这期间不论外界有什么变化,工资合同的工资率是不能变更的,因此工资实际上并不具备充分灵活性。价格也在不同程度上存在着这种情况。商店里的商品牌价就具有相对稳定性,不可能时时刻刻发生变动,因为变动商品牌价是有成本的。单个商品的这种价格相对稳定现象虽然对个别决策行为没有太大的影响,但是反映在宏观层面上就会积少成多,导致价格刚性。

(2)政府干预经济的必要性。有什么样的经济理论就有什么样的政策主张。新古典学派认为价格、工资具备充分灵活性，市场能够出清，因此政府干预经济是没有必要的。具体来讲，货币主义的基本观点是：在长期中，实际总产出和就业水平是由实际变量决定的，与货币因素无关，而在短期内，货币决定着总产出与就业水平的波动。因此，稳定货币是稳定经济的关键，政府的财政政策是无效的。而理性预期学派相信，由于理性预期的存在，政府的政策有可能被人们预料到，人们会做出相应的对策从而使政策失效，这也就是我们通常所说的"上有政策，下有对策"。因此，货币主义主张政府的任务就是保持货币供应量的稳定，而理性预期学派则认为任何形式的政府干预都是没有意义的。新古典学派还认为，最好的政策工具不是"最优控制"，而是一种博弈，在博弈的情况下，政府要保证政策的连贯性，否则良好的愿望可能导致灾难性的后果。而新凯恩斯学派则认为由于市场机制本身存在着缺陷，市场出清只是一种理想状态，因此政府要担负起市场出清的任务，政府对经济进行干预是必要的。

目前，新古典学派和新凯恩斯学派的争论仍然继续进行，无论哪一种观点都未能得到普遍接受，也没有遭到普遍拒绝。宏观经济理论的学派之争是宏观经济学的又一大特色，这也是与微观经济学不同的地方。正是由于宏观经济学中不断出现的针锋相对的"派别之争"，宏观经济学才会有今天的发展，宏观经济的多样性和丰富性才得以保留下来，人们对客观世界的认识才有可能不断深化。但是，由于宏观经济学的"派别之争"，宏观经济学会出现完全不同的假设条件和逻辑体系，不同学派的宏观经济学教科书在理论结构上也往往会有很大不同。

第二章
Chapter 2

总 产 出

【考点归纳】

1. 衡量国民经济生产总值的几个宏观变量:即国民生产总值(GNP)、国民生产净值(NNP)、国民收入(NI)、个人收入(PI)和个人可支配收入(DPI)。

国民收入核算中这五种总量的关系是:

$$GNP - 折旧 = NNP$$

$$NNP - 间接税 = NI$$

$$NI - 公司未分配利润 - 企业所得税 +$$

$$政府给居民户的转移支付 + 政府向居民支付的利息 = PI$$

$$PI - 个人所得税 = PDI = 消费 + 储蓄$$

2. GNP 和 GDP 是两个重要的宏观经济学变量,GNP 是一国国民在境内和境外生产的所有最终物品和劳务的市场价值总额。

GDP 是本国居民和外国居民在其领土范围内所生产和提供的最终物品和劳务的市场价值总额。

GNP 分为现实的 GNP 和潜在的 GNP。潜在的 GNP 反映了长期内劳动、资本、土地等生产资源的最大生产潜力。现实的 GNP 可能大于、小于或等于潜在的 GNP。

3. 总产出的核算有两种方法,即收入法和支出法。

从收入的角度计算 GNP,由六个部分组成:工资、租金、利息、利润、税收、资本折旧。一国所有居民的税收加上资本折旧即为总收入;总收入最终分成消费、储蓄、税收($C + S + T$)。总支出和总收入存在恒等关系。即

$$C + I + G + (X - M) = C + S + T$$

从支出角度计算 GNP,由四个部分组成:消费支出、投资支出、政府支出、净出口($C + I + G + X - M$),这四部分之和称为总支出。

4. 国民生产总值指标的缺陷:(1)忽略社会成本;(2)未考虑闲暇的价值;(3)未涉及地下经济的产值;(4)汇率可能造成国民生产总值的扭曲;(5)未考虑产品的构成;(6)未考虑收入

分配;(7)关于产品质量的改进;(8)关于非市场经济活动。

5. 消费价格平减指数:消费价格平减指数 = 名义 GNP 或 GDP/实际 GNP 或 GDP。

6. 消费者物价指数,是指反映与居民生活有关的产品及劳务价格统计出来的物价变动指标,通常作为观察通货膨胀水平的重要指标。我国称之为居民消费价格指数。

7. 购买力平价:指以实际购买力计算的两个国家不同货币之间的换算比例(简称 PPP)。其计算方法大致为:先选取典型的商品与劳务作为比较样本,再用两个国家不同的货币单位与市场价格分别加权计算样本的价格总额,价格总额的比例就是体现两国货币实际购买力的换算率,即购买力平价。

8. GDP 消胀指数,是指以现值计算名义国内生产总值和不变价计算的实际国内生产总值之比。这项数据与国内生产总值一起公布,每季度一次,与消费价格指数和生产价格指数相比,该指数反映了较长期限内更为广泛的通货膨胀状况。

通货膨胀率是指货币超发部分与实际需要的货币量之比,用以反映通货膨胀、货币贬值的程度。

通货膨胀率 =(本期价格指数 - 上期价格指数)/上期价格指数×100%

利率是指一定时期内利息额同借贷资本总额的比率。通常用百分比表示,其计算公式为

$$利息率 = \frac{利息量}{本金 \times 时间} \times 100\%$$

失业率是指劳动力中失业所占的百分比。

【要点解读】

宏观经济学研究整个社会的经济活动。然而,国民经济是一个极其复杂的运行体系,不同环节之间存在着复杂的经济联系。衡量一个国家或地区的经济状况,分析世界各国的或各国之间的经济发展差异和预测发展趋势,必须借助于一种能够准确描述和反映宏观经济总量及其相互关系的有效工具和计量方法。GDP(或 GNP)以及国民经济核算体系就是宏观经济中最受关注的经济统计变量和核算方法,因为它在世界经济中被普遍认为是能够全面衡量国民经济发展情况的最重要的指标和核算体系。

衡量一个国家的生产水平或总产出的经济变量有多个,如国民生产总值(GNP)、国民生产净值(NNP)、狭义国民收入(NI)、个人收入(PI)和个人可支配收入(DPI)。

经济学家经常用国民生产总值(GNP)来表示一国总产出或一国真正属于自己的财富量,而衡量国际各国之间的经济发展状况和趋势常常使用 GDP。

国民生产总值(GNP)和国内生产总值(GDP)都是反映宏观经济活动的常用经济变量,在现实经济统计与计量中要注意其概念内涵的区别。

一、国民生产总值和国内生产总值

(一)国民生产总值(GNP)

国民生产总值(简称 GNP)指一个国家在一定时期(通常指一年),本国居民在国内国外

生产的所有物品和劳务的市场价值总额。

在理解这一定义时,我们要注意这样几个问题:

1. 国民生产总值(GNP)是一个收入的概念

$$国民生产总值(GNP) = 国内生产总值 + 国外净要素收入$$

国外净要素收入就是本国常住单位从国外获得的劳动报酬、投资收益(包括红利、股息和利息等)的净值,即

$$国外净要素收入 = 从国外得到的要素收入 - 支付给国外的要素收入$$

2. 国民生产总值(GNP)是一个国家真正属于自己的价值

国民生产总值(GNP)是一个国家或地区范围内的所有常住单位在一定时期内实际收到的原始收入(指劳动者报酬、生产税净额、固定资产折旧和营业盈余等)总和价值。本国常住者通过在国外投资或在国外工作所获得的收入(称之为从国外得到的要素收入),应计入本国国民生产总值;非本国居民在本国领土范围内的投资或工作所得到的收入(称之为支付给国外的要素收入),则不应该计入国民生产总值中去。

3. 现实 GNP 与潜在 GNP

现实国民生产总值(GNP)是指实际发生的国民生产总值;潜在国民生产总值(GNP)是指当资源得到充分利用时一国经济能够生产的总值。潜在国民生产总值反映了长期内劳动、资本、土地等生产资料的最大生产潜力。

4. 当一国资源得到充分利用时,经济在此产出水平上也达到了充分就业

潜在国民生产总值又叫充分就业国民生产总值。现实国民生产总值(GNP)可能大于、小于或等于潜在国民生产总值。

对于 GNP 需要注意以下几个问题:

(1)国民生产总值是指一年内社会新创造价值加上固定资产折旧之和。因此,在计算时不应包括以前所生产的产品的价值。

(2)国民生产总值是指按一个市场价格计算的,反映在一定时期内(例如一年)的,包括产品生产和劳务服务在内的最终产品市场价值总和。也就是说最终产品不仅包括有形的产品,而且包括无形的产品——劳务,即要把旅游、服务、卫生、教育等行业提供的劳务,按其所获得的报酬计入国民生产总值中。

(3)国民生产总值是常住单位生产活动成果的总指标。常住单位指凡在一国经济领土之内,具有一定的场所(如住房、厂房或其他建筑物)从事一定规模的经济活动(如生产和消费),并持续经营或居住一定时间(一般为一年)的机构和个人。常住单位称为具有经济利益中心的经济单位。经济领土由该国政府控制的地理领土组成,除本国的领海、领空外,还包括通过正式协议为该国政府所拥有或租借,用于外交等目的、具有明确边界的位于其他国家的地域,如该国驻外大使馆和领事馆的用地。

(4)国民生产总值是指最终产品的总值。因此,在计算时不应包括中间产品产值以避免

重复计算。最终产品是最后供人们使用的产品,中间产品是在以后的生产阶段中作为投入的产品。在实际经济中,许多产品既可以作为最终产品使用,又可以作为中间产品使用,要区分哪些是最终产品,哪些是中间产品是很困难的。

最终产品是供人们最终消费或长期使用的物品。它包括人们购买的汽车、服装和各种服务,以及企业购买的机器设备等。最终产品是与中间产品相对应的概念,后者指那些经过转售并需要进一步加工的物品。在国民生产总值中扣除中间产品,是为了避免重复计算。

(5)国民生产总值指的是按现行的市场价格来计算。这样就引出两个值得注意的问题:其一,不经过市场销售的最终产品(如自给性产品、自我服务性劳务等)没有价格,也就无法计入国民生产总值中;其二,价格是变动的,所以,国民生产总值不仅要受最终产品数量变动的影响,而且还要受价格水平变动的影响。

(6)国民生产总值是指一年内本国常住居民所生产的最终产品的价值的总和。它以人口为统计标准。国民生产总值有助于人们了解一个国家的综合经济实力和经济增长状况,但是,要比较人们的生活水平,需要使用人均国民生产总值的概念,它是当年国民生产总值与同年人口数量的比值。

(二)国内生产总值(GDP)

国内生产总值(简称 GDP),指一个国家在一定时期(通常指一年)在其国领土境内,本国居民和外国居民生产的所有物品和劳务的市场价值总额。

国内生产总值有三种形态,即价值形态、收入形态和产品形态。

从价值形态看,它是所有常住单位在一定时期内生产的全部货物和服务价值与同期投入的全部非固定资产货物和服务价值的差额,即所有常驻单位的增加值之和。

从收入的形态看,它是所有常住单位在一定时期内直接创造的收入之和。

从产品形态上看,它是货物和服务最终使用减去货物和服务进口。

有了 GDP 指标,我们才能进行国与国之间经济实力的比较、贫穷与富裕的比较。没有 GDP 这个总量指标,我们就无法了解一个国家的经济增长速度是快还是慢,是需要刺激还是需要控制;因此 GDP 是衡量一国经济发展和生活富裕程度的重要指标。

(三)国民生产总值与国内生产总值的区别及联系

国民生产总值 = 国内生产总值 + 本国公民在国外生产的最终产品的价值总和 −
外国公民在本国生产的最终产品的价值总和

如果本国公民在国外生产的最终产品的价值总和大于外国公民在本国生产的最终产品的价值总和,则国民生产总值大于国内生产总值;反之,如果本国公民在国外生产的最终产品的价值总和小于外国公民在本国生产的最终产品的价值总和,则国民生产总值小于国内生产总值。在分析开放经济中的国民生产总值时,这两个概念是很重要的。

理解国内生产总值和国民生产总值的概念与区别时应注意下述问题:

（1）国内生产总值和国民生产总值有所不同。国民生产总值在反映一个国家的居民从事生产性活动所取得的收入时，加上本国居民从国外取得的工资、利息和利润等收入，但减去外国居民从本国取得的工资、利息和利润等收入。而国内生产总值则不考虑从国外得到的或向国外支付的生产性收入，它反映一个国家在国内实际生产的物品和劳务的总值。

（2）国内生产总值和国民生产总值都是流量而不是存量，它们通常是以年度为单位度量的。流量是某一段时间发生的变量，如月收入和年储蓄增加额。存量是某一时点发生的变量。

（3）国内生产总值或国民生产总值有名义和实际之分。名义国内生产总值或国民生产总值是以现行价格计算的国内生产总值或国民生产总值，它等于各种物品和劳务的数量与它们现行价格乘积的总和。它既反映实物的变化，又反映价格的变化。实际国内生产总值或国民生产总值是以不变价格计算的国内生产总值或国民生产总值，它只反映实物的变化。实际国内生产总值或国民生产总值和名义国内生产总值或国民生产总值的关系是

实际国内生产总值（或国民生产总值）=
名义国内生产总值（或国民生产总值）/价格×100%

二、国民生产净值与国内生产净值

（一）国民生产净值（NNP）

国民生产净值（或国内生产净值，简称 NNP）指一国在一定时期（通常为一年）新生产出来的产品价值，它等于国民生产总值（或国内生产总值）减去折旧费用的剩余部分，即 GNP 或 GDP 扣除折旧以后的余额。它们是一个国家或地区一定时期内财富存量新增加的部分。折旧是补偿生产中固定资产消耗的投资。在计算国民生产总值时，折旧费用是包括在最终产品的市场价值之内的。但是，由于固定资产（厂房、机器设备等）不是当年生产出来的，且通常能够使用许多年，使用国民生产总值指标不能准确反映当年新创造的价值，因此，人们在理论上提出国民生产净值的概念。另一方面，国民生产总值（或国内生产总值）与国民生产净值（或国内生产净值）在数据上相差不是很大，由于前者更便于统计，在实际生活中比后者使用更加普遍。

（二）国内生产净值（NDP）

国内生产净值（简称 NDP）表示一定时期内（通常为一年），一国（或地区）常住单位新创造的价值，即从国内生产总值中减去折旧，可表示为

国内生产净值 = 国内生产总值 − 折旧

实际上，国内生产净值才是一国在一定时期内全部新增价值，但由于折旧是按一定折旧方法计提的，不同的方法计算的折旧额不同。折旧的大小常常与实际的设备磨损并不一致，从而使国内生产净值高估或低估，因此实践中很少使用国内生产净值这一指标，而是用包括

折旧在内的国民生产总值来衡量一国生产总量。

三、国民收入(NI)

国民收入是一个国家一年内用于生产的各种生产要素所得到的全部收入,即工资、利润、利息和地租的总和。

国民收入指一国国民在一定时期通过生产交换活动获取的全部收入。人们是通过转让劳动、资本、土地和企业家才能等生产要素的使用权来获取收入的,因此,国民收入等于工资、净利息、租金和利润之和。

(1)工资在这里指税前工资,包括社会保险税和个人所得税,以及货币工资之外人们获得的各种实物补贴。

(2)净利息是用于生产目的的资本报酬。它等于总利息扣除政府公债利息与消费信贷利息之后所剩的余额。政府发行公债所筹的资金主要用于非生产活动,消费信贷所资助的也是典型非生产活动,只有净利息才是用于生产目的的资本报酬。在开放经济中,净利息还要加上本国由国外得到的利息,并减去本国向国外支付的利息。

(3)租金包括地租、房租、专利使用费和版权收入等。人们的自有住房即使没有出租,它可能获取的房租也计入租金之中。

(4)利润指公司税前利润,包括股息、红利和未分配利润。对于非公司企业(独资和合伙企业),业主收入纳入广义的利润范畴。这部分收入既包括业主所获利润,也包括自有土地、资金、劳动的报酬。

国民收入等于国民生产净值减去间接税所剩的余额。间接税指货物税、消费税、周转税、关税等不是直接与要素收入挂钩的税种。它可以在销售过程中通过产品加价转移到买者身上,在国民生产净值所统计的销售额中包括间接税。国民收入则不包括间接税,但是其中包括直接税,即直接与要素报酬挂钩的税种,如个人所得税、公司所得税等。

四、个人收入(PI)

个人收入是指一个国家一年内个人所得到的全部收入。

个人收入指一个国家的全体个人在一定时期(通常为一年)所获得的全部收入。个人收入与国民收入的概念是有区别的。由国民收入计算个人收入时,首先要扣除公司未分配利润,并要加上个人得到的转移支付。其次,国民收入的计算只包括净利息,而个人收入中的利息可以包括提供消费信贷和购买政府债券所获利息。

五、个人可支配收入(DPI)

个人可支配收入是指一个国家一年内个人可以支配的全部收入。

个人可支配收入是个人收入经过各种税收后留归个人的余额。个人可支配收入可以分

解为两个部分,即消费和个人储蓄。它可用公式表示为

$$DPI = C + PS$$

式中,DPI 为可支配收入,C 为消费,PS 为个人储蓄。从个人可支配收入与国民收入的关系来看,前者等于后者减去直接税和企业净储蓄(即未分配利润),再加上转移支付。这种关系可用公式表示为

$$DPI = NI - Td - NBS + Tr$$

式中,Td 为直接税,NBS 为企业净储蓄,Tr 为转移支付。

国民收入核算中这五种总量的关系是

$$GNP - 折旧 = NNP$$
$$NNP - 间接税 = NI$$
$$NI - 公司未分配利润 - 企业所得税 +$$
$$政府给居民户的转移支付 + 政府向居民支付的利息 = PI$$
$$PI - 个人所得税 = PDI = 消费 + 储蓄$$

在以上五个总量中,国民收入可以分为广义的国民收入与狭义的国民收入,前面所讲的是狭义的国民收入,广义的国民收入泛指这五个总量。这种国民收入也可以指国民生产总值。国民收入决定理论中所讲的国民收入就是指国民生产总值。

六、收入法

收入法又称要素支付法,或要素收入法。这种方法是从收入的角度出发,把生产要素在生产中所得到的各种收入相加来计算 GDP。即把劳动所得到的工资,土地所得到的地租,资本所得到的利息,以及企业家才能所得到的利润相加来计算国民生产总值。

收入法主要包括以下内容:①社会上各阶层居民的最终收入,即个人可支配收入(DPI);②政府部门的税收收入。

由于政府往往征收间接税,所以 GDP 还包括间接税和企业转移支付。资本折旧也应计入 GDP。因为它虽然不是要素收入,但包括在总投入中。

如果以 Y 代表总产出(GNP 或 GDP),以 DPI 代表个人可支配收入,以 T 代表政府税收收入,则以收入法计算的总产出可以表示为

$$Y = DPI + T$$

因为个人收入 DPI 总可以分解为消费 C 和储蓄 S,因此上式还可以表示为

$$Y = C + S + T$$

各国在按支出法计算国民生产总值时,具体项目的分类也不尽相同。在美国的国民收入统计中,按收入法计算包括这样一些项目:

$$GNP = \sum 工资和其他补助 + 净利息 + 租金收入 + 利润 + 公司利润 + 红利 +$$
$$未分配利润 + 非公司利润 + 合营企业 + 农民 + 企业税 + 间接税 + 公司税 +$$

资本折旧 + 误差调整

七、支出法

支出法又称产品流动法、产品支出法或最终产品法。这种方法从产品的使用出发,把一年内购买各项最终产品的支出加总,计算出该年内生产出的最终产品的市场价值。即把购买各种最终产品所支出的货币加在一起,得出社会最终产品的流动量的货币价值的总和。

支出法主要包括以下内容:①社会上各阶层居民的最终消费;②国内私人投资;③政府购买;④净出口。

如果 Y 代表总产出(GNP 或 GDP),以 C 代表居民最终消费,以 I 代表国内私人投资,以 G 代表政府购买,以 X 代表出口额,以 M 代表进口额,则以支出法计算的总产出可以表示为

$$Y = C + I + G + (X - M)$$

从广义的角度看,宏观经济中的产出、收入与支出是完全等值的,一个国家或一个地区一定时期内的产出总量就是其收入总量,从而也就是其支出总量,即

$$总产出 \equiv 总收入 \equiv 总支出$$

各国在按支出法计算国民生产总值时,具体项目的分类不尽相同。在美国的国民收入统计中,按支出法计算包括这样一些项目:

$$GNP = \sum 个人消费支出(C) + 耐用品 + 非耐用品 + 住房租金 + 其他劳务 +$$
$$私人国内总投资(I) + 厂房 + 设备 + 居民住房 + 企业存货净变动额(年终存货 -$$
$$年初存货) + 政府购买支出(G)$$

八、国民生产总值指标的缺陷

国民生产总值是各国官方普遍使用的核算国民收入的指标,但是它在反映社会福利水平方面,存在一系列缺陷。

(一)忽略社会成本

现代的生产活动可能造成环境污染,而污染导致的福利损失并未在国民生产总值统计中扣除。

(二)未考虑闲暇的价值

经济学中的闲暇指市场活动之外的一切时间,除休息、娱乐和睡眠时间外,还涉及自己在家里学习或动手干活的时间。休息、娱乐和睡眠都可以给人们带来满足,当前许多国家实行的 5 日工作周反映了人们在这方面的需求。在市场发育程度较低的发展中国家,许多经济活动都是未经过市场交易的。

(三)未涉及地下经济的产值

地下经济指未得到官方统计的市场交易活动,包括非法的市场交易活动(如毒品交易和

雇佣职业杀手)和本身合法但由于逃税而没有纳入官方统计的市场交易活动。在发达国家，只要交易中使用现金而不是支票或信用卡，纳税人就可能逃税。家庭雇请保姆和木匠、农场雇请临时工、餐馆雇请招待和厨师等，通常都是用现金支付。随着第三产业在国民经济中的比重增大，有些发达国家的地下经济规模有增大趋势。在发展中国家，由于税收制度存在缺陷，地下经济的相对规模往往大于发达国家。

(四)汇率可能造成国民生产总值的扭曲

各国都使用本国货币来衡量其国民生产总值。在对国民生产总值进行国际比较时，汇率（即各国货币之间的折算比例)可能造成国民生产总值的扭曲。汇率可能是官方人为规定的（官方汇率），也可能是由外汇市场上的供求关系决定的(市场汇率)。无论汇率是如何决定的，它都可能背离货币的实际价值（货币的购买力）。

(五)未考虑产品的构成

国民生产总值指标不能反映产品的构成，后者与人民的福利水平密切相关。如果两国国民生产总值和人口相同，但是一国大量生产军工产品，其安全程度可能较高，生活水平可能较低。同理，若一国大量生产资本物品，其增长速度可能较高，但是当前消费水平可能较低。

(六)未考虑收入分配

收入分配的均等与社会福利水平密切相关。如果一个社会人均国民生产总值很高，但是大部分财富集中到极少数人手中，那么，大多数人的生活水平未必很高，国民生产总值指标显然未能考虑到收入分配情况，因此也不能避免由此而产生出的局限性。

(七)关于产品质量的改进

随着技术进步，许多产品在价格下降的同时，质量却得到明显的改进。这在技术进步速度较快的电子计算机工业中表现得特别明显，国民生产总值只能按市场价格进行统计，它未能把同样价格下的质量改进考虑进去，从而它不能充分地反映技术进步所导致的社会福利增长情况。

(八)关于非市场经济活动

非市场经济活动是指没有经过市场交易的具有自给自足性质的经济活动，它不能计入国民生产总值中，因此，国民生产总值指标在反映这些国家的社会福利水平方面存在尤为明显的局限性。

九、净经济福利指标（NEW）

针对国民生产总值指标的缺陷，一些经济学家提出了一些新的指标，其中有代表性的是净经济福利指标。它的具体计算办法是用国民生产总值加上闲暇的价值和地下经济的产值，再减去环境污染造成的损失。

从理论上看,净经济福利指标比国民生产总值更准确地反映出人们得到的福利。但是,目前它只是停留在设想阶段,因为其自身也有一些有待改进之处。例如,闲暇的价值和地下经济的产值是难以统计的,环境污染造成的损失也是难以准确估价的,因此,NEW指标的准确性尚受到人们的怀疑。

十、消费价格平减指数

在统计实际国民生产总值时,人们是用国民生产总值平减指数去除名义国民生产总值,即

实际国民生产总值 = 名义国民生产总值 / 国民生产总值平减指数

国民生产总值平减指数只是价格指数中的一种。价格指数是报告期价格相对于基期价格的百分数。基期价格指数定为100,若报告期价格指数为120,则表示报告期价格为基期的120%。各种价格指数都是针对选定的一组商品,使用加权平均的方法进行计算。国民生产总值平减指数这种价格指数的特殊性在于,它所选定的一组商品是国民生产总值核算中所涉及的最终产品,包括消费、投资、政府购买和净出口所涉及的那些商品和服务。

国民生产总值平减指数与消费者价格指数的区别在于,它所涉及的商品不仅仅是消费品,还包括投资和政府购买中的最终产品和进出口商品和服务。此外,消费者价格指数中的权数是固定的,而国民生产总值平减指数中的权数要根据各种商品和服务销售数量进行逐年调整。

国民生产总值平减指数与生产者价格指数的区别在于,前者包括服务,但是不包括中间产品;后者涉及的生产资料价格不包括服务价格,但是包括中间产品价格(如矿产品价格等)。此外,前者统计的是零售价格,后者统计的是批发价格。

GDP平减指数,又称GDP缩减指数,是指没有剔除物价变动前的GDP(名义GDP)增长率与剔除了物价变动后的GDP(即实际GDP)增长率之差。该指数也用来计算GDP的组成部分,如个人消费开支。它的计算基础比CPI更广泛,涉及全部商品和服务,除消费外,还包括生产资料和资本、进出口商品和劳务等。因此,这一指数能够更加准确地反映一般物价水平走向,是对价格水平最宏观测量。

消费价格平减指数 = 名义GNP或GDP/实际GNP或GDP

消费者物价指数是反映与居民生活有关的产品及劳务价格统计出来的物价变动指标,通常作为观察通货膨胀水平的重要指标。我国称之为居民消费价格指数。居民消费价格指数可按城乡分别编制城市居民消费价格指数和农村居民消费价格指数,也可按全社会编制全国居民消费价格总指数。消费者物价指数追踪一定时期的生活成本以计算通货膨胀。如果消费者物价指数升幅过大,表明通货膨胀已经成为经济不稳定因素,央行会有紧缩货币政策和财政政策的风险,从而造成经济前景不明朗。因此,该指数升幅过高往往不被市场欢迎。

十一、购买力平价

购买力平价指以实际购买力计算的两个国家不同货币之间的换算比例,简称 PPP。其计算方法为:先选取典型的商品与劳务作为比较样本,再用两个国家不同的货币单位与市场价格分别加权计算样本的价格总额,价格总额的比例就是体现两国货币实际购买力的换算率,即购买力平价。

购买力平价是用货币的购买力计算出来的汇率,它是两国商品加权平均价格的比值。

商品价格反映货币的对内价值,汇率反映货币的对外价值。在理论上,二者应当具有统一性;但是,在现实生活中,只有发达国家之间的汇率能够大体上反映购买力平价(学术界对此仍有争议),在发达国家和发展中国家之间,购买力平价与汇率有较大差异。

国民生产总值是一个价值指标,它的变动必然会受到产量和价格两方面的影响。为了准确地反映国民生产总值的变化情况,特别是产量与价格各自变动对国民生产总值的影响,一般分别按现价和不变价格计算国民生产总值。于是就产生了名义国民生产总值和实际国民生产总值指标。按现价(当年价格)计算的国民生产总值称为名义国民生产总值;按不变价格计算的国民生产总值称为实际国民生产总值。二者关系为

$$名义国民生产总值 = 实际国民生产总值 \times 物价指数$$

名义国民生产总值既反映了实际产量(最终产品数量)的变动,又反映了价格的变动。实际国民生产总值只反映产量的变动。为准确反映国民经济的实际增长情况,通常根据实际国民生产总值进行计算。

十二、GDP 消胀指数

GDP 消胀指数是指在给定的一年中,名义 GDP 与该年真实 GDP 的比率。用来反映基年与现期年度间发生的价格变动。

由于 GDP 消胀指数是以经济中生产出的全部商品为计算基础,它是一个有着广泛基础的价格指数,用来计量通货膨胀。所以在统计实际 GDP 增长率的时候,GDP 消胀指数比 CPI 和 PPI 更有用。

GDP 消胀指数是给定年份的名义 GDP 与实际 GDP 之间的比率,即

$$GDP 消胀指数 = 1/(1 - 通货膨胀率)$$

十三、通货膨胀率

通货膨胀(inflation rate)是一种货币现象,指货币发行量超过流通中实际所需的货币量而引起的货币贬值现象。通货膨胀与物价上涨是不同的经济范畴,但两者又有一定的联系,通货膨胀最为直接的结果就是物价上涨。

通货膨胀率是货币超发部分与实际需要的货币量之比,用以反映通货膨胀、货币贬值的

程度;而价格指数则是反映价格变动趋势和程度的相对数。

经济学上,通货膨胀率为:物价平均水平的上升幅度(以通货膨胀为准)。

在实际中,一般不直接,也不可能计算通货膨胀,而是通过价格指数的增长率来间接表示。由于消费者价格是反映商品经过流通各环节形成的最终价格,它最全面地反映了商品流通对货币的需要量,因此,消费者价格指数是最能充分、全面反映通货膨胀率的价格指数。目前,世界各国基本上均用消费者价格指数(我国称居民消费价格指数),也即 CPI 来反映通货膨胀的程度。通货膨胀率变化的三个重要指标如下。

(一) 生产者价格指数(PPI)

生产者价格指数是衡量制造商和农场主向商店出售商品的价格指数。它主要反映生产资料的价格变化状况,用于衡量各种商品在不同生产阶段的成本价格变化情况。

(二) 消费者价格指数(CPI)

消费者价格指数是对一个固定的消费品篮子价格的衡量,主要反映消费者支付商品和劳务的价格变化情况,也是一种度量通货膨胀水平的工具,以百分比变化为表达形式。

(三) 零售物价指数(RPI)

零售物价指数是指以现金或信用卡形式支付的零售商品的价格指数。

十四、利率

利率又称利息率,表示一定时期内利息量与本金的比率,通常用百分比表示,按年计算则称为年利率。其计算公式是

$$利息率 = 利息量/本金$$

利率是指一定时期内利息额同借贷资本总额的比率。利率是单位货币在单位时间内的利息水平,表明利息的多少。多年来,经济学家一直在致力于寻找一套能够完全解释利率结构和变化的理论,"古典学派"认为,利率是资本的价格,而资本的供给和需求决定利率的变化;凯恩斯则把利率看做是"使用货币的代价"。马克思认为,利率是剩余价值的一部分,是借贷资本家参与剩余价值分配的一种表现形式。利率通常由国家的中央银行控制,在美国由联邦储备委员会管理。现在,所有国家都把利率作为宏观经济调控的重要工具之一。当经济过热、通货膨胀上升时,提高利率、收紧信贷;当过热的经济和通货膨胀得到控制时,便把利率适当地调低。因此,利率是重要的基本经济因素之一。

利率是经济学中一个重要的金融变量,几乎所有的金融现象、金融资产均与利率有着或多或少的联系。当前,世界各国频繁运用利率杠杆实施宏观调控,利率政策已成为各国中央银行调控货币供求,进而调控经济的主要手段,利率政策在中央银行货币政策中的地位越来越重要。合理的利率对发挥社会信用和利率的经济杠杆作用有着重要的意义,而合理利率的计算方法是我们关心的问题。

利息率的高低,决定着一定数量的借贷资本在一定时期内获得利息的多少。影响利息率

的因素,主要有资本的边际生产力或资本的供求关系。此外还有承诺交付货币的时间长度以及所承担风险的程度。利息率政策是西方宏观货币政策的主要措施,政府为了干预经济,可通过变动利息率的办法来间接调节通货。在萧条时期,降低利息率,扩大货币供应,刺激经济发展;在膨胀时期,提高利息率,减少货币供应,抑制经济的恶性发展。

十五、失业率

失业率是指失业人口占劳动人口的比率(一定时期全部就业人口中有工作意愿而仍未有工作的劳动力数字),旨在衡量闲置中的劳动产能。

通过该指标可以判断一定时期内全部劳动人口的就业情况。一直以来,失业率数字被视为一个反映整体经济状况的指标,而它又是每个月最先发表的经济数据,所以失业率指标被称为所有经济指标的"皇冠上的明珠",它是市场上最为敏感的月度经济指标。一般情况下,失业率下降,代表整体经济健康发展,利于货币升值;失业率上升,便代表经济发展放缓衰退,不利于货币升值。若将失业率配以同期的通胀指标来分析,则可知当时经济发展是否过热,会否构成加息的压力,或是否需要通过减息以刺激经济的发展。

另外,失业率数字的反面是就业数字,其中最有代表性的是非农业就业数据。非农业就业数字为失业数字中的一个项目,该项目主要统计从事农业生产以外的职位变化情形,它能反映出制造行业和服务行业的发展及其增长,数字减少便代表企业减低生产,经济步入萧条。当社会经济发展较快时,消费自然随之而增加,消费性以及服务性行业的职位也就增多。当非农业就业数字大幅增加时,理论上对汇率应当有利;反之则相反。因此,该数据是观察社会经济和金融发展程度和状况的一项重要指标。

【习题精编】

一、名词解释

1. 国内生产总值
2. 国民生产总值
3. 国民收入
4. 个人收入
5. 个人可支配收入
6. GDP 消胀指数
7. 生产者价格指数
8. 消费者价格指数
9. 零售物价指数

二、判断题

1. 某商品房的建筑工程于去年完成,但在今年实现销售,因此应按照销售金额计入今年的 GDP 中。　　　　　　　　　　　　　　　　　　　　　　　　　　　　(　　)
2. 如果两个国家的国民生产总值相同,那么,他们的生活水平也就相同。　(　　)

3. 住宅建设支出是被看做消费品消费支出而不是投资支出的一部分。 （ ）
4. 政府转移支付也应计入 GDP。 （ ）
5. 总投资增加时,资本存量就增加。 （ ）
6. 无论是从政府公债得到的利息还是从公司债券得到的利息都应该计入国民生产总值。
 （ ）
7. 无论是商品数量还是商品价格的变化都会引起实际国民生产总值的变化。 （ ）
8. 个人收入 = 国内生产净值 − 保险税和公司所得税 − 公司未分配利润 + 转移支付 + 政府支付的利息净额。 （ ）
9. 实际国内生产总值 = 名义国内生产总值/价格 ×100。 （ ）

三、单选题

1. 一年内在本国领土所生产的最终产品的市场价值总和被称为 （ ）
　A. 国民生产总值　　B. 国内生产总值　　C. 国内生产净值　　D. 实际国内生产总值
2. "面包是最终产品,而面粉是中间产品"这一命题 （ ）
　A. 一定是对的　　　　　　　　　　B. 一定是不对的
　C. 可能是对的,也可能是不对的　　D. 在任何情况下都无法判断
3. 上海一家外商投资企业在广州建立了一家分公司,从事服装生产,根据生产核算的原则,该分公司实现的增加值应计入(　　)的国内生产总值。
　A. 上海　　　　　B. 广州　　　　　C. 上海兼广州　　　　D. 国外
4. 某汽车制造商购买 2 000 美元的钢材生产价值为 2 万美元轿车,那么,应计入 GDP 的价值是 （ ）
　A. 0.1 万美元　　B. 2 万美元　　　C. 2.1 万美元　　　D. 1.9 万美元
5. 下列项目中不应计入 GDP 的是 （ ）
　A. 消费者购买汽车的支出　　　　B. 政府用于警察的支出
　C. 厂商购买机器设备的支出　　　D. 政府转移支付
6. 用支出法进行 GDP 核算时,包括对外贸易部门在内的 GDP 可以表示为 （ ）
　A. $GDP = C + I + G$　　　　　　B. $GDP = C + I + G + X$
　C. $GDP = C + I + G + X - M$　　D. $GDP = C + I + G + M - X$
7. 用收入法测算 GDP 可以表示为 （ ）
　A. $GDP = C + I + G$　　　　　　B. $GDP = C + I + G + X - M$
　C. $GDP = C + S + T$　　　　　　D. $GDP = C + I + T$
8. 用收入法测算的 GDP 是 （ ）
　A. 所有要素的收入　　　　　　　B. 劳务的收入
　C. 资本的收入　　　　　　　　　D. 出售产品的收入

9. 国内生产净值 NDP 等于 ( )
   A. $GDP -$ 折旧　　B. $GNP -$ 折旧　　C. $GDP +$ 折旧　　D. $GNP +$ 折旧

10. 个人收入(PI)等于 ( )
    A. $PI = NDP -$ 保险税和公司所得税 $-$ 公司未分配利润 $+$ 转移支付
    B. $PI = NI -$ 保险税和公司所得税 $-$ 公司未分配利润 $+$ 转移支付
    C. $PI = NDP -$ 保险税和公司所得税 $-$ 公司未分配利润 $+$ 转移支付 $+$ 政府支付的利息净额
    D. $PI = NI -$ 保险税和公司所得税 $-$ 公司未分配利润 $+$ 转移支付 $+$ 政府支付的利息净额

11. 个人可支配收入(PDI)等于 ( )
    A. $PDI = PI +$ 个人收入所得税
    B. $PDI = PI -$ 个人收入所得税
    C. $PDI = PI +$ 个人收入所得税 $-$ 其他非税支付
    D. $PDI = PI -$ 个人收入所得税 $-$ 其他非税支付

12. 消费价格平减指数等于 ( )
    A. 名义 $GNP/$实际 GNP　　　　　B. 实际 GNP/GNP
    C. 名义 $GNP \times$ 实际 GNP　　　　D. 名义 $GNP -$ 实际 GNP

13. 按当年价格计算的全部最终商品及其劳务的市场价值是 ( )
    A. 实际 GDP　　B. 名义 GDP　　C. GDP 折算指数　　D. 名义 NDP

14. 在既定的价格水平下,国民收入的构成不包括 ( )
    A. 消费　　B. 储蓄　　C. 税收　　D. 投资

15. 在没有对外贸易并且没有政府的两部门经济中,国民收入决定的基本均衡条件是 ( )
    A. $I + G + X = S + T + M$　　　B. $I + G = S + T$
    C. $I = S$　　　　　　　　　　　D. $G = T$

16. 反映国民经济生产的最终成果指标是 ( )
    A. 国内生产总值　　B. 社会总产值　　C. 国民生产总值　　D. 国民收入

17. 下列哪一项不列入国民生产总值的核算中 ( )
    A. 出口到国外的一批货物
    B. 政府给贫困家庭发放的一笔救济金
    C. 经纪人为一座旧房买卖收取的一笔佣金
    D. 保险公司收到一笔家庭财产保险费

18. 下列说法错误的是 ( )
    A. 国民产出的增加并不意味着个人生活水平的提高
    B. 总投资和净投资的差就是 GDP 与 GNP 的差额
    C. 如果两个邻居互相为对方扫雪,并且分别向对方支付费用,会增加 GDP
    D. 某建筑去年已经完成,今年的销售金额应加入今年的 GDP

19. 在当期粮食产量中，根据使用去向可以判断属于最终产品的是 （　　）
   A. 农民自己食用的粮食
   B. 被食品加工企业当期生产消耗的粮食
   C. 由粮食购销部门增加储备的粮食
   D. 用做畜牧业饲料消耗的粮食
20. 一国的国内生产总值大于国民生产总值，说明该国公民从外国取得的收入（　　）外国公民从该国取得的收入。
   A. 大于   B. 小于
   C. 等于   D. 可能大于也可能小于
21. 如果个人收入为960美元，个人所得税为100美元，消费为700美元，利息支付总额为60美元，个人储蓄为100美元，则个人可支配收入为 （　　）
   A. 860美元   B. 800美元   C. 700美元   D. 760美元
22. 以下哪个不是存量指标 （　　）
   A. 消费总量   B. 资本   C. 社会财富   D. 投资
23. 如果一个社会体系的消费支出为6亿美元，投资支出为1亿美元，间接税为1亿美元，政府用于商品和劳务的支出为1.5亿美元，出口额为2亿美元，进口额为1.8亿美元，则下列正确的是 （　　）
   A. NNP为8.7亿美元   B. GNP为8.7亿美元
   C. GNP为7.7亿美元   D. NNP为7.7亿美元

四、分析题

1. 简述GDP与GNP之间的差别。
2. 如果在A、B两个国家产出不变的前提下，将他们合并成一个国家，分析合并前后对GNP总和有什么影响，并举例说明。
3. 为什么从公司债券得到的利息应计入GDP，而人们从政府得到的公债利息不计入GDP？
4. 下列各项是否计入GNP(国民生产总值)？为什么？
   (1) 转移支付。
   (2) 购买一辆旧车。
   (3) 购买普通股票。
5. 简要评述国民收入核算中的缺陷及纠正方法。
6. 如果价格上升，人们从出售物品中得到的收入增加了，但是，实际GDP增长不考虑这种好处。那么，为什么经济学家喜欢把实际GDP作为经济福利的衡量标准？
7. 国民生产总值的统计口径中是否进行了中间产品的核算？

8. 为什么说 GNP 不是反映一个国家福利水平的理想指标?
9. 试述 GDP、GNP、NDP、NNP、NI、DI 和 NT 几者之间的关系。

五、论述题

1. 为什么说投资等于储蓄是两部门经济国民收入决定的基本均衡条件?
2. 简述国内生产总值的收入法。
3. 说明在证券市场购买债券和股票不能看做是经济学意义上的投资活动。
4. 国民收入核算的两种主要方式是什么?
5. 如何用支出法计算四部门经济的 GDP?

六、计算题

1. 某国一年内的工资为 120 亿美元;净利息为 20 亿美元;租金 10 亿美元;利润 60 亿美元,其中未分配利润 20 亿美元;企业税 40 亿美元,其中间接税 20 亿美元;折旧 20 亿美元;企业所得税 10 亿美元;政府给居民户的转移支付和利息 10 亿美元。试求该国的 GDP、NDP、NI 和 PI。
2. 某国一年内的支出如下:消费支出 300 亿美元,投资支出 400 亿美元,政府支出 100 亿美元(其中政府转移支付 20 亿美元),进口 600 亿美元,出口 650 亿美元。
   求:
   (1)该国的 GDP。
   (2)如果该国的 GDP 折算指数是 0.8,求该国的实际 GDP。
3. 下面是关于 GNP、GDP 和 NDP 的讨论。
   (1)在 2011 年,某国的 GDP 是 56 775 亿美元,GNP 是 56 949 亿美元。为什么两者之间存在着一个差额?
   (2)在 2011 年,某国的 GDP 是 56 775 亿美元,NDP 是 50 514 亿美元。请解释这个差额。作为 GDP 的一部分的 2011 年的差额具有什么特征?
4. 假设有 A、B、C 三厂商,A 厂商年产 5 000 万美元,卖给 B、C 和消费者,其中 B 买 200 万美元,C 买 2 000 万美元,其余 2 800 万美元卖给消费者。B 年产 500 万美元,直接卖给消费者。C 年产 6 000 万美元,其中 3 000 万美元由 A 购买,其余由消费者购买。
   (1)假定投放在生产上的都用光,计算价值增加。
   (2)计算 GDP 为多少。
   (3)如果只有 C 有 500 万美元折旧,计算国民收入。
   (4)如果 A 厂商有 1 000 万美元的进口值,C 厂商有 1 500 万美元的出口值,其他条件不变,GDP 是多少? 贸易差额是多少?

5. 假设某国某年有下列国民收入统计资料(单位:亿美元):

资本消耗补偿	356.4
雇员酬金	1 866.3
企业支付的利息	1 866.3
间接税	266.3
个人租金收入	34.1
公司利润	164.8
非公司企业主收入	120.3
红利	66.4
社会保险税	253.0
个人所得税	402.1
消费者支付的利息	64.4
政府支付的利息	105.1
政府转移支付	347.5
个人消费支出	1 991.9

计算:

(1)国民收入。

(2)国内生产净值。

(3)国内生产总值。

(4)个人收入。

(5)个人可支配收入。

(6)个人储蓄。

6. 假定一国国民收入统计资料(单位:亿美元)如下表所示:

国民生产总值	4 800
总投资	800
净投资	300
消费	3 000
政府购买	960
政府预算盈余	30

计算:

(1)国民生产净值。

(2)净出口。

(3)政府税收减去政府转移支付后的收入。

(4)个人可支配收入。

(5)个人储蓄。

7. 设一经济社会生产 5 种产品,它们在 2010 年和 2012 年的产量和价格分别如下表所示。试

计算:

产品	2010 年产量	2010 年价格/亿美元	2012 年产量	2012 年价格/亿美元
A	25	1.50	30	1.60
B	50	7.50	60	8.00
C	40	6.00	50	7.00
D	30	5.00	35	5.50
E	60	2.00	70	2.50

(1) 2010 年和 2012 年的名义国内生产总值。

(2) 如果以 2010 年作为基年,则 2012 年的实际国内生产总值为多少?

(3) 计算 2010～2012 年的国内生产总值价格指数,2012 年价格比 2010 年价格上升了多少?

【习题答案】

一、名词解释

　　1. 国内生产总值:指一个国家或地区在一定时期(通常指一年),运用生产要素所生产的所有物品和劳务的市场价值总额。

　　2. 国民生产总值:指一个国家在一定时期(通常指一年),本国居民在国内国外生产的所有物品和劳务的市场价值总额。

　　3. 国民收入:指一个国家一年内用于生产的各种生产要素所得到的全部收入,即工资、利润、利息和地租的总和。

　　4. 个人收入:指一个国家的全体个人在一定时期(通常为一年)所获得的全部收入。

　　5. 个人可支配收入(DPI):是指个人收入经过各种税收后留归个人的余额。

　　6. GDP 消胀指数:在给定的一年中,名义 GDP 与该年真实 GDP 的比率。用来反映基年与现期年度间发生的价格变动。

　　7. 生产者价格指数:衡量制造商和农场主向商店出售商品的价格指数。它主要反映生产资料的价格变化状况,用于衡量各种商品在不同生产阶段的成本价格变化情况。

　　8. 消费者价格指数:对一个固定的消费品篮子价格的衡量,主要反映消费者支付商品和劳务的价格变化情况,也是一种度量通货膨胀水平的工具,以百分比变化为表达形式。

　　9. 零售物价指数:以现金或信用卡形式支付的零售商品的价格指数。

二、判断题

　　1~5. ××××× 　6~9. ×√×√

三、单选题

　　1~5. BCBBD 　6~10. CCAAD 　11~15. DABDC 　16~20. ABDCB 　21~23. ADB

四、分析题

　　1. GDP 是一个国家在特定时期内生产的所有最终商品及其劳务的市场价值总和。GNP

是一个国家的国民在特定时期内生产的所有最终商品及其劳务的市场价值总和。GNP包含国民从国外取得的收入,但也要扣除支付给外国人的同类收入。GDP不考虑从国外获得的收入以及支付给国外的收入。两者在对外贸易占较大比重的情况下差别较大。

2. 如果A、B两个国家合并成一个国家,则两国贸易变成一国两地区之间的贸易,从而影响GNP总和。因为两国未合并时,双方可能有贸易往来,这种贸易只会影响A或B国家的GNP,对两国GNP总和不会发生影响。例如,A国向B国出口机器,价值50万元,B国向A国出口粮食,价值45万元,从A国看,计入GNP的有净出口5万元,计入B国的GNP有净出口-5万元。如从两国GNP总和看,两者合并为零。如果合并成一个国家,上述贸易变成一国两个地区之间的贸易,无论是从收入还是支出的角度看,计入GNP的价值都为95万元。

3. 从公司债券得到的利息应计入GDP,而从政府得到的公债利息不计入GDP。这是因为:

(1)购买公司债券实际上是借钱给公司用,公司从人们手中借到了钱,作为生产用,比如购买机器设备,就是提供了生产性服务,可被认为创造了价值,因而公司债券的利息,可看做是资本这一要素提供生产性服务的报酬或收入,当然要计入GDP。

(2)政府的公债利息被看做是转移支付,因为政府借的债不一定投入生产活动,而往往是用于弥补财政赤字。政府公债利息常常被看做是从纳税人身上取得的收入加以支付的,因而习惯上被看做是转移支付。

4. (1)政府转移支付不计入GNP,政府转移支付只是简单的通过税收(包括社会保险)把收入从一个人(或组织)转移到另一个组织手中,并没有相应的货物或劳务的交换发生。

(2)购买一辆旧车也不计入GNP,因为旧车在第一次销售时已被计入GNP,旧车销售只不过是最终经济产品从一个消费者手中转移到另一消费者手中而已。

(3)购买普通股票也不计入GNP,因为购买股票不是增加或替换资本资产的行为,而只是一种证券交易活动,并没有实际的生产经营活动,因而不属于投资。

5. (1)西方国民收入核算通常通过GDP来衡量国民经济总产出水平,衡量发展的程度,衡量生活水平,是存在缺陷的。

① 统计中不包括非市场交易活动,即一部分产品和劳务给漏掉了。例如,家务劳动、自给自足的生产以及个人私自交易等。

② 国民收入指标不能说明社会为此付出的代价和成本。例如,它无法反映人们的闲暇,无法反映污染程度等。

③ 西方国民收入核算把所有的市场交易活动都包括进来,并不能反映社会经济发展水平,也无法反映人们从产品和劳务消费中获得的福利状况。例如,赌博盛行,也许GDP很高(如拉斯维加斯),但并不说明该地区的人民过得幸福。

④ 由于不同国家产品结构和市场价格的差异,两国国民收入指标难以进行精确比较。例如,由于GDP中包含有劳务,两个国家虽然可以拥有相同的GDP,但一个生产粮食,一个生产

歌曲,显然,两国的物质生活水平不一样。

(2)鉴于以上的问题,西方经济学家从不同的角度对国民收入核算方法加以修正,提出经济净福利、物质生活质量指数等计算方法和指标。近年来,经济学家试图采用"扩充国民收入账户"来修正国民收入衡量的缺陷。其中一项加项为地下经济,但不是所有的地下经济都是加项,例如,医生、保姆、农民的地下活动应计入加项,而赌博、贩毒等地下经济则不计入。另一个减项为环境的破坏。

6. 因为名义GDP是用当年价格来评价经济中物品与劳务生产的价值,实际GDP是用不变的基年价格来评价经济中物品与劳务生产的价值。由于实际GDP不受价格变动的影响,实际GDP的变动只反映生产的产量的变动。因此,实际GDP是经济中物品与劳务生产的衡量指标。我们计算GDP的目的是要衡量整个经济运行状况如何。由于实际GDP衡量经济中物品与劳务的生产,所以它反映了经济满足人们需求与欲望的能力。这样,实际GDP是比名义GDP衡量经济福利更好的指标。

7. 国民生产总值的核算包括了对中间产品的核算。虽然国民生产总值的统计口径是针对最终产品的产值,没有直接统计中间产品的产值,这样的目的是为了避免重复计算。实际上,在最终产品的产值中已经包含了所有中间产品生产中新创造的价值。因此,在这个意义上,中间产品的生产实际也全部计入了国民生产总值的核算中。

8. (1)福利水平是人们效用的满足程度,而人们效用是由消费活动和闲暇来决定的,所以一种指标是否很好地反映福利水平,以能否准确地衡量消费和闲暇来决定。

(2)GNP不是反映一国福利水平的理想指标,有以下原因:

①它包括了资本消耗的补偿,而这部分与消费和闲暇数量水平无关。

②GNP包括净投资,而净投资的增加只会增加生产能力,从而增加未来的消费,这不仅不会增加本期消费,反而会减少本期消费。

③GNP中的政府支出与本期消费没有明确关系,如果政府支出的增加用于社会治安,这是社会治安恶化的反映,从而很难认为政府支出的增加提高了人们的福利水平。

④计算GNP时是加上出口,减去进口,而出口与国内消费无关,而进口与国内消费有关。

⑤GNP也没有反映人们闲暇的数量。

⑥GNP没有考虑地下经济,地下经济与福利水平有着直接关系。

综上所述,GNP不能很好地反映一国的福利水平。

9. (1)GDP(gross domestic product),即国内生产总值的简称,是指一国范围内一年中所生产的最终产品和服务的市场总价值。

(2)GNP(gross national product),即国民生产总值的简称,是指一国一定时期内所生产的最终产品(包括产品与劳务)的市场价值总和。GNP是按照国民原则来计算的,而GDP是按国土原则来计算的。两者的关系是:$GDP = GNP - $来自国外的净要素收益。

(3)NDP(net domestic product),即国内生产净值的简称,是指GDP扣除折旧的部分,即

$NDP = GDP - 折旧$。

(4) NNP(net national product),即国民生产净值的简称,在实物形态上,国民生产净值是社会总产品扣除已消耗掉的生产资料后的全部消费资料和用于扩大再生产及增加后备的那部分生产资料。在价值形态上,国民生产净值等于国民生产总值(GNP)与资本折旧之差。

(5) NI(national income),即国民收入的简称,是指一个国家一年内用于生产的各种生产要素等所得到的全部收入,即工资、利润、利息和地租的货币值之和。它与 GDP 的关系为:
$GDP - 折旧 - 间接税 = NI$。

(6) NI 概括了一个社会所有人的收入,但总收入并不等于可支配收入。某人一个月的总收入中要扣除住房公积金、医疗保险金和个人所得税;此外,他也会有一些额外的收入,比如国家发给的住房和国家的特殊津贴等,进行了这些加减之后的钱才是这个人可以自由支配的收入。我们计算全社会可支配收入 DI(disposable income)就是从 NI 中扣除相应的项目,即

$$DI = NI - 社会保险费 - 经营利润 - 企业留利 - 个人所得税 + 国家的转移支付 + 企业的转移支付 + 其他$$

(7) NT(net taxes),即净税收的简称,是指政府的总税收减去转移支付的部分。它与 GDP 的关系为: $DI = GDP - NT$。

五、论述题

1. (1) 在既定的价格水平中,一个两部门经济中的总需求由消费需求 C、投资需求 I 构成,即 $GDP = C + I$;总供给则由消费 C、储蓄 S 部门构成,即 $GDP = C + S$。

(2) 总需求是计划支出,总供给是计划收入,这两种力量作用,最终使得经济处于均衡状态,此时总需求等于总供给,即 $C + I = C + S$,即两部门经济中,经济处于均衡状态的条件是 $I = S$。

(3) 当投资超过储蓄时,经济的总收入就会增加;反之,投资小于储蓄时,经济的总收入就会减少,直到投资等于储蓄为止。因此,投资等于储蓄是两部门经济国民收入决定的基本均衡条件。

2. 收入法是用出售最终商品和劳务获得的收入来测算 GDP 的方法。由于厂商出售产品获得的收入是生产中所使用的各种生产要素的收益,因而收入方法测算 GDP 是所有生产要素的货币收入的总和,它可以表示为:$GDP = 个人收入 + 租金 + 利息 + 利润 + 间接税 + 折旧$。各项要素收入在交纳各项税收以后,要素所有者把收入用于购买消费品和储蓄,因而 GDP 也可以表示为:$GDP = 消费 + 储蓄 + 税收$。

3. (1) 虽然购买债券和股票对购买者而言可以称为一种"投资",但经济学上规定的投资与我们通常意义上的投资不一样。经济学上的投资是指增加或更换资本资产(包括厂房、住宅、机械设备及存货)的支出。经济学上的投资是固定资产和存货投资。固定资产投资包括新厂房、新设备、新商业用房和新住宅的增加;存货投资是指存货价值的增加(也存在减少的

可能性),投资是一定时期内增加到资本中的资本流量。GDP 计算时,采用的是总投资而不是净投资。

人们购买债券和股票只是一种证券交易活动,并不是实际的生产经营活动。人们买了债券或股票,是一种产权转移活动,因而不属于经济学意义上的投资活动,也不能计入 GNP。当公司从人们手中取得了出售债券或股票的货币资金再去购买厂房或机器设备时,才是投资活动。

(2)国民收入核算中核算的是运用生产要素所生产的全部最终产品的市场价值。购买股票和债券的资金,在购买时还没有用于生产,不能产生最终产品,更谈不上价值。但是如果购买股票和债券时支付了一定的佣金和未来可能产生的股息和利息,则应该归入国民收入的核算,因为前者为经纪人的劳务,而后者则是资金利用后的增值。

4.(1)国民收入是进行宏观分析的关键,因为宏观经济学研究的是整个社会的经济活动,以社会总体的经济行为及其后果为研究对象。

(2)对国民收入(以 GDP 为例)的核算常用支出法和收入法。其核算的理论基础是总产出等于总收入,总产出等于总支出。

①支出法指经济社会(指一个国家或一个地区)在一定时期内消费、投资、政府购买以及出口这几方面支出的总和。公式为

$$GDP = C + I + G + (X - M)$$

式中,消费 C 包括耐用消费品(如家电、家具等)、非耐用消费品(如食物、衣服等)和劳务(如理发、旅游等),但不包括个人建筑住宅的支付。

经济学中的投资 I 是指增加或更换资本资产(厂房、设备、住宅和存货)的支出。资本产品和中间产品虽然都用于生产别的产品,但不一样的是前者在生产别的物品的过程中是部分被消耗,而后者则是完全转化。资本产品的损耗中一方面包括实际的物质损耗,另一方面还包括精神损耗(指的是由于技术进步或者是出现了更高效的新设备而导致原设备贬值)。存货投资指存货价值的增加(或减少),可为正值也可为负值,即期末存货可能小于期初存货。公式中的 I 为总投资,而净投资 = I - 重置投资。重置投资指的是当年以前资本产品的折旧消耗。

G 为政府购买物品和劳务的支出,转移支付(救济金等)不计入。$X - M$ 为净出口,可正可负。

②收入法即用要素收入亦即企业生产成本核算国内生产总价值。严格来说,最终产品市场价值除了生产要素收入构成的成本,还有间接税、折旧、公司未分配利润等内容。公式为

$$GDP = 工资 + 利息 + 租金 + 间接税和企业转移支付 + 折旧$$

式中,工资、利息、租金是最典型的要素收入。工资中还需要包括所得税、社会保险税;利息指提供资金给企业使用而产生的利息,所以需要提出政府公债利息和消费信贷利息;租金除了租赁收入外,专利和版权的收入也应归入其中。

利润指税前利润,包括公司所得税、红利、未分配利润等。

企业转移支付包括对非营利组织的慈善捐款和消费者呆账,间接税包括货物税、销售税、周转税等。

以上用支付法和收入法对 GDP 的核算,同样适用于 GNP。

(3) 理论上讲,支出法和收入法的值应该是相等的,但在实际核算中,常有误差,所以需要加上一个统计误差。

5.(1) 计算 GDP 的支出法是将一国在一定时期内所有的经济单位用于最终产品和劳务的支出加总起来。在四部门经济中,支出主要有四种:家庭消费支出、企业投资支出、政府购买支出和净出口(出口与进口额之差)。

①家庭消费支出包括购买商品和劳务的支出以及其他支出,其中包括购买耐用消费品的支出,如汽车、洗衣机、电视机等;购买非耐用消费品的支出,如食品、衣服等;劳务支出,如理发、医疗和教育等。消费支出用 C 表示。

②企业投资支出是指企业用于机器设备、厂房和存货方面的支出。投资支出用 I 表示。

③政府购买支出是指各级政府购买商品和劳务的总和。修建道路桥梁、添置军事设备和支付警察的工资是政府购买的例子。政府购买用 G 表示。

④净出口定义为出口额减进口额,以 X 表示出口, M 表示进口, NX 表示净出口,则有

$$NX = X - M$$

(2) 根据支出法有:国内生产总值 = 消费支出 + 投资支出 + 政府购买 + 净出口,即

$$GDP = C + I + G + NX$$

(3) 在实际应用中应注意以下两个问题:

①有些支出项目不应计入 GDP,这些项目包括对过去时期生产的产品的支出(如购买旧设备)、非产品和劳务的支出(如购买股票、债券的支出)等。

②避免重复计算。由于最终产品和中间产品并无明显区别,因而在计算过程中容易造成重复计算。在实际计算中,如果最终产品的价值全部记入 GDP 中,那么中间产品就不应记入 GDP 中,即使这种产品是最终产品的企业购买来的也是如此。如果中间产品在此之前已计入 GDP 中,那么该产品生产的最终产品价值只能扣除中间产品价值后,方可记入 GDP 中。

六、计算题

1. $GDP = 120 + 20 + 10 + 60 + 20 + 20 = 250$(亿美元)

    $NDP = GDP - 折旧 = 250 - 20 = 230$(亿美元)

    $NI = NDP - 间接税 = 230 - 20 = 210$(亿美元)

    $PI = NI - 保险税和公司所得税 - 公司未分配利润 + 转移支付 + 政府支付的利息额 =$
      $210 - 10 - 20 + 10 = 190$(亿美元)

2.(1) 名义 $GDP = 300 + 400 + 100 - 20 + 650 - 600 = 830$(亿美元)

  (2) 实际 $GDP = 830/0.8 = 1\,037.5$(亿美元)

3.(1)GNP=本国要素在国内收入+本国要素在国外收入；

GDP=本国要素在国内收入+外国要素在国内收入；

GDP 和 GNP 之间的差额就是外国人所获得的净收入；

GDP 小于 GNP 说明该国(2011年)的居民在国外所获得的收入多于外国人在该国所获得的收入。

(2)当资本被用来生产时,会发生消耗即折旧。因此,GDP 和 NDP 之间会存在一个差额,NDP 衡量一定时期内经济中所生产的产量的净值,它是产量的总价值减去资本在生产总产量中所消耗掉的价值差。

4.(1)A 的价值增加为:5 000 − 3 000 = 2 000(万美元)

B 的价值增加为:500 − 200 = 300(万美元)

C 的价值增加为:6 000 − 2 000 = 4 000(万美元)

合计价值增加为:2 000 + 300 + 4 000 = 6 300(万美元)

(2)最终产品价值为:2 800 + 500 + 3 000 = 6 300(万美元)

式中 2 800、500、3 000 分别为 A、B、C 卖给消费者的最终产品。

(3)国民收入为:6 300 − 500 = 5 800(万美元)

(4)原来 GDP 为 6 300,现在加上进出口因素,GDP 变为:6 300 + (1 500 − 1 000) = 6 800(亿美元),其中贸易顺差额,即净出口额为:1 500 − 1 000 = 500(亿美元)。

5.(1)国民收入=雇员酬金+企业支付的利息+个人租金收入+公司利润+非公司企业主收入=1 866.3 + 264.9 + 34.1 + 164.8 + 120.3 = 2 450.4(亿美元)

(2)国内生产净值=国民收入+间接税=2 450.4 + 266.3 = 2 716.7(亿美元)

(3)国内生产总值=国民生产净值+资本消耗补偿=2 716.7 + 356.4 = 3 073.1(亿美元)

(4)个人收入=国民收入−(公司利润+社会保险税)+政府支付的利息+政府的转移支付+红利=2 450.4 − (164.8 + 253.0) + 347.5 + 105.1 + 66.4 = 2 551.7(亿美元)

(5)个人可支配收入=个人收入−个人所得税=2 551.6 − 402.1 = 2 149.5(亿美元)

(6)个人储蓄=个人可支配收入−消费者支付的利息−个人消费支出=2 149.5 − 64.4 − 1 991.9 = 93.2(亿美元)

6.(1)国内生产净值=国内生产总值−资本消耗补偿,而资本消耗补偿即折旧等于总投资减净投资后的余额,即 500 = 800 − 300(亿美元),因此国内生产净值=4 800 − 500 = 4 300(亿美元)

(2)从 GNP = C + I + G + NX 中可知 NX = GNP − C − I − G,因此,净出口 NX = 4 800 − 3 000 − 800 − 960 = 40(亿美元)

(3)用 BS 代表政府预算盈余,T 代表净税收即政府税收减去政府转移支付后的收入,则有 BS = T − G,从而有 T = BS + G = 30 + 960 = 990(亿美元)

(4)个人可支配收入本来是个人收入减去个人所得税后的余额,本题条件中没有说明间接税、公司利润、社会保险税等因素,因此,可从国民生产净值中直接得到个人可支配收入,即 $Y = NNP - T = 4\,300 - 990 = 3\,310$(亿美元)

(5)个人储蓄 $S = Y - C = 3\,310 - 3\,000 = 310$(亿美元)

7.(1)2010 年名义国内生产总值 $= 1.5 \times 25 + 7.5 \times 50 + 6 \times 40 + 5 \times 30 + 2 \times 60 = 922.5$(亿美元)

2012 年名义国内生产总值 $= 1.6 \times 30 + 8 \times 60 + 7 \times 50 + 5.5 \times 35 + 2.5 \times 70 = 1\,245.5$(亿美元)

(2)2012 年的实际国内生产总值 $= 1.5 \times 30 + 7.5 \times 60 + 6 \times 50 + 5 \times 35 + 2 \times 70 = 1\,110$(亿美元)

(3)2010~2012 年的国内生产总值价格指数为 $1\,245.5/1\,110 \times 100\% \approx 112.2\%$;可见 2012 年价格比 2010 年价格上升了 12.2%。

第三章
Chapter 3

总支出：消费、储蓄与投资

【考点归纳】

1. 凯恩斯消费函数假定边际消费倾向介于0到1之间，平均消费倾向随着收入的上升而下降，并且消费只取决于当期收入。凯恩斯的消费理论只能解释人们的短期消费行为，而不能解释人们的长期消费行为。之后的一些经济学家将消费理论进行了修正和补充，主要有杜森贝利的相对收入理论、弗里德曼的持久性收入理论、莫迪利安的生命周期理论。

2. 投资需求是构成总支出的一个重要部分，投资决策是否可行主要取决于投资的预期收益与利率之间的比较，投资与利率之间成反方向变化，除此之外投资还受到风险和股票价格的影响，有关股票价格与投资之间的关系，托宾提出了"q"理论。

3. 乘数原理是宏观经济运行过程中极其重要的一个原理，当影响国民收入的任何一个因素发生变化时，都会引起国民收入的成倍变化，经济中的各个因素就是通过乘数原理来影响整个宏观经济的。

【要点解读】

一、消费

消费理论研究的是：家庭作为消费者如何分配其收入的问题，把多少比例的收入用于消费，多少比例的收入用于储蓄，实际是关于储蓄率选择的问题。它是经济中的个体决策问题，属于微观经济问题之一。消费时人们为了满足自身的需要而使用商品和劳务的经济行为和活动。影响消费的因素有很多，如收入水平、商品的价格水平、消费者偏好、年龄结构、制度及风俗习惯等。这些因素中有决定意义的是收入。

二、消费函数

消费函数在凯恩斯宏观经济波动理论中有十分重要的意义。由于时代的局限性，缺乏充足的经济数据及高效率的计算机系统，凯恩斯主要是通过推理和观察方法提出了消费函数的假设。

(一)有关消费函数的假设

1. 关于"边际消费倾向"的假设

所谓边际消费倾向就是消费者的收入每增加一单位用于消费的部分所占的比重。凯恩斯认为,随着收入的增加,人们的消费也会增加,但消费增加的数量肯定比收入增加的数量要小,所以,边际消费倾向是介于 0 和 1 之间的。

2. 关于"平均消费倾向"的假设

所谓平均消费倾向就是消费者平均每一单位收入中用于消费的部分所占的比重。凯恩斯认为,富人储蓄的比例会比穷人更高,这是凯恩斯主义经济学的一个核心观点。

3. 关于决定消费因素的假定

凯恩斯认为决定消费的是收入而非利率,这与古典经济学家的观点是有差别的,他们认为,较高的利率会促进储蓄和抑制消费。凯恩斯承认利率影响消费,但是在给定收入水平的情况下,利率对消费的影响只是短期的。

(二)消费函数的表达式

根据凯恩斯对消费函数的第三点假定,消费函数可以表示为

$$C = C(Y)$$

通过前面学习我们知道,消费量的大小主要受消费者收入因素影响,因此消费函数具体可表达为

$$C = a + bY$$

式中,C 为消费;Y 为收入;a 是自发性投资,是一个大于 0 的常数,即收入为 0 也必须要有的基本生活消费;b 为边际消费倾向。

所以,消费函数 $C = a + bY$,可以表示为自发性消费和引致消费之和。

根据这一线性表达式,我们做出消费函数曲线,如图 3.1 所示。图 3.1 中,横轴表示收入,纵轴表示消费,45°线表示横坐标与纵坐标相等($Y = C$)。

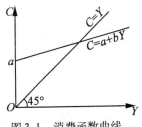

图 3.1 消费函数曲线

三、消费倾向

(一)边际消费倾向

边际消费倾向就是收入每增加一单位用于消费的部分所占的比率,也就是消费的增加量与收入增加量之比。可用公式表示为

$$MPC = \Delta C / \Delta Y \text{ 或 } b = \Delta C / \Delta Y$$

当收入的增量和消费的增量都趋近于零时,上述公式可表示为

$$MPC = dC / dY$$

关于消费的增量递减的问题,我们用边际消费倾向递减规律来解释。所谓边际消费倾向递减规律就是,随着收入的增加,每增加一单位收入中用于消费的部分是递减的。这是由于人们用于消费的数额基本是固定的,当收入增加时生活水平会随着增加,但是增加的幅度远小于收入增加的幅度,因为增加的收入不可能完全用于消费,只是部分用于消费,所以消费的增加量与收入的增加量之比是递减的。边际消费倾向所表示的数学意义是,消费函数曲线上点的斜率,也就是过该点切线的斜率,所以,消费函数的曲线逐渐趋近于水平。并且,由于消费的增量只是收入增量的一部分,所以边际消费倾向 $MPC<1$。

(二)平均消费倾向

在前面的假定中,我们还提到了平均消费倾向的概念,即平均每一单位收入中用于消费的部分所占的比重,公式可表示为

$$APC = C/Y$$

随着收入的增加,消费也在增加,消费没有收入增加得多,所以平均消费倾向也是递减的,但是平均消费倾向可能大于1、小于1或等于1,因为消费可能大于、小于或等于收入。平均消费倾向的数学含义是,消费函数曲线上的点到原点连线线段的斜率。

通过表格中的数据我们还可以看出,平均消费倾向大于边际消费倾向。

通过图3.1我们可以看出,$APC>MPC$ 这一点更是显而易见的。因为,此时消费函数曲线为直线型,曲线上任何一点与原点连线线段的斜率都大于该点的斜率。再有,可以从公式看

$$APC = C/Y = (a+bY)/Y = a/Y+b$$

b 就是边际消费倾向,其中 a、Y 都是大于零的,因此 $a/Y>0$,所以,$APC>MPC$,随着收入的增加,a/Y 趋近于零,也就是 APC 逐渐趋近于 MPC。在消费函数曲线与45°线的交点,反映的是消费与收入相等,即 $C=Y$;交点右侧消费函数曲线在45°线下方,说明收入大于消费,即 $Y>C$;交点左侧消费函数曲线在45°线上方,说明收入小于消费,即 $Y<C$。

四、社会消费函数

前面我们分析的是家庭的消费函数和储蓄函数,而宏观经济学研究的是整个国民经济,所以在宏观经济学中我们还需关心整个社会的消费函数。然而,社会消费函数不是由家庭消费函数的简单加总得到,原因是,通过家庭消费函数来取得社会消费函数要受到以下几个条件的制约。

(一)会受到国民收入分配的影响

人们的收入水平决定了他的储蓄能力,收入水平越高,其储蓄能力也就越强。所以,不同收入水平的人,其边际消费倾向也不同:高收入人群的边际消费倾向较低,原因是,在收入水平高的情况下,人们用于基本生活需要的消费是稳定的,增加的收入中用于增加消费的部分

是有限的,绝大部分收入都用于储蓄;反之,在收入水平低的情况下,边际消费倾向较高。因此,一个经济社会的收入分配越不均等,社会消费函数的边际消费倾向越不容易确定,社会消费函数曲线的位置也就不好确定。

(二)会受到政府税收政策的影响

政府的税收政策直接影响人们可支配收入的多少,个人可支配收入的变化会影响人们的消费,进而影响整个经济。如果一国实行的是累进个人所得税,收入水平高的人被征上来的税就多,其可支配收入就会下降,消费减少,消费函数曲线就会向下移动;但是从整个社会来看,情况正好相反,这是因为,征收上来的税政府通常会以公共支出的形式进行消费,整个社会的消费水平会上升,所以,社会消费函数曲线会向上移动,与家庭消费函数曲线的移动是相反的。

(三)会受到公司利润分配的影响

这里主要是指企业未分配利润所占比重的大小,企业未分配利润实质是一种储蓄,如果分配下去就是消费,是通过增加股东的可支配收入来增加消费的。未分配利润所占的比重越大,那么股东的可支配收入就越少,消费也会相应地减少,家庭消费函数的曲线和社会消费函数的曲线都会向下移动;反之,就会向上移动。

除了上述三个主要因素影响社会消费函数以外,还有其他一些因素影响,但是,在考虑种种限制后,社会消费函数曲线与家庭消费函数曲线的形状是基本相似的。

五、消费理论的发展

以上就是凯恩斯的消费理论,假定消费时收入水平的函数,被称之为凯恩斯的绝对消费理论。在《通论》出版之后,西方经济学界的诸位经济学家又对大量统计资料进行了广泛研究,对凯恩斯的绝对收入理论进行了补充和修改,形成了新的消费理论,下面我们就对这些理论作一简单的介绍。

(一)库兹涅茨的长期消费函数

美国经济学家库兹涅茨根据美国 1869~1958 年的统计数据,提出了长期消费函数。分析这 70 年间的数据得到,收入增加了 7 倍,而消费和收入却保持固定比率,APC 在 0.84~0.89 之间,APC 与 MPC 基本相等,也就是长期中边际消费倾向递减规律是不存在的,库兹涅茨的长期消费函数曲线如图 3.2 所示。

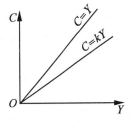

图 3.2 库兹涅茨长期消费函数曲线

通过图 3.2 我们可以看出库兹涅茨长期消费函数曲线有如下特点:曲线是从原点出发的直线;消费与收入保持固定比率 k;在收入为零时,消费也为零;由于 k 为固定比例,所以 $MPC = APC$。

(二)斯密西斯的短期消费函数和长期消费函数

美国经济学家斯密西斯(A. Smithies)根据美国1923~1940年的统计资料得到短期消费函数。斯密西斯的短期消费函数与凯恩斯提出的短期消费函数是类似的,函数形式为 $C = a + bY$。这说明,短期消费函数与收入不成固定比例,这是由于收入以外的其他因素会影响消费函数的位置,使自发消费 a 逐渐增大。如图3.3,当人们的生活水平提高后,会使社会消费水平不断提高,短期消费函数曲线会随着时间的推移按 C_1、C_2、C_3 逐渐向上移动。

斯密西斯认为长期消费函数是实际发生的消费和收入的实现值。当收入为 Y_1 时,实现的消费在点 A,当收入为 Y_2 时,短期消费函数曲线移到 C_2,实现消费在点 B,如果收入提高到 Y_3 时,短期消费函数曲线移动到 C_3,实现消费在点 D。那么,A、B、D 点的连线就是收入从 Y_1 增加到 Y_3 所形成的长期消费函数的曲线,用 $CL = KY$ 来表示。

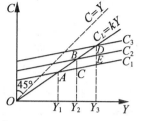

图3.3 斯密西斯短期消费函数和长期消费函数

(三)相对收入理论

相对收入理论是由美国经济学家杜森贝利提出的。

杜森贝利认为从长期看,影响消费的主要因素有:新产品的出现、城市化的趋势、人口年龄分布的变化、个人收入分配的变化、时间偏好的变化、收入预期和利息率的变化以及人口增长率和收入增长率等因素。其中,新产品的出现意味着对旧产品的替代,消费只是转移,消费结构发生变化;城市化、人口年龄分布的变化对消费倾向变化是互相抵消的;收入预期和利率的变化对储蓄的变化只对占25%的高收入者消费有影响;人口增长率、收入增长率是稳定的,对消费比重变化是互相抵消的。杜森贝利在上述分析的基础上得出两点结论:第一,从长期看,消费支出与收入是呈固定比例的,而短期里不一定是呈比例的。第二,消费者行为在时间上是不可逆的,收入减少并不意味着消费也减少。

杜森贝利认为消费者的短期消费行为会受到自己过去的消费习惯和周围人消费水平的影响。从时间来看,依照人们的习惯,消费增加容易,但是减少却很困难,因为人一旦达到较高的生活水平,即使收入降低,消费也不会马上随之下降,而是继续维持在原有水平。因此,在短期经济波动时,低收入者收入增加时,消费水平会赶上高收入者,但是收入减少时,消费水平的下降却是有限的。这一理论的核心是消费者易于随收入的提高增加消费,但不易随收入的降低而减少消费,我们称之为"棘轮效应"。而周围人的消费习惯对消费者本人消费水平的影响称为"示范效应"。

(四)生命周期理论

美国经济学家莫迪利安尼提出了生命周期消费理论,强调了消费与个人生命周期阶段的关系,认为人们会在更长的时间范围内计划他们的生活消费开支,以达到他们在整个生命周期内消费的最佳配置,实现一生消费效用最大化。各个家庭的消费要取决于他们在整个生命周期内所获得的收入与财产,也就是说消费取决于家庭所处的生命周期阶段。

假定人的一生分为三个阶段:年青时期、中年时期和老年时期。前两个阶段是工作时期,后面的一个是非工作时期。一般来说,年轻人家庭收入偏低,消费可能会超过收入。但是他们有稳定的工作,他们的未来收入会增加。因此,人们在年轻的时候往往会把收入中的很大一部分用于消费,甚至贷款消费来购买房屋、汽车等耐用品。这时候储蓄很小甚至为零。进入中年,收入日益增加,这时的收入大于消费,因为一方面要偿还年轻时的负债,另一方面要把一部分收入储蓄起来用于防老。当他们进入老年期,基本没有收入,消费又会超过收入,此时的消费主要是靠过去积累的财产,而不是收入。

按照生命周期理论,理性的消费者总是期望自己的一生能够比较安定地生活,使一生的收入与消费相等。

假定某人从20岁开始工作,到60岁退休,预期80岁去世,这样,工作期限为40年,生命年限为60年,1岁到20岁由父母抚养,所以不计入工作年限和生命年限,若年收入为24 000元,则终生收入为24 000×40=960 000元,根据生命周期理论的假定,他们会计划在整个生命周期内均匀消费达960 000元,因而他的年消费应为

$$C = 24\ 000 \times 40 \div 60 = 40/60 \times 24\ 000 = 2/3 \times 24\ 000(元)$$

在这个例子中,这个人应该在工作的每一年里把收入的2/3用于消费,1/3用于储蓄。

根据前面的例子,家庭的消费函数可写成

$$C = aWR + cYL$$

式中,WR为财产收入,YL为劳动收入,a为财富的编辑消费倾向,c为劳动收入的边际消费倾向。

根据这一理论,由于组成社会的各个家庭处在不同的生命周期阶段,所以,在人口构成没有发生重大变化的情况下,从长期来看边际消费倾向是稳定的,消费支出与可支配收入和实际国民生产总值之间存在一种稳定的关系。但是,如果一个社会的人口构成比例发生变化,则边际消费倾向也会发生变化,如果社会上年轻人和老年人的比例增大,则消费倾向就会提高,如果中年人的比例增大,则消费倾向会降低。所以,总储蓄和总消费会部分地依赖于人口的年龄分布,当有更多人处于储蓄年龄时净储蓄就会上升。除此之外,储蓄还受到其他一些因素的影响,当社会建立起健全的社会保障制度时,人们老年的生活会更有保障,储蓄就会减少;遗产税的高低也影响人们储蓄的积极性。

(五)持久性收入理论

持久收入理论是由美国著名经济学家弗里德曼提出来的。他认为居民消费不取决于现期收入的绝对水平,也不取决于现期收入和以前最高收入的关系,而是取决于居民的持久收入。持久收入理论将居民收入分为持久收入和暂时收入,持久收入是指在相当长的时间里可以得到的收入,是在一种长期平均的预期内得到的收入,一般用过去几年的平均收入来表示。暂时收入是指在短期内得到的收入,是一种暂时性偶然的收入,可能是正值(如意外获得的奖

金),也可能是负值(如被盗等)。弗里德曼认为只有持久收入才能影响人们的消费。永久性收入可以根据所观察到的若干年收入的数值加权平均计算得出,距现在的时间越近,权数越大,反之越小。

由于消费是由可预期的持久性收入所决定的,那么,如果持久收入是一个常数的话,长期消费倾向就会很稳定。当经济衰退时,尽管收入减少了,但是人们还是按照持久收入消费,也就是收入减少而消费并没有减少,因此,衰退时期的消费倾向高于长期的平均消费倾向;相反,当经济繁荣时期,收入水平提高的情况下,消费仍是按持久收入进行的,所以,此时的消费倾向低于长期平均消费倾向。在持久收入的影响下,政府通过税收政策来影响总需求的政策,是不起作用的,这是因为减税后人们的收入会增加,但是人们并不会立即增加消费;反之,当增加税收的时候,人们的收入会减少,但是消费不会马上减少。

六、储蓄

在收入中去掉用于消费的部分就是储蓄。消费是随着收入的增加而增加的,并且增加的比率是递减的,即边际消费倾向是递减的,进而我们可以知道储蓄也是随着收入的增加而增加的,并且增加的比率是递增的。

七、储蓄函数

根据上面的叙述,我们可以看出储蓄函数也是与收入相关的,函数可表示为 $S = S(Y)$。

通过前面的学习,我们了解到在两部门经济中,收入由消费和储蓄构成,所以储蓄函数具体可表示为

$$S = Y - C = Y - (a + bY) = -a + (1-b)Y$$

表达式中,a 表示自发性消费,b 表示边际消费倾向,$(1-b)$ 表示边际储蓄倾向,$(1-b)Y$ 表示由收入所引发的储蓄,所以,线性表达式的含义是储蓄等于收入引发的储蓄与自发性消费之差。前面我们已知消费函数 $c = 300 + 0.75Y$,则储蓄函数 $S = Y - C = Y - (300 + 0.75Y) = -300 + 0.25Y$。根据储蓄函数的线性表达式,可得到储蓄函数曲线如图 3.4 所示。

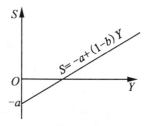

图 3.4 储蓄函数曲线

如图 3.4,横轴表示收入,纵轴表示储蓄,储蓄函数曲线与横轴的交点表示储蓄等于零,储蓄函数曲线在横轴上方表示储蓄大于零,储蓄函数曲线在横轴下方表示储蓄小于零。

从图中我们还可以得知,平均储蓄倾向小于边际储蓄倾向($APS < MPS$),通过公式我们可以验证该结论,$APS = S/Y = -a/Y + (1-b)$,而 $MPS = 1 - b$,平均储蓄倾向等于边际储蓄倾向减去 a/Y,所以平均储蓄倾向大于边际储蓄倾向;随着收入的增加,a/Y 趋近于零,所以随着收

入的增加,平均储蓄倾向与边际储蓄倾向趋于相等。

八、储蓄倾向

(一)边际储蓄倾向

边际储蓄倾向是指每增加一单位收入中用于储蓄的部分所占的比重,用 MPS 表示,公式可表示为

$$MPS = \Delta S/\Delta Y$$

当收入(Y)与储蓄(S)的增量都趋近于零时,该公式可表示为

$$MPC = dC/dY$$

边际储蓄倾向所表示的数学意义是储蓄函数曲线上点的斜率。

(二)平均储蓄倾向

平均储蓄倾向是指平均每一单位收入中用于储蓄部分所占的比重,用 APS 表示,公式可表示为

$$APS = S/Y$$

平均消费倾向所表示的数学意义是储蓄函数曲线上的点与原点连线线段的斜率。

九、消费函数与储蓄函数的关系

消费函数是说明消费与收入之间的关系,储蓄函数是说明储蓄与收入之间的关系,二者的决定因素都是收入。可以看出消费函数与储蓄函数是互补的,也就是消费函数和储蓄函数只要确定其中一个,另一个就可以确定,这是由于收入等于消费函数与储蓄函数之和($Y = C + S$)。有关消费函数和储蓄函数的关系如图 3.5 所示。

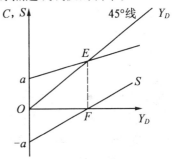

图 3.5 消费函数与储蓄函数的关系

消费函数曲线与 45°线相交于点 E,该点表示消费与收入相等,也就是全部收入都用于消费,此时储蓄为零,所以储蓄函数与横轴相交于点 F;在点 E 右侧,收入大于消费,此时储蓄大于零,所以储蓄函数曲线在横轴上方;在点 E 左侧,收入小于消费,此时储蓄小于零,所以储蓄函数曲线在横轴下方。

所以:(1)$APC + APS = 1$。

(2)$MPC + MPS = 1$。

十、投资的含义及分类

(一)投资的含义

投资是指增加或更换资本资产的支出,又称为资本形成,表示在一定时间内资本的增量,

由此可见，投资是一个流量，而资本则是经济社会在某一时点上的资本总量，显然，资本属于存量。根据上面的分析，我们可以得出，投资是增加到资本存量上的资本流量。

经济学意义上的投资与我们平时所说的投资意义是不同的。我们日常用自己的收入去购买各种有价证券，获得收益，这从金融意义上来讲是投资，但是在经济学上或从整个社会的角度来看，并不是投资，因为这种购买行为并未增加社会资本存量，只是有价证券所有权的转移。为了进行区分，把对居民个人购买有价证券的投资行为称为"金融投资"；对于能够增加社会资本存量的投资才是我们经济学上所讲的投资。

（二）投资的分类

从不同角度考察，投资可划分为不同种类。

按投资与资本存量的关系，投资可分为重置投资、净投资与总投资。重置投资是指用来补偿资本设备损耗的投资，也就是折旧，这取决于原来的资本量、机器设备的使用期限及其构成。净投资是指为增加资本存量而进行的投资，就是净资本的形成或实际资本的净增加，其中不包括资本损耗，净投资的多少决定于国民收入水平与变化情况。总投资等于净投资与重置投资之和，是对原有资本存量的追加或扩大。总投资一般是正值，净投资可能是正值、零或负值，该情况由总资本大于、等于还是小于资本折旧来决定。例如，某个 2008 年末资本存量是 9 000 亿美元，2009 年末资本总量为 9 800 亿美元，2009 年新增投资是 800 亿美元，如果 2009 年生产过程中共损耗资本 300 亿美元，那么，2009 年总投资为 800 亿美元，重置投资为 300 亿美元，净投资为 500 亿美元。

按投资的原因不同，投资可分为自发投资与引致投资。所谓自发性投资，是指不受国民收入或消费的影响而进行的投资，是独立于国民收入决定因素的投资，例如，由于新发明、新技术、人口变动、战争等因素而引发的投资。引致投资是由国民收入和消费的变动而引发的投资，宏观经济学中主要研究的就是引致投资。

按投资者是否参与经营，投资可分为直接投资与间接投资。投资者自身直接建立某种企业所进行的投资活动，如建工厂等，属于直接投资。而间接投资，是资本输出的一种方式，它的实现方法有两种：一种是投资者直接购买其他国家的政府或企业发行的债券，资金的使用由其他国家的政府或企业所决定，投资者只是获取利息；另一种是将资本借贷给其他国家的政府或企业，投资者按借贷协议获取收益。在间接投资中，投资者和被投资者具有债权关系。

按投资内容，投资可分为固定资产投资和存货投资。固定资产投资就是用来增加新厂房、新设备、非住宅建筑物及住宅建筑物的支出，所谓"固定"就是这些投资品将被长期使用。存货投资是对已经生产出而没有销售出去的产品库存的增加，存货投资具有特殊的易变特性，波动剧烈，影响社会经济稳定。

（三）影响投资的因素

前面我们分析了实际利率对投资的影响，下面我们将分析影响投资的其他因素。

1. 预期收益

企业决定对某一项目进行投资,主要考虑的就是预期收益,影响预期收益主要有以下几个因素:

(1)对投资项目产出的预期。市场对产品的需求状况会影响产品价格的变化,如果企业预期产品的市场需求在未来会增加,就会增加投资,假定一定的产出量需要有一定的资本设备来提供,则预期市场需求增加多少,就会相应地要求增加多少投资。

(2)产品的成本。投资的预期收益在很大程度上取决于投资项目的成本,成本中最重要的组成部分就是工资,工资的高低直接影响利润。对于劳动力密集型的产业,工资上升显然会导致投资减少;而对于机器设备可以代替劳动力的投资项目,工资的上升又意味着多用设备比多用劳动力更划算,因而实际工资上升又等于投资的预期收益增加,从而会增加投资。由此可见,工资的变动对投资需求的影响具有不确定性。

2. 风险

投资与风险是伴生的,投资发生在现在,收益在未来,而未来是未知的、不确定的,从而风险就产生了。高收益往往伴随着高风险,如果收益不能够补偿风险可能带来的损失,那么企业就不愿意投资。风险主要来自于未来市场的走势、产品价格的变化、成本的变动、利率的变动及政府政策的变化等。

3. 托宾"q"理论

"q"理论是由美国经济学家詹姆斯·托宾提出的,该理论是有关股票价格与企业投资之间关系的。他提出,企业的市场价值与其重置成本之比,可以作为衡量企业的投资是否可行的标准,这个比值称之为"q"。企业的市场价值也就是企业股票的市场价格总额,等于每股价格与总股数的乘积;企业的重置成本是指企业建造一个相同规模的企业所需的成本。当 $q > 1$ 时,说明企业的市场价值大于重置成本,也就是建造新企业比买旧企业便宜,于是投资就会增加;当 $q < 1$ 时,说明买旧企业的市场价值小于企业的重置成本,也就是买旧企业合算,那么投资就会减少。因此,q 越大,投资需求就越大,这一理论实际上是说明,股票价格上升,投资就会增加。

十一、投资函数

投资的动机就是获得利润最大化,在做出投资决策时就必须要考虑两个因素:投资的预期利润率和资本市场的利率。这两个因素分别反映了投资的收益与成本,在预期利润率既定的情况下,利率越高说明获得相同收益所需的成本越高,利率越低说明获得相同收入所需的成本越低,投资就会增加。即使是自有资金也要考虑机会成本,在投资与放贷上做一比较。

由此可以看出,投资是利率的减函数,投资与利率之间的这种关系我们称之为投资函数,可以用如下形式来表示:$I=I(r)$。

投资函数的数学表达式为

$$I = e - dr$$

式中,e 为自发性投资,也就是当利率为零时也会有的投资;$-dr$ 为投资中与利率相关的部分;"$-$"为投资与利率之间负相关;d 为投资需求的利率系数,用来说明投资对利率变化的敏感程度。

这里我们所考虑的利率是指实际利率,等于名义利率与通货膨胀率之差。

由于投资与利率之间成反方向变化,投资需求曲线如图3.6所示,横轴表示投资,纵轴表示利率,所以投资需求曲线向右下方倾斜,投资需求曲线又称为投资的边际效率曲线,下面我们将介绍投资的边际效率这一概念。

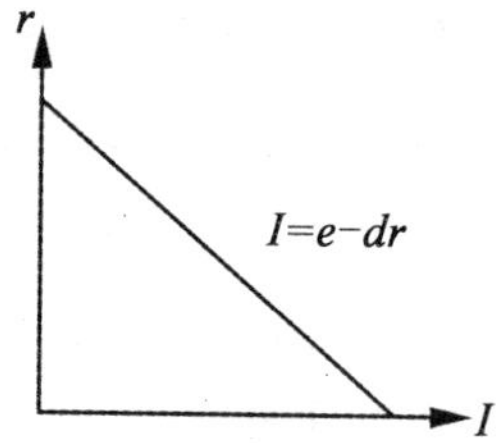

图3.6 投资需求曲线

十二、投资的边际效率

投资的边际效率是从资本的边际效率这一概念引申出来的,在说明资本的边际效率前,我们先来了解一下有关贴现率这一概念。

所谓贴现率,就是已知未来有一笔收益,在计算这笔收益的现值时所使用的利率。

本金与现值的关系为

$$R_0 = R_n / (1+r)^n$$

式中,R_0 为本金;R_n 为现值;r 为利率;n 为年限。

下面来说资本的边际效率,资本的边际效率是凯恩斯提出的概念,是指资本的预期利润率,它实际是贴现率,用这个贴现率把投资期限内的预期收益折现,现值之和恰好等于资本品的供给价格。

假设 R 表示资本品的供给价格;$R_1, R_2, R_3, \cdots, R_n$ 分别表示从第1年到第 n 年的预期收益;r 表示资本的边际效率。根据凯恩斯的定义,资本的边际效率公式应表示为

$$R = R_1/(1+r) + R_2/(1+r)^2 + R_3/(1+r)^3 + \cdots + R_n/(1+r)^n$$

从资本的边际效率公式可知,资本的边际效率取决于资本品的供给价格和预期收益,当预期收益既定时,供给价格越大,资本的边际效率越小;而在资本的供给价格既定时,预期收益越大,资本的边际效率越大。

凯恩斯认为,资本的边际效率会随着投资的增加而不断下降,原因主要有两点:

(1)当整个经济社会的投资增加时,资本品的需求会上升,从而引起资本品的价格上升,在预期收益不变的情况下,资本的边际效率必然下降。

(2)随着投资的增加,生产规模会扩大,产品供给增加使产品价格下降,那么投资的预期收益也会下降。把由于资本品供给价格上升而引起资本的边际效率下降,下降后的资本的边际效率称之为投资的边际效率。

资本的边际效率是表示资本品供给价格不变时,投资和利率之间反方向变化的关系;而投资的边际效率是表示资本品的供给价格变化时,投资和利率之间反方向变化的关系。西方经济学家认为,投资的边际效率更能真实地反应投资状况。

十三、乘数原理与投资乘数

(一)乘数的概念与种类

乘数也可译为倍数,乘数理论是考察和分析在国民经济活动中某一因素或变量发生变化时,所引起的一系列连锁反应的状态和结果,也就是研究一个因素或变量的变化,对整个国民经济的影响。

在西方经济学史上,杜冈·巴拉诺夫斯基和维克赛尔最早提出了投资增加会增加国民收入的观点。1931年,英国经济学家卡恩在《国内投资与失业的关系》中最先提出了乘数的概念,他提出的乘数是就业乘数,即净投资所引起的全社会就业总量与净投资直接引起的最初就业量的比。凯恩斯在《通论》中提出了有关投资乘数的概念,有关投资乘数我们将在下面进行介绍。

乘数原理发生在不同领域,除就业乘数和投资乘数外,还有政府购买乘数、转移支付乘数、税收乘数、平衡预算乘数、对外贸易乘数等,也就是构成国民收入的每个因素发生变化都会引起整个国民经济的变动,都存在乘数原理的作用。

乘数根据变量的个数还分为单纯乘数和复合乘数。所谓单纯乘数是指只考察某一个因素或变量变化的连锁反应,如果是考察几个因素变动的相互作用的影响就称为复合乘数。

(二)投资乘数

当总投资增加$\triangle I$时,将引起国民收入成倍增加,这个倍数就是投资乘数。投资乘数的计算公式为

$$K = 1/(1-b)$$

投资乘数是1减边际消费倾向的倒数,或是边际储蓄倾向的倒数。从投资乘数的公式可得出,乘数的大小与边际消费倾向成正比,边际消费倾向越大,投资乘数越大;与边际储蓄倾向成反比,边际储蓄倾向越小,投资乘数越大。

当投资和收入的改变量都趋近于零时,投资乘数可写为

$$K = dY/dI$$

由于乘数原理的存在,当投资增加时,国民收入会成倍地增加,当投资减少时,国民收入会成倍减少,所以投资乘数对国民经济的影响是具有两面性的。投资乘数发挥作用的大小受以下几个因素的影响:

(1)当生产部门用增加的收入偿还债务时,投资乘数就会缩小。

(2)有闲置资源可利用时,投资增加才能使投资乘数发挥作用。

(3)收入增加后,用来购买消费品,而由于生产条件限制,消费品没有生产出来,此时,货币收入增加而实际收入不能同比例增加,乘数作用就会受到限制。

(4)增加的收入要用于购买国外所生产的产品时,投资乘数将会缩小。

【习题精编】

一、名词解释

1. 边际消费倾向　　2. 平均消费倾向　　3. 边际储蓄倾向　　4. 平均储蓄倾向
5. 投资　　6. 资本的边际效率　　7. 乘数

二、判断题

1. 在开放经济中,国内支出(即国内总需求)与对国内产品支出(即对国内产品总需求)是两个不同的概念。　　(　　)

2. 投资函数是一条向右下方倾斜的曲线。　　(　　)

3. 自发消费随收入的变动而变动,它取决于收入和边际消费倾向。　　(　　)

4. 货币乘数是银行所创造的货币量与最初存款的比例。　　(　　)

5. 平均消费倾向 $APC = C/Y$,平均储蓄倾向 $APS = S/Y$,两者和为1。边际消费倾向 $MPC = \Delta C/\Delta Y$,边际储蓄倾向 $MPS = \Delta S/\Delta Y$,两者和为1。　　(　　)

6. 公共消费支出主要是指政府消费支出,它一般在两种情况下发生:一是针对居民住户提供的部分,二是针对公共服务的提供而发生的。　　(　　)

7. 投资乘数是投资引起的投资增加量与收入增加量之间的比率。　　(　　)

8. 乘数大小取决于消费倾向,边际消费倾向越大,乘数越大。　　(　　)

9. 根据简单储蓄函数,引起储蓄增加的主要原因是利率的上升。　　(　　)

10. 消费函数曲线与45°线的交点表明消费等于收入。　　(　　)

11. 居民购买住房属于个人消费支出。　　(　　)

12. 长期消费曲线比短期消费曲线更平缓。　　(　　)

13. 凯恩斯认为,短期中决定消费的主要因素是收入。　　(　　)

14. 边际消费倾向和平均消费倾向都总是大于0而小于1。　　(　　)

15. 消费曲线的斜率等于边际消费倾向。　　(　　)

16. 边际消费倾向是大于1的正数。　　(　　)

17. 如果消费函数为 $C = 0.85Y$,边际消费倾向是新增1美元收入中消费85美分。　　(　　)

18. 如果边际消费倾向为正，那么边际储蓄倾向就为负。 （   ）
19. 政府购买增加，储蓄增加。 （   ）
20. 如果个人储蓄增加，个人消费将按相同的数量下降。 （   ）
21. 当可支配收入为零时，居民的消费支出一定也是零。 （   ）
22. 边际消费倾向上升将减少收入。 （   ）
23. 增加转移支付将增加国内生产总值。 （   ）
24. 所得税率提高，国内生产总值增加。 （   ）
25. 增加自发性消费将使储蓄减少。 （   ）
26. 从长期来说，当居民的可支配收入等于零时，消费支出为正数。 （   ）
27. 消费支出大于可支配收入，意味着储蓄是负数。 （   ）
28. 根据持久收入假说，收入的暂时增加将导致储蓄的增加。 （   ）
29. 如果边际消费倾向递减，平均消费倾向也将递减。 （   ）
30. 假如居民在各种可支配收入水平上都减少储蓄，消费曲线将向上方移动。 （   ）
31. 乘数大于1是因为自发支出的增加引起了消费支出中的引致支出的增加。 （   ）

三、选择题

1. 一年内在本国领土所生产的最终产品的市场价值总和根据价格变化调整过的数值被称为 （   ）

   A. 国民生产总值　　　　　　　　B. 实际国内生产总值
   C. 国内生产净值　　　　　　　　D. 国内生产总值

2. 根据消费函数，引起消费增加的因素是 （   ）

   A. 价格水平下降　　　　　　　　B. 收入增加
   C. 储蓄增加　　　　　　　　　　D. 利率下降

3. 引致消费取决于 （   ）

   A. 自发消费　　　　　　　　　　B. 边际储蓄倾向
   C. 收入和边际消费倾向　　　　　D. 收入

4. 与边际储蓄倾向提高相对应的情况是 （   ）

   A. 可支配收入水平减少　　　　　B. 边际消费倾向下降
   C. 边际消费倾向上升　　　　　　D. 平均储蓄倾向下降

5. 在下列情况中，投资乘数值最大的是 （   ）

   A. 边际消费倾向为0.8　　　　　　B. 边际消费倾向为0.7
   C. 边际消费倾向为0.9　　　　　　D. 边际消费倾向为0.6

6. 消费取决于 （   ）

   A. 收入　　　　　　　　　　　　B. 边际储蓄倾向

C. 收入与边际消费倾向　　　　　　D. 自发消费

7. 与边际储蓄倾向提高相对应的情况是　　　　　　　　　　　　　　　（　　）
   A. 可支配收入水平减少　　　　　　B. 边际消费倾向下降
   C. 边际消费倾向上升　　　　　　　D. 平均储蓄倾向下降

8. 居民最终消费支出核算中不包括　　　　　　　　　　　　　　　　　（　　）
   A. 医疗保健支出　　　　　　　　　B. 购买食品衣物的支出
   C. 购买金银首饰的支出　　　　　　D. 娱乐活动支出

9. 在下列政府行为中,哪一项不属于政府消费　　　　　　　　　　　　（　　）
   A. 办一所中学　　　　　　　　　　B. 给低收入家庭提供一笔住房补贴
   C. 订购一批军火　　　　　　　　　D. 给公务人员增加薪水

10. 在一个由家庭、企业、政府和国外部门构成的四部门经济中,GDP 是(　　)的总和。
    A. 消费、总投资、政府购买和净出口
    B. 消费、净投资、政府购买和净出口
    C. 消费、总投资、政府购买和总出口
    D. 工资、地租、利息、利润和折旧

11. 在边际储蓄倾向等于20%时,边际消费倾向等于　　　　　　　　　　（　　）
    A. 20%　　　　B. 40%　　　　C. 60%　　　　D. 80%

12. 假定边际储蓄倾向等于20%,则增加100万美元的投资,可使国民收入增加（　　）
    A. 200万美元　　B. 500万美元　　C. 800万美元　　D. 1 000万美元

13. 当消费函数为 $C = a + bY, a, b > 0$,这表明,平均消费倾向　　　　（　　）
    A. 大于边际消费倾向　　　　　　　B. 小于边际消费倾向
    C. 等于边际消费倾向　　　　　　　D. 以上三种情况都有可能

14. 边际消费倾向是指　　　　　　　　　　　　　　　　　　　　　　　（　　）
    A. 在任何收入水平上,消费与收入的比率
    B. 在任何收入水平上,消费变化与收入变化的比率
    C. 在任何水平上,收入发生微小变化引起消费变化与收入变化的比率
    D. 以上都不对

15. 下列说法正确的是　　　　　　　　　　　　　　　　　　　　　　　（　　）
    A. 随着收入的增加,MPC 和 MPS 是递增的
    B. 随着收入的增加,APC 和 APS 是递减的
    C. $MPC + APC = 1$
    D. $MPC + MPS = 1$

16. 如果边际储蓄倾向为0.9,投资支出增加90亿元,可以预计,这将使得均衡 GDP 增加
    （　　）亿元。

| A. 20 | B. 80 | C. 180 | D. 100 |

17. 下面哪一种情况可能使国民收入增加的最多 （　）
    A. 政府对高速公路的养护开支增加 250 亿美元
    B. 政府转移支付 250 亿美元
    C. 个人所得税减少 250 亿美元
    D. 企业储蓄减少 250 亿美元

18. 假定其他条件不变,厂商投资增加将引起 （　）
    A. 国民收入增加,但消费水平不变
    B. 国民收入增加,同时消费水平提高
    C. 国民收入增加,但消费水平下降
    D. 国民收入增加,储蓄水平下降

19. 如果与可支配收入无关的消费为 300 亿元,投资为 400 亿元,平均储蓄倾向为 0.1,那么,在两个部门经济中,均衡收入为 （　）
    A. 770 亿元　　　B. 4 300 亿元　　　C. 3 400 亿元　　　D. 7 000 亿元

20. 如果投资增加 150 亿元,MPC 为 0.8,那么收入水平将增加 （　）
    A. 150 亿元　　　B. 600 亿元　　　C. 750 亿元　　　D. 450 亿元

21. 三部门经济与二部门经济相比,乘数效应 （　）
    A. 变大
    B. 变小
    C. 不变
    D. 变大、变小或不变均可能

22. 在短期内有可能大于可支配收入的是 （　）
    A. 储蓄
    B. 消费
    C. 所得税
    D. 转移支付

23. 一个家庭当其收入为零时,消费支出为 2 000 元,而当其收入为 6 000 元时,其消费支出为 6 000 元,在图形上,消费和收入之间成一条直线,则其边际消费倾向为 （　）
    A. 2/3　　　B. 3/4　　　C. 4/5　　　D. 1

24. 一般的家庭是按如下方式从收入中支出消费的 （　）
    A. 当收入增加时,收入中的消费支出比例增大
    B. 除了很低收入水平外,各收入中的消费支出比例是相同的
    C. 各收入水平中的消费支出比例是相同的
    D. 当收入增加时,收入中消费支出的比例是减少的

25. 如其他条件不变,所得税的征收将会使 （　）
    A. 支出乘数和税收乘数都增大
    B. 支出乘数增大,净税收入乘数变小
    C. 支出乘数和净税收入乘数都变小
    D. 支出乘数变小,而净税收入乘数变大

26. 其他条件不变,不会使国民收入提高的是 （　）

A. 政府国防开支增加　　　　　　　B. 个人计算机出口增加

C. 消费者娱乐支出增加　　　　　　D. 公众购买的债券的增加

27. 国民收入均衡水平的提高往往被认为是下列何者的增加所引起的　　　　（　　）

A. 进口　　　　　　　　　　　　　B. 意愿的自主性支出

C. 税率　　　　　　　　　　　　　D. 私人储蓄

28. 下面哪一种情况可能使国民收入增加的最多　　　　　　　　　　　　　（　　）

A. 政府对高速公路的护养开支增加 250 亿美元

B. 政府转移支付增加 250 亿美元

C. 个人所得税减少 250 亿美元

D. 储蓄增加 250 亿美元

29. 总支出曲线的斜率取决于　　　　　　　　　　　　　　　　　　　　　（　　）

A. 边际消费倾向　　　　　　　　　B. 平均消费倾向

C. 自主消费水平　　　　　　　　　D. 自主投资水平

30. 假定某国经济目前的均衡收入是 5 500 亿元,如果政府需要将均衡收入提高到 6 000 亿元,在边际消费倾向为 0.9 的情况下,政府购买支出应增加　　　　　　　　　（　　）

A. 10 亿　　　　B. 20 亿　　　　C. 50 亿　　　　D. 100 亿

31. 自主消费增加对总支出曲线的影响是　　　　　　　　　　　　　　　　（　　）

A. 向下移动,曲线变缓　　　　　　B. 向下移动,斜率不变

C. 向上移动,曲线变陡　　　　　　D. 向上移动,斜率不变

32. 乘数发挥作用的前提条件是　　　　　　　　　　　　　　　　　　　　（　　）

A. 总需求大于总供给　　　　　　　B. 总需求小于总供给

C. 总需求大于潜在 GDP　　　　　　D. 总需求小于潜在 GDP

四、分析题

1. 简要说明乘数理论。
2. 乘数原理发生作用应具有哪些条件?
3. 试述凯恩斯的边际消费倾向递减规律与经济稳定性之间的关系。
4. 能否说边际消费倾向和平均消费倾向总是大于 0 而小于 1?
5. 简要说明凯恩斯消费理论中消费和储蓄二者的关系。
6. 总投资增加时,资本存量就一定增加吗?
7. 总投资不可能是负数吗?
8. 净投资不可能是负数吗?
9. 为什么购买公司债券得到的利息要计入 GDP,而人们从政府得到的公债利息却不计入 GDP?
10. 为什么居民购买股票和债券从个人角度来说是投资,而在经济学上却不能称为投资?

11. 为什么居民购买住宅不被看做消费而被看做投资？
12. 为什么存货被看做资本,存货变动被看做投资？

五、论述题

1. 简述弗里德曼的持久收入理论,并说明该理论在我国当前经济形势下对扩大消费需求的启示。
2. 试述相对收入假说中的"棘轮效应",并分析它对消费者产生的影响。
3. 按照凯恩斯观点,增加储蓄对于均衡收入会有什么影响？什么是"节俭的悖论"？试解释。
4. 论述凯恩斯的边际消费倾向递减规律与经济稳定之间的关系。

六、计算题

1. 已知边际消费倾向为0.5,当自发总需求增加50亿元时,国民收入会增加多少？
2. 社会原收入水平为1 000亿元,消费为800亿元,当收入增加到1 200亿元时,消费增加至900亿元,请计算边际消费倾向和边际储蓄倾向。
3. 假设一个经济中的总收入为2 000亿元,储蓄为400亿元,当收入增加为2 500亿元时,储蓄增加为500亿元,如果这个经济增加了总支出200亿元,实际国内生产总值会增加多少？
4. 设有下列经济模型: $Y = C + I + G$, $I = 20 + 0.15Y$, $C = 40 + 0.65Y$, $G = 60$,试求:
   (1) 边际消费倾向及边际储蓄倾向各为多少？
   (2) Y, C, I 的均衡值。
   (3) 投资乘数为多少？
5. 假设某些经济社会的消费函数为 $C = 100 + 0.8Y$,投资为50(单位:亿美元)。
   (1) 求均衡收入、消费和储蓄。
   (2) 若投资增至100,求增加的收入是多少？
   (3) 若消费函数变为 $C = 100 + 0.9Y$,投资仍为50,求收入和储蓄各为多少？投资增至100时收入增加多少？
   (4) 消费函数变动后,乘数有何变化？

【习题答案】

一、名词解释

1. 边际消费倾向:收入每增加一单位用于消费的部分所占的比率,也就是消费的增加量与收入增加量之比。
2. 平均消费倾向:指平均每一单位收入中用于消费的部分所占的比重。
3. 边际储蓄倾向:指每增加一单位收入中用于储蓄的部分所占的比重。
4. 平均储蓄倾向:指平均每一单位收入中用于储蓄部分所占的比重。
5. 投资:指增加或更换资本资产的支出,又称为资本形成。
6. 资本的边际效率:凯恩斯提出的概念,是指资本的预期利润率,它实际是贴现率,用这个贴现率把投资期限内的预期收益折现,现值之和恰好等于资本品的供给价格。

7.乘数:也可译为倍数,乘数理论是考察和分析在国民经济活动中某一因素或变量发生变化时所引起的一系列连锁反应的状态和结果,也就是研究一个因素或变量的变化对整个国民经济的影响。

二、判断题

1~5. √√×√√　6~10. √×√×√　11~15. ×√√×√　16~20. ×√×√√
21~25. ××√×√　26~30. ×√√×√　31. √

三、选择题

1~5. BBCBC　6~10. BBCBA　11~15. DBACD　16~20. DABDC
21~25. BBADC　26~30. DBAAC　31~32. DD

四、分析题

1.(1)乘数是指自发总支出的增加所引起的国内生产总值增加的倍数,或者说是国内生产总值增加量与引起这种增加量的自发总支出增加量之间的比率。

(2)乘数的大小取决于边际消费倾向。边际消费倾向越高,乘数就越大;边际消费倾向越低,乘数就越小。这是因为边际消费倾向越大,增加的收入就有更多的部分用于消费,从而使总支出和国内生产总值增加得更多。

(3)乘数发生作用是需要一定条件的,只有在社会上各种资源没有得到充分利用时,总支出的增加才会使各种资源得到利用,产生乘数作用。如果社会上各种资源已经得到了充分利用,或者某些关键部门存在着制约其他资源利用的"瓶颈状态",乘数也无法发挥作用。此外,乘数的作用是双重的,即当自发总支出增加时,所引起的国内生产总值的增加要大于最初自发总支出的增加;当自发总支出减少时,所引起的国内生产总值的减少也要大于最初自发总支出的减少。

2.(1)在消费函数或储蓄函数既定的条件下,一定的投资可以引起收入某种程度的增加,即投资的乘数作用可以相当顺利地发挥出来。

(2)要有一定数量的劳动可以被利用。没有充足的劳动力,投资增加并不会使产量和收入增加。

(3)要有一定数量的存货可以利用。

3.在凯恩斯的绝对收入假设中,认为边际消费倾向是随收入的增加而逐渐递减的。凯恩斯认为经济在没有达到充分就业的状态下仍可以处于一种稳定状态。这种稳定状态的存在与边际消费倾向递减相关。具体地说,就是当社会的实际收入下降时,由于边际消费倾向递减,消费量不会同比例减少,这样就不会使经济进一步衰退。这就是说,边际消费倾向递减实际起了一种自动稳定器的作用,使经济不会过度繁荣,也不会过度衰退、萧条,而处于充分就业之下,又在最低就业之上。

4. 消费支出和收入的关系可以从两个方面加以考察：一是考察消费支出变动量和收入支出变动量的关系，也就是边际消费倾向；二是考察一定收入水平上消费支出量和该收入量的关系，就是平均消费倾向。边际消费倾向总是大于 0 而小于 1，因为一般说来，消费者增加收入后，消费不可能不增加，也不会把增加的收入全用于增加消费，一般情况是一部分用于增加消费，另一部分用于增加储蓄，因此，一般介于 0 和 1 之间。但是，平均消费倾向就不一定总是大于 0 而小于 1。当人们收入很低甚至是 0 时，也必须消费，那么借钱也要消费，这时，平均消费倾向会大于 1。

5. (1) 消费函数和储蓄函数互为补数，即 $Y = C + S$。

(2) 随着收入的增加 MPC 和 APC 逐步递减，且 $MPC < APC$；随着收入的增加 MPS 和 APS 逐步递增，且 $MPC > APC$。

(3) 取值范围不同：MPC 和 MPS 的取值范围都在 0 到 1 之间，而 APC 有可能大于 1、等于 1 或小于 1，APS 则有可能大于 0，有可能小于 0，也有可能等于 0。

(4) $MPC + MPS = 1$，$APC + APS = 1$。

6. 不是。总投资等于净投资加折旧。总投资增加时，净投资不一定增加，而只有净投资增加时，资本存量才能增加。如果净投资为零，总投资等于折旧，则资本存量并不增加。

7. 是的。总投资是指一定时期内增加到资本存量中的资本流量，是增加以及更换资本资产（包括机器、厂房、存货及住宅等）的总支出，它等于净投资加折旧。即使本年度没有生产任何资本品，没有增加资本存量，也没有替换、更新资本资产，总投资也只能是零而不能为负。

8. 不是。净投资等于总投资减去折旧。如果本年度生产的资本品的价值即总投资不足以弥补资本消耗折旧时，净投资就是负数。

9. 公司债券的利息可以看做是资本这一要素提供生产性服务的报酬或收入，属于要素收入，是应当计入 GDP 的；而政府的公债利息往往被看做是转移支付，因为政府借的债不一定投入生产活动，往往用于弥补财政赤字。政府公债利息常被看做是从纳税人身上取得的收入加以支付的，因而习惯上被看做是转移支付。转移支付是不能计入 GDP 的。所以，从政府得到的公债利息不计入 GDP。

10. 经济学上所指的投资是指增加或替换资本资产的这种行为，如厂房、机器设备和存货的增加等，而人们购买股票和债券只是一种证券交易活动，只是一种产权的转移，并不是实际的生产经营活动，也没有引起资本资产的增加或替换，所以不能计入 GDP。只有当公司用发行股票或债券的钱去购买厂房或机器设备时，才算是投资。

11. 住宅建筑可以被人长期居住，长期提供服务，它比一般耐用消费品的使用期限更长，而且出租房屋或者自己居住取得的房租都应当计入 GDP。因此购买住宅和购买普通消费品是不同的，在经济学上应当算做投资而不是消费。

12. 存货对厂商来说，就像机器设备一样，可以提供某种服务，正常的存货也是保证生产、流通的正常进行必不可少的，因此，在经济学上把它看成资本存量的一部分。GDP 计量的是一定时期内生产而不是销售的产品价值,如果不把存货的价值计入 GDP 中,可能计算的就只是销售额而不是生产额。所以,企业生产出来而未销售出去的产品也按其市场价值计入 GDP。在经济学上,我们把企业没有销售出去的产品看做是存货投资,即把它看做是企业自己购买自己的存货的投资支出来计入 GDP 的。因此,经济学上把存货的变动当做投资计入 GDP。

五、论述题

1. 弗里德曼认为居民消费不取决于现期收入的绝对水平,也不取决于现期收入和以前最高收入的关系,而是取决于居民的持久收入,即在相当长时间里可以得到的收入。他认为只有持久收入才能影响人们的消费,消费是持久收入的稳定函数,即 $CL = bYL$,表明持久收入 YL 增加,持久消费(长期确定的有规律的消费)CL 也增加,但消费随收入增加的幅度取决于边际消费倾向 b,b 值越大 CL 增加越多,b 值越小 CL 增加越少。持久收入理论和生命周期理论相结合构成现代消费理论,这两种收入理论不是互相排斥的,而是基本一致的,互相补充的。

借鉴上述消费理论,在我国当前经济形势下,扩大消费需求可从以下几方面看:

(1)坚持发展经济,认真贯彻执行好发展经济的各项政策。因为只有经济发展,国民收入才会增加,人们的绝对收入也才能增加,消费水平才会提高,消费需求也才能扩大。只有坚持发展经济,国民收入才会持续增长,人们的持久收入才能稳定,持久消费才会持久。

(2)在国民经济不断发展、社会生产效率不断提高的前提下,制定适宜的劳动报酬政策。当前所执行的"最低工资制度",推行的"年薪制"等均有利于劳动者收入的增加,进而推动消费的扩大,产生积极的"示范效应"。

(3)继续推行有效的信贷措施。前几年几次降低利率,对减少储蓄、增加消费、扩大需求起到了积极的作用,但效果不明显。目前的各种个人消费贷款,相对增加了人们的本期收入,扩大了住房、汽车和耐用消费品的需求。但应注意引导人们在贷款消费时,做到量入为出和预期收入有保证,否则将来对个人和社会都会带来诸多不利问题。

(4)积极发展老年经济。随着社会进步、科技发展和生活水平提高,人们的平均寿命越来越长,我国已开始进入"老龄化"。针对这一现状,借鉴生命周期理论,在不断完善社会保障制度,保证和提高老年人收入的同时,积极发展老年经济,促进老年人的消费,使之成为扩大消费需求的有效手段。

(5)扩大就业面。要千方百计创造就业机会,扩大就业面;特别要针对目前结构调整和企业改制所带来的下岗失业人员多的现状,制定优惠政策,指导和帮助其实现再就业,更要鼓励和扶持其自谋职业,以保证更多的人有稳定持久的收入,促使社会消费水平的提高,扩大消费需求。

2.(1)"棘轮效应"是由美国经济学家杜森贝利在相对收入假说中提出的概念。指长期平均消费倾向与边际消费倾向的稳定性对短期消费减少的抑制作用。根据相对收入假说,人们的消费行为是不可逆的,即消费易于增加,而难于减少。因此,人们的消费行为不仅取决于现期收入,而且还取决于他在过去最高收入水平所形成的消费习惯,或者说取决于过去的消费习惯,用过去的储蓄,甚至借债,来进行消费,从而使消费的减少小于收入的减少。所以,在经济衰退时期,尽管收入较大幅度减少,但消费并不会同比例减少。这样就减轻了经济衰退的程度,使上一次繁荣时期由于收入增加而引起的消费增加不会完全减少。棘轮效应在经济衰退、萧条和复苏时期发生作用,直至经济达到繁荣,经济活动超过前一次繁荣时,它的作用才消失。棘轮效应抑制了消费的减少,减少了经济的衰退程度,起到了自动稳定经济的作用。

(2)棘轮效应对消费者的影响:消费者易于随收入的提高而增加消费,但不易于随收入的降低而减少消费。

3. 储蓄和投资来决定国民收入的模型可用图 3.7 来描述。

交点 E_0 表示计划的投资等于储蓄,E_0 决定了均衡收入水平 Y_0。

假设消费函数为 $C = \alpha + \beta Y$,则储蓄函数为 $S = -\alpha + (1-\beta)Y$,则增加消费也就是减少储蓄,则减少消费函数中的 α、β 值。α 变小,意味着图中储蓄上移;β 变小意味着图中储蓄线以图中的 A 为圆心逆时针转动。这两者均会导致均衡点 E_0 向左移动,也就是使均衡收入下降。

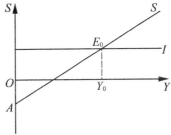

图 3.7 国民收入的模型

增加储蓄会导致均衡收入下降,这是凯恩斯主义的观点。增加消费或减少储蓄会通过增加总需求进而引起国民收入增加,经济繁荣;反之,减少消费或者增加储蓄会通过减少总需求进而引起国民收入减少,经济萧条。由此得出一个看来是自相矛盾的推论:节制消费增加储蓄会增加个人财富,对个人是好事,但由于减少国民收入会引起萧条,对整个经济来说却是坏事;增加消费减少储蓄会减少个人财富,对个人是坏事,但由于会增加国民收入使经济繁荣,对整个经济来说却是好事。这就是所谓的"节俭的悖论"。

任何经济理论都是以一定的假设为前提,在此基础上,通过演绎推理构筑理论体系。离开了假设,理论就失去其基础,当然也就不能成立。另外,假设往往是对经济的一种理想化、简化。在此基础上构筑的经济理论自然不能全面地反映经济现实。凯恩斯在简单国民收入决定模型的前提假设是:经济中资源没有得到充分利用,从而限制国民收入增加的就不是总供给,而是总需求。凯恩斯的这一理念主要是针对 30 年代大危机的情况提出的,当时工人大量失业、设备闲置。在这种情况下,增加总需求,当然可以增加国民收入,使经济走出低谷。

在这个理论中包含了一些一般理论的因素,即消费对生产的刺激作用。生产决定消费,但消费对生产也有反作用。凯恩斯的国民收入决定理论是强调了消费的这种作用。从总体上看,生产对消费的制约作用是主要的,但在某些特殊情况下,消费对生产的作用也可以成为主要的。在资本主义社会里,生产能力的无限增加与有支付能力的需求的相对缩小是基本矛盾的表现之一。总需求不足在经济中成为一种比较普遍的、重要的制约因素。

不能把凯恩斯的这种理论普遍化。这是因为:

(1)凯恩斯所用的是一种短期分析,即假设生产能力、技术条件等都是不变的,资源未得到充分利用也是短期。在长期中,经济的发展,国民收入的增加仍然要依靠生产能力的提高、资本的增加、技术的进步。这样,在长期中经济增长就取决于储蓄的提高,而不是消费的增加。

(2)由于各国情况不同,所以不能将之到处照搬。对于总供给不足的国家,这种理论就完全不适用。

4. 在凯恩斯的绝对收入假设中,认为边际消费倾向是随收入的增加而递减的。凯恩斯认为经济在没有达到充分就业的状态下仍可以处于两种稳定状态。这种稳定状态的存在与边际消费倾向递减相关。具体地说,当社会的实际收入下降时,由于边际消费倾向递减,消费量不会同比例减少,这样就不会使经济进一步衰退。这就是说,边际消费倾向递减实际起了一种自动稳定器的作用,使经济不会过度繁荣也不会过度衰退、萧条,而处于充分就业之下又在最低就业之上的稳定状态。

六、计算题

1. 乘数公式:$a = \dfrac{\Delta Y}{\Delta AE}$,$a = \dfrac{1}{1-c} = \dfrac{1}{1-0.5} = 2$

所以国民收入会增加 $\Delta Y = a \times \Delta AE = 2 \times 50 = 100$(亿元)

2. (1)边际消费倾向 $MPC = \Delta C/\Delta Y = (900-800)/(1\,200-1\,000) = 0.5$。

(2)边际储蓄倾向 $MPS = \Delta S/\Delta Y = [(1\,200-900)-(1\,000-800)]/(1\,200-1\,000) = 0.5$。(也可以用 $1-MPC$ 得出)

3. (1)因为 $MPS = \dfrac{\Delta S}{\Delta Y} = \dfrac{500-400}{2\,500-2\,000} = \dfrac{100}{500} = 0.2$。

所以 $MPC = 1-MPS = 1-0.2 = 0.8$。

(2)根据公式:$\Delta Y = \dfrac{1}{1-C} \cdot \overline{\Delta AE}$

代入公式:$\Delta Y = \dfrac{1}{1-0.8} \times 200 = 5 \times 200 = 1\,000$(亿元)

4. (1)由 $C = 40 + 0.65Y$,得边际消费倾向 $MPC = b = 0.65$。

因为 $MPC + MPS = 1$,所以,边际储蓄倾向 $MPS = s = 1-0.65 = 0.35$。

(2)由 $Y = C + I + G = 40 + 0.65Y + 20 + 0.15Y + 60$,解得 $Y = 600$;

将 $Y = 600$ 代入消费函数 $C = 40 + 0.65Y$ 中,得 $C = 430$;

将 $Y = 600$ 代入投资函数 $I = 20 + 0.15Y$ 中,得 $I = 110$。

(3)投资乘数 $K = 1/(1-b) = 1/(1-0.65) \approx 2.86$。

5. (1)均衡收入 $= (100+50)/(1-0.8) = 750$,消费 $= 100 + 0.8 \times 750 = 700$,储蓄 $= 750-700 = 50$。

(2)若投资增至 100,则收入 $Y' = (100+100)/(1-0.8) = 1\,000$,比原来的收入增加

$1\,000 - 750 = 250$。

(3) 消费函数变化后，收入 $= (100 + 50)/(1 - 0.9) = 1\,500$，消费 $= 100 + 0.9 \times 1\,500 = 1\,450$，储蓄 $= 1\,500 - 1\,450 = 50$。

若投资增至100，则收入为 $2\,000$，比原来收入增加500。

(4) 消费函数从 $C = 100 + 0.8Y$ 变为 $C = 100 + 0.9Y$ 以后，乘数从5变为10。

Chapter 4

货币需求与货币供给

【考点归纳】

货币需求与货币需求量;影响货币需求的因素;基础货币与货币乘数;货币供给与货币供应量;货币理论的发展。

【要点解读】

1. 货币需求理论的发展经历了现金交易说、现金余额说、流动性偏好理论、弗里德曼的货币需求函数。鲍莫尔、惠伦和托宾发展了凯恩斯的货币需求理论。

2. 货币层次的划分以金融资产的流动性为判断标准。金融创新影响到货币层次的内容与层次之间的界限,也影响到中央银行对货币供应量的控制。

3. 乔顿模型揭示了影响基础货币和货币乘数的因素。货币供应新论强调非银行金融机构在货币创造过程中的作用,指出中央银行应调整货币控制的方式。

4. 货币定义的标准经历了净财富、交换媒介、价值储藏以及流动性的演变。对于货币的中性与非中性的讨论揭示了货币与经济运行之间的关系。

5. 货币供应的外生性与内生性的争论,一方面反映出货币发行的主体与货币创造的方式在不断变化,另一方面也说明了中央银行调控货币的方式应有所改变。

【习题精编】

一、名词解释

1. 货币需求 2. 现金交易说 3. 剑桥方程式 4. 流动性偏好理论 5. 恒久收入 6. 基础货币 7. 货币乘数 8. 货币层次 9. 流动性陷阱 10. 通货比率

二、判断题

1. 根据凯恩斯的"流动性偏好"理论,当市场利率足够低时会产生"流动性陷阱",即货币需求只由谨慎动机和交易动机决定,是国民收入 y 的正相关函数。 (　　)

2. 凯恩斯认为凡是预计未来利率下降的人都会抛出债券买进货币。 (　　)

3. 按照费雪交易方程式,货币数量变动引起价格水平同方向同比例的变动。 (　　)

4. 货币学派的理论基础是货币数量说,而且弗里德曼认为近代货币数量说的两种理论——交

易方程式和剑桥方程式中,前者更为可取。( )

5. 弗里德曼认为,人们资产选择范围并不仅限于价格和利率,因而货币供应量变动不仅通过利率渠道直接起作用,更通过耐用消费品、房产等实物资产需求增加直接引起产出增加。( )

6. 当非银行公众向中央银行出售债券,并将所获支票在中央银行兑现时,基础货币增加。( )

7. 若中央银行售出价值 100 万元的外汇,同时增加对商业银行 100 万元再贴现贷款,货币乘数为 3,在其他条件不变时,货币供应量增加 600 万元。( )

三、单项选择题

1. 按照凯恩斯的货币理论,当市场利率无限高时,人们的货币需求决定因素是以下哪一项 ( )
   A. 谨慎动机　　　　　　　　　B. 投机动机
   C. 交易动机与投机动机之和　　D. 交易动机与谨慎动机之和

2. 弗里德曼的货币需求函数强调的是 ( )
   A. 人力资本的影响　　　　　　B. 恒久收入的影响
   C. 利率的主导作用　　　　　　D. 汇率的主导作用

3. 弗里德曼认为,从长期来看,货币流通速度 ( )
   A. 稳定可预测　　　　　　　　B. 易变难以预测
   C. 恒定不变　　　　　　　　　D. 决定于利率水平

4. 下列各项都是近似货币的例子,除了 ( )
   A. 大额定期存款　　　　　　　B. 旅行支票
   C. 隔夜回购协议　　　　　　　D. 储蓄存款

5. 货币供给(M)大致等于 ( )
   A. 公众持有的硬币和纸币　　　B. 公众持有的通货加上活期存款
   C. 公众持有的通货加上银行准备金　D. 公众持有的通货加上银行存款

6. 下列资产负债项目中,属于中央银行负债的有 ( )
   A. 流通中的通货　　　　　　　B. 央行的外汇储备
   C. 对专业银行的贷款　　　　　D. 财政借款

7. 下列引起基础货币变化的原因中,属于技术和制度性因素的有 ( )
   A. 中央银行收购黄金　　　　　B. 增发通货
   C. 在途票据　　　　　　　　　D. 政府财政收支盈余

8. 下列经济因素中,使工商银行持有较高超额准备金的是 ( )
   A. 市场利率上升　　　　　　　B. 经济处于上升周期
   C. 央行贷款条件苛刻　　　　　D. 同业拆解市场利率稳定

9. 下列经济因素中,使公众偏好持有通货或活期存款的是 （　　）
　　A. 定期存款利率上升　　　　　　B. 国库券利率上升
　　C. 公众流动性偏好下降　　　　　D. 活期存款利率上升
10. 以下观点中,不属于货币供给新论的观点的是 （　　）
　　A. 非银行金融机构的负债不是普遍接受的支付工具,因而不是货币
　　B. 货币理论能以资产组合理论方法进行分析
　　C. 货币供应是一个受商业银行及其他经济单位行为影响的内生变量
　　D. 银行的存款扩张机制必须受边际收益等于边际成本的法则的制约
11. 托宾等货币供给新论的支持者认为货币供给不是一个只由央行决定的外生变量,他们的一个主要理由是 （　　）
　　A. 银行体系创造货币的能力从对货币乘数的分析来看完全取决于基础货币和法定准备金这些变量
　　B. 银行体系的存款创造的过程必须考虑各种漏出
　　C. 其他金融机构与商业银行在吸收存款方面竞争激烈,从而会增加商业银行的准备金
　　D. 银行的资产负债规模及公众的货币需求量具有很大的利率弹性

四、分析题
1. 比较分析凯恩斯和弗里德曼的货币需求理论,并分析其理论的政策含义。
2. 货币供应的内生性与外生性的争论对货币供应的实践有何影响?
3. 金融创新对货币定义和货币层次划分有何影响?

五、论述题
1. 简述凯恩斯货币需求理论的主要内容。
2. 简述如何调整货币失衡。
3. 货币供求与社会总供求的关系如何?

【答案解析】
一、名词解释
　　1. 货币需求:货币需求是指人们有希望得到或持有货币的意愿,同时人们有得到或持有货币的能力。
　　2. 现金交易说:人们之所以需要货币,仅仅因为货币是一种交易媒介,便于商品和劳务交易。由于强调货币的交易媒介的职能,费雪关于货币需求的理论被称为"现金交易说"。
　　3. 剑桥方程式:英国剑桥大学的一些经济学家,如马歇尔、庇古、凯恩斯和罗伯逊等人,提出了关于货币需求的"剑桥方程式",即"现金余额说",$M=KY$ 或 $M=Kpy$,指人们持有货币的数量越多,货币购买力就越强;反之则弱,该方程式没有排除利率对货币需求的影响。
　　4. 流动性偏好理论:因凯恩斯强调货币流动性的作用,故而他的货币理论,又被称做流动性偏好理论。流动性偏好是指人们宁愿持有流动性高但不能生利的现金和活期存款,而不愿

持有股票和债券等虽能生利但较难变现的资产,这一流动性偏好便构成了对货币的需求。

5. 恒久收入:恒久性收入是指过去、现在和将来的平均数,即长期收入的平均数。

6. 基础货币:又称强力货币、高能货币,是商业银行的存款准备金和公众持有的现金。

7. 货币乘数:货币乘数是货币供给量与基础货币之间的一种对应关系,表示货币供给量相对于基础货币的伸缩倍数,即中央银行增加或减少一个单位的基础货币,使货币供给量相应增加或减少的数额。

8. 货币层次:许多资产发挥着货币的职能,从而在一定程度上具有"货币性",需要按照一定的标准对货币进行层次划分。以货币的流动性为主要依据,转换成本越低、时间越短、损失越小,该资产的流动性高,货币层次也就越高。反之,货币层次就较低。

9. 流动性陷阱:当一定时期的利率水平降低得不能再低时,人们就产生利率上升从而债券价格下跌的预期,货币需求弹性就会变得无限大,即无论增加多少货币,都会被人们储存起来,利率也不再下跌。

10. 通货比率:指公众所持通货与活期存款的比率。通货比率的大小与货币乘数的大小成反方向变动。

二、判断题

1~5. ××√×√　6~7. √√

三、单项选择题

1~5. BBABA　6~10. ACCDA　11. D

四、分析题

1. (1)凯恩斯的货币需求理论的主要内容。凯恩斯的货币需求理论,也称为"流动性偏好理论"。所谓流动性偏好,就是说人们宁愿持有流动性高但不能生利的现金和活期存款,而不愿持有股票和债券等虽能生利但较难变现的资产,这一流动性偏好便构成了对货币的需求。凯恩斯认为,人们心理上的"流动性偏好"或人们的货币需求,是由三个动机所决定的,即交易动机、预防动机和投机动机。交易性货币需求和预防性货币需求都是收入的增函数,与利率没有直接的关系。投机动机的货币需求与利率水平成负相关关系。凯恩斯还提出了著名的"流动性陷阱假说":当一定时期的利率水平降低得不能再低时,人们就产生利率上升从而债券价格下跌的预期,货币需求弹性就会变得无限大,即无论增加多少货币,都会被人们储存起来,利率也不再下跌。

(2)弗里德曼的货币需求理论的主要内容。弗里德曼认为货币数量说并非是关于产量、货币收入或物价的理论,而是关于货币需求的理论,是明确货币需求由何种因素决定的理论。

弗里德曼货币需求函数的最主要特点就是强调恒久性收入对货币需求的主导作用。他认为,货币需求也像消费需求一样,主要由恒久性收入决定。在长期中,货币需求必定要随恒久性收入的稳定增加而增加。尽管,恒久性收入在周期内也发生波动,但其波动幅度比现期收入要小得多,故货币流通速度比较稳定,货币需求也比较稳定。

(3) 两个学派的政策主张。凯恩斯认为,货币供给不仅通过价格的变动调节货币需求,而且可以通过利率的变化调节货币需求,根据这一思想,凯恩斯提出了一个重要的政策理论,即国家可以在社会有效需求不足情况下扩大货币供应量,降低利率,通过降低利率鼓励企业家扩大投资,以增加就业和产出。弗里德曼货币需求理论强调货币需求通过货币数量影响总支出和实际产量,他认为现金余额的变化将影响广义的资产和利息率,从而将货币数量的变动传导至对产成品的需求上,因此弗里德曼主张采取稳定货币供应的货币政策,以防止货币本身成为经济波动的原因,只有避免采取剧烈的和反复无常的改变货币政策的调节方向,才能给经济提供一个稳定成长的条件。

2. (1) 货币供应外生性的观点。凯恩斯认为货币供应是由中央银行控制的外生变量,它的变化影响着经济运行,但自身却不受经济因素的制约。凯恩斯的这一观点与供给弹性几乎等于零密切相关。货币的生产和货币供应的控制权由政府通过中央银行掌握在手中,中央银行根据政府的决策和金融政策,结合经济形势变化,把货币作为调控经济运行的工具,增减货币供应量。

弗里德曼认为,货币供给完全取决于货币当局的决策及银行制度,而货币需求函数表明,货币供给与影响货币需求的因素完全无关。货币学派的观点认为,在货币供求均衡时,由于货币流通速度 V 在短期仅仅可以做出轻微的变动,而在长期中又不会变化,于是,货币供给量 M 便是影响名义收入 Y 的决定性因素,即货币数量是名义收入波动的主要原因。

(2) 货币供应内生性观点。

①1959 年,英国的拉德克利夫委员会发表了著名的《拉德克利夫报告》,阐明了包括内生货币供给的一系列新观点,后经格利和肖,以及托宾等人的进一步研究,引发了内生货币供给理论的复兴运动。

②"内生货币供应论"命题是:"货币当局无法对信贷的供应实行完全的控制,货币供应量已成为一个内生变量。"他们认为,货币供应量主要由银行和企业的行为所决定,而银行和企业的行为又取决于经济体系内的许多变量,中央银行不可能有效地限制银行和企业的支出,更不可能支配他们的行动。因此,货币供应量是由经济体系内部诸多变量决定并影响经济运行的内生变量,货币供应量的多少是由中央银行、金融机构、企业和公众的行为共同决定的。

(3) 就货币供应与经济运行的关系而言,有货币供应的内生性与外生性分析。前者认为货币供给量不完全是中央银行可以操纵的外生变量,除了中央银行的政策行为外,商业银行的经营决策行为、收入水平的变化以及公众对金融资产的偏好程度等也对货币供应量起着决定的作用。因此,货币供应量主要是一个受经济体系内诸多因素影响而自行变化的内生变量,不是主要由中央银行决定的。因此,中央银行对货币供应的控制就不可能是绝对的,而只能是相对的。后者则认为,中央银行可以通过发行货币、规定存款准备金制度等来控制货币供给量。从政策角度看,两种观点的分歧主要在中央银行控制货币供给的能力和货币政策调控的方式和重点。

3.(1)关于如何对货币下定义,历来就是一个各家学派各持己见的问题,美国联邦储备体系以"货币性"与"流动性"来定义货币。货币性是指一种资产能作为交换媒介的性质,流动性则是指一种资产能以较低的成本迅速地转换成现金的能力,即转变成交换媒介的能力。金融创新对货币定义的影响,在于它改变了作为交换媒介的资产和具有高度流动性资产的构成。

(2)美国货币层次的划分中,狭义货币 M_1 反映能够执行交换媒介职能的资产,M_2 和 M_3 等广义货币则根据金融资产转变为交换媒介,即转变成狭义货币的难易程度来确定,M_2 比 M_3 更容易转变为 M_1。金融创新的品种,如自动转账账户、可转让提款通知书等也具有交换媒介的功能,它们的出现,使得 M_1 与 M_2 层次的内容得到进一步扩充。但是,金融创新的品种往往引起人们争论的是:究竟把它们列在哪一个层次。这些工具往往既有交易媒介的职能,有具有一定的支付手段职能。

(3)金融创新不仅丰富了各层次货币的内容,使得每一层次货币包含的种类大大增加。层出不穷的新品种提高了多种货币的流动性,使得各层次之间原较为明确的区分界限日渐模糊,关于新品种货币的归属往往引起不一致的意见。

(4)金融创新对货币层次划分的影响,也使得各层次货币与经济运行之间的联系有所改变,使中央银行货币供给调控的重点在不断转移。

五、论述题

1. 凯恩斯从资产选择的角度分析了货币需求,并对人们持有货币的动机进行了详细分析。凯恩斯认为人们持有货币的动机主要有三个:

(1)交易性货币需求。交易性需求指人们为进行日常交易而产生的货币需求,这是由于货币的交易媒介职能而导致的一种需求。这一货币需求的数量主要取决于收入的多少,是收入的递增函数。

(2)预防性货币需求。预防性货币需求指企业和个人为了应付突然发生的意外支出,也是收入的递增函数。

(3)投机性货币需求。投机性货币需求是指人们对闲置货币余额的需求,凯恩斯强调了利率在货币需求中的影响,该项需求是利率的递减函数。

2. 调整货币失衡有四步工作要做。第一步是分清失衡的类型,即货币供给量究竟是大于还是小于货币需求量;第二步是分析失衡的原因所在;第三步是要有不同的策略;第四步是采取行动。这里主要谈第三步工作即对策问题。

(1)供应型调节。所谓"供应型调节",是指在货币供给量大于货币需要量时,从压缩货币供给量入手,使之适应货币需要量。

(2)需求型调节。所谓"需求型调节",是指在货币供给量大于货币需求量时,从增加货币需要量入手,使之适应既定的货币供给量。

(3)混合型调节。所谓"混合型调节",是指面对货币供给量大于货币需要量的失衡局面,不是单纯地压缩货币供给量,也不是单纯地增大货币需求量,而是同时从两个方面入手,既搞"供应型调节",也搞"需求型调节",二者双管齐下,以尽快收到货币均衡而又不会给经济带来太大波动之效。

(4)逆向型调节。所谓"逆向型调节",是指面对货币供给量大于货币需要量的失衡局面,中央银行不是采取压缩货币供给量,而是采取增加货币供给量,从而促成货币供需在新的起点均衡。

3. 货币供给与社会总需求、货币需求与社会总供给有着内在联系。在货币供给量等于货币需求量的情况下,根据公式

$$货币需要量 = 待销售商品数量 \times 商品平均价格 / 单位货币流通速度$$

可得

$$货币供给量 \times 单位货币流通速度 = 待销售商品数量 \times 单位商品价格 = 待销售商品价格总额$$

上式左方即表示社会总需求,右方正好表示社会可供商品总量,两方处于真正的平衡状态。这就是说,货币供求如果处于平衡状态,社会总供求也可取得真正的平衡。即

$$消费资料需求 + 生产资料需求 = 消费资料供给 + 生产资料供给$$

如果是货币供给量大于货币需求量,可得

$$货币供给量 \times 单位货币流通速度 > 待销售商品价格总额$$

这说明,当货币供给总量大于货币需求量时,会发生社会总需求大于社会总供给,引发通货膨胀,冲击市场和经济的稳定。当然也可能出现货币供给小于货币需求的问题,将会形成社会总需求小于社会总供给,由于货币供给不足,社会可供商品的价值难以实现,物价下降,生产收缩,从而影响生产的增长。

第五章 Chapter 5

总需求决定模型

【考点归纳】

1. 萨伊定律代表了凯恩斯之前的经济自由主义经济学家对宏观经济运行的认识。它认为"供给自行创造需求",否认生产过剩的经济危机的存在。1936 年凯恩斯出版了其代表作《就业、利息和货币通论》一书,从理论上抨击了古典经济理论的观点。凯恩斯认为,古典经济理论所有的假设条件在现实经济生活中实际上是不存在的,从宏观经济角度看,价格的变动是滞后的,工资是刚性的,依靠价格调节已经难以使宏观经济达到理想中的供需平衡,因此必须重新建立新的宏观经济学体系。

2. 凯恩斯提出有效需求不足理论以试图解释这种现象。根据凯恩斯的观点,有效需求是总供给与总需求相等从而处于均衡状态的社会总需求,它包括消费需求(消费支出)和投资需求(投资支出),并决定社会就业量和国民收入的大小。有效需求并不一定能保证达到充分就业的国民收入,影响有效需求的主要有三个心理因素和货币供应:①消费倾向;②对资本资产未来收益的预期;③流动性偏好。凯恩斯所提出和回答的根本性问题是导致资本主义经济无法实现充分就业的有效需求不足问题,因此凯恩斯的理论也被称为国民收入决定理论,或者称为有效需求原理。

3. 两部门经济的总需求的决定。两部门经济中总需求与总供给组成部分中的任何一项,都会对国民收入产生影响。如果假定投资为自发投资,即投资是一个固定的量,不随收入的变动而变动,或者说投资 i 是一个常数,则可以分别依据消费函数与储蓄函数来求得均衡国民收入。

4. 三部门经济的总需求的决定。三部门经济中,从总支出即总需求的角度看,国民收入由消费、投资、政府购买支出构成,从总收入即总供给的角度看,国民收入由消费、储蓄、税收组成。因此,三部门经济的国民收入均衡条件是消费、投资、政府购买支出之和等于消费、储蓄、税收之和。

5. 四部门经济总需求的决定。四部门经济是开放经济,国家之间通过对外贸易等形式与其他国家建立了经济联系。所以,一个国家均衡的国民收入不仅决定于国内的消费、投资、政府购买支出,还决定于其净出口,即 $y = c + g + (x - m)$。

6. 了解两部门经济的收入流量循环模型与恒等关系,三部门经济的收入流量循环模型与恒等关系,四部门经济的收入流量循环模型与恒等关系。

【要点解读】

一、总需求决定就业水平

在过去的半个多世纪中,关于国民产出的决定理论存在着两种相互对立的观点。一种是以萨伊定律为核心的古典经济理论,这种理论强调竞争性市场的价格调节作用,认为通过提高或降低产品市场或要素市场的价格可以消除市场供需双方存在着的供不应求或供过于求,达到供需的平衡。在西方经济学术史的大部分时期,这种古典理论占据了支配地位。20 世纪 30 年代全球爆发的严重而持久的经济大萧条,宣告了古典经济理论的失败。人们意识到纯粹的市场机制实际上对解决经济周期性危机的能力十分薄弱。1936 年凯恩斯出版了其代表作《就业、利息和货币通论》一书,从理论上抨击了古典经济理论的观点。凯恩斯认为,古典经济理论所有的假设条件在现实经济生活中实际上是不存在的,从宏观经济角度看,价格的变动是滞后的,工资是刚性的,依靠价格调节已经难以使宏观经济达到理想中的供需平衡,因此必须重新建立新的宏观经济学体系。从那以后,凯恩斯主义经济学在西方宏观经济学中占据了牢不可破的主导地位。法国经济学家萨伊(J. B. Say,1767—1832)于 1803 年出版的《政治经济学概论》一书中提出了一个著名的论点:供给会创造出自己的需求(supply creates its own demand)。这一理论命题的含义是:任何产品的生产,除了满足生产者自身的需求外,其余部分总是用来交换其他产品,从而形成了某一产品对其他产品的需求。如果交换是以货币为媒介的,那么任何参与生产活动的生产要素所有者的收入,除去自身的消费外,其剩余部分都会用于储蓄,并且任何储蓄的数量都会由于人们对非自己生产产品的需求而将储蓄全部转化为投资。李嘉图曾经进一步论证到:任何人从事生产都是为了消费或出售,任何人出售产品的目的都是为了购买对他直接有用或有助于未来生产的某种其他的商品。他认为,需求是无限的,只要资本还能带来某些利润,资本的使用也是无限的。他认为,由于需求只受生产的限制,所以任何数量的资本在一个国家都不会得不到利用。以萨伊定律为基础的理论所得出的一个重要推论就是:尽管由于商品生产与商品消费的结构不尽一致,部分商品的过剩和部分商品的生产不足会同时存在,但所有商品都生产过剩的经济危机是不可能发生的。萨伊定律之所以在 20 世纪 30 年代以前一百多年被众多经济学家所接受,是因为这一定律与当时的经济背景是相吻合的。这一定律的存在实际上有三个重要的假设的前提条件,如果这三个前提条件不复存在,那么萨伊定律也必然失灵。萨伊定律的第一个前提条件是:投资恒等于储蓄($I \equiv S$)。这一命题实际上涉及古典经济理论中的利率理论。自亚当·斯密以来,利率是如何决定的这一问题,在各个流派的经济学家中的看法基本上是一致的,那就是资本的利率是由资本供给(储蓄)和资本需求(投资)共同决定的。这一观点在马歇尔于 1890 年出版的《经济学原理》一书中有过完整的表述。如图 5.1,纵轴代表利率,横轴代表储蓄与投资,S 代表资本的供给曲线,它表示与任一利率相对应的储蓄者愿意提供的资本。利率越高,储蓄者愿意提供的资本越多。I 代表资本的需求曲线,它也与每一利率相对应,投资者根据利率的高低愿意借入资本的数量。资本需求曲线与利率成反比关系,利率越低,投资者愿意借入的资本就越多。这一理论的基本假设条件是:储蓄与投资都是利率的函数。正如商品市场上的价格波动使商品的供给与需求趋于平衡,在资本市场上,通过供求不平衡而引致的利率的升降,也会使储蓄与投资趋于平衡。

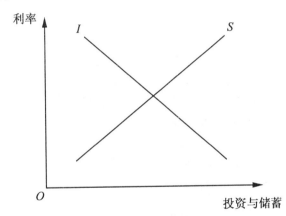

图 5.1 资本的供给(储蓄)与需求(投资)与利率的决定

萨伊定律的第二个前提条件是:劳动市场的均衡可以由工资率进行调整。古典微观经济分析中的工资理论证明,当商品供给与需求达到平衡时,其就业水平就可以达到充分就业。如图 5.2,Ls 代表劳动的供给曲线,它表示实际工资(W/P)越高,劳动者愿意提供的劳动就越多。Ld 表示厂商对劳动的需求曲线,这一曲线描述劳动的边际产品,它表示劳动的边际产品随就业量增加而递减。只要实际工资低于已就业的劳动的边际产品,厂商增加所雇佣的劳动力总是有利可图的。这一模型的假设条件是,要素市场是完全竞争的,工资会随着劳动的供需状况上下波动。这样,随着货币工资的涨跌,总会有一个实际工资,使劳动力愿意提供的就业量恰好等于厂商愿意雇佣的人数。在图 5.2 中,与实际工资(W/P)* 相对应的就业为 ON^*,表示劳动的总供给与总需求均衡时的就业量,这个就业量被认为是充分就业,因为它表示愿意按实际工资就业的人都已经就业。如果事实上还有一些人没能就业,即图 5.2 中从

ON^* 至 N_1 的那部分劳动力,这部分失业则被认为是"自愿失业",因为他们所要求的实际工资已经超出了他们的边际生产力,所以不可能为厂商所雇佣。

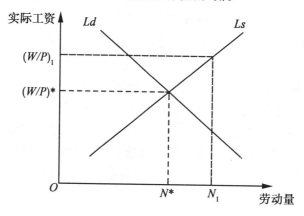

图 5.2 劳动市场的均衡

萨伊定律的第三个前提条件是:货币呈"中性"状。这一前提条件是从第一个条件中推导出来的。储蓄必然全部转化为投资这个命题,实际上是指人们以货币形式取得的收入总是要花费掉的,这种花费不是用于消费,就是用于投资,而不会把货币作为资产的一种形式贮存在身边。因此,萨伊定律实际上对货币的职能作了这样一个假定,即货币的职能只有两种,价值尺度和交换媒介,货币不具有价值贮藏的职能。这种假定是与古典经济学的价值理论与货币理论互不相干的两分法(dichtomy)相一致的。所谓两分法,是指在考察商品的价值和生产要素价值的决定因素时,商品的均衡价格(价值)和商品的均衡产量是决定商品和生产要素的决定因素。在这方面,货币实际上只起着价值尺度和交换媒介的作用,而对商品的价值决定不具有任何作用。货币供应量的多寡及其增减变化,既不影响商品供需量,不影响商品的供需结构,也不影响商品的交换比率。货币及其供应量只能决定商品价格的名称及其商品的绝对水平。这一特征被称为货币"中性"。

凯恩斯理论是在人们普遍感到古典理论已经不能解释现实经济,认为必须对古典理论进行彻底的评价和修正的时候产生的。1936 年凯恩斯出版了《就业、利息和货币通论》一书。这一著作的出版不仅选择了最合适的时机,而且通论中提出了一整套以全新观点系统阐述宏观经济运行的理论体系,在经济学界形成了强烈的理论冲击波。因此,凯恩斯理论的诞生被称为"凯恩斯革命"。凯恩斯认为,从短期看,工资和价格并不像古典经济理论所认为的那样具有弹性,现实经济生活中工资和价格实际上是不易变动的。凯恩斯将这种呆滞的工资和价格称为"工资刚性"和"价格黏性"。产生这种黏性价格和刚性工资的原因有很多。首先,在多数行业中,工人是根据长期合同工作的,一般的合同期为 3 年。在合同生效期间,工人的货币工资就是合同中规定的工资。而合同一旦签订生效在短期内是不会随意改变的。其次,为限制垄断和恶意竞争,政府实际上控制了很多产品的价格。如20世纪70年代中期,美国的电话服务、天然气、石油、水、电、铁路、航空和海运的价格都是固定不变的。这种价格的变化只有在成本发生重大变动时才会得到调整,而且即使调整其时滞也会很长。再次,由大公司或经济组织规定价格在很大程度上也增加了价格的黏性。许多跨国公司必须召集大型会议才能决定重要的价格变动,类似石油输出国组织等跨国机构要改变其价格,必须召集各成员国进行协调。正因为如此,市场价格的变动就会比想象中慢得多,市场的供求变化要经过多种程序才能反映到价格上来。

比较凯恩斯理论与古典经济理论,我们可以看到两种理论至少在以下四方面存在着重大差异:

(1)古典经济理论假定,货币工资会根据劳动市场的供求状况进行自动调节,因此具有弹性的工资率会导致充分就业。凯恩斯则认为,工资是呈刚性的,并且会在一定时期内保持固定不变。

(2)古典经济理论认为,储蓄是利率的函数,即 $S = S(r)$,由于储蓄被定义为收入扣除消费以后的余额,因此这一函数实际上暗含着另一假定,即消费也是利率的函数,即 $C = C(r)$。再加上投资是利率的函数,即 $I = I(r)$,因此利率成为人们计划储蓄与计划投资相一致的最重要的变量。凯恩斯则引入了消费函数这一崭新的概念,认为消费倾向主要取决于收入而非利率,其推论是储蓄也取决于收入,储蓄与投资相等的趋势是通过收入的变化实现的。

(3)马歇尔认为,利率的决定取决于资本的供求,而资本的供求是利率的函数。凯恩斯则认为,利率是由货币的供求决定的,从而建立了新的利率理论。

(4)由于利率的高低是由货币供求决定的,因此货币供应量的变化会通过利率的变化导致投资的变化,进一步导致国民收入的变化。因此,货币供应量的变化,通过利率这一中介,影响到经济中的价格水平,也影响到实际国民收入的数量和结构的变化。因此,货币不再呈"中性"。

不同的理论体系导致不同的经济政策。由于古典经济理论崇尚市场机制的自发调节作用,因此反对政府对经济运行的任何干预。古典经济理论认为,由于市场机制能够通过自身的稳定达到充分就业的均衡,因此政府的宏观经济政策不仅不会对产出水平和就业水平产生影响,反而会引起价格水平的波动。古典经济学家认为,即使在萧条时期,政府的任何支出增加中会产生"挤出"私人投资的效用。而凯恩斯理论则认为,由于价格的滞后性,市场经济从不平衡到平衡将是一个非常缓慢的过程,并且会伴随着经济的剧烈波动。而且,实践也证明,由市场供求力量自发调节的经济,往往不一定是充分就业的经济,这一经济会始终在失业和通货膨胀之间徘徊。在这种情况下,必须由政府实施相应的宏观经济政策,将经济推向充分就业的水平。根据这一理论,政府可以利用财政政策,通过增加政府支出或减少税收以刺激需求，从而提高产出水平，减少失业。也可以通过压缩政府开支或增加税收以抑制过旺的需求，从而降低产出水平，以消除通货膨胀。而且，在萧条时期，政府开支的增加会通过乘数效应刺激更多的私人投资，不会起"挤出"私人投资的作用。同样，政府也可以通过运用货币政策影响经济的产出水平。增加货币供给，可以降低利率，以提高投资需求，从而促使产出水平的提高。而减少货币供给，利率就会上升，这样就可以压缩投资需求，以抑制通货膨胀。

凯恩斯理论对战后的西方各国经济的恢复、增长和稳定起到了十分积极的作用。然而，进入 20 世纪 70 年代后，尤其是两次石油危机后，凯恩斯提倡的政府干预经济的政策开始显现其弊端，那就是由于政府的过分干预，形成了过高的财政赤字，从而导致通货膨胀持续高涨。同时，这种持续的通涨还伴随着经济增长的停滞和失业率的上升，这就是 20 世纪 80 年代欧美国家出现的"滞胀"现象。在这种情况下，许多"后凯恩斯主义者"开始吸纳古典经济理论中的优点，对凯恩斯理论进行改造，形成了目前众多的经济学流派。尽管如此，现代宏观经济学的国民产出决定理论仍然是以凯恩斯理论为基础的。

二、总需求与充分就业的关系

19 世纪 20 年代已出现有效需求的概念。1820 年，英国经济学家马尔萨斯发表《政治经济学原理》，提出由于社会有效需求不足，资本主义存在产生经济危机的可能。1936 年，凯恩斯发表《就业、利息、货币通论》，重提有效需求不足，并建立起比较完整的有效需求不足理论。

1929 年爆发世界经济危机，传统的关于资本主义社会可以借助市场自动调节机制达到充分就业的说教破产，以凯恩斯为代表的一些经济学家不得不承认，资本主义社会经常存在就业不足，因而经常处于萧条状态。凯恩斯提出有效需求不足理论以试图解释这种现象。根据凯恩斯的观点，有效需求是总供给与总需求相等从而处于均衡状态的社会总需求，它包括消费需求（消费支出）和投资需求（投资支出），并决定社会就业量和国民收入的大小。有效需求并不一定能保证达到充分就业的国民收入，影响有效需求的主要有三个心理因素和货币供应：

(1) 消费倾向。即消费支出对收入的比率。人们的消费随收入的增加而增加，但不如收入增加得多，也即边际消费倾向是递减的，收入越增加，收入与消费之间的差距越大。

(2) 对资本资产未来收益的预期它决定资本边际效率（增加一笔投资预期可得到的利润率，资本边际效率是递减的）。

(3) 流动性偏好。即人们用货币形式保持自己的收入和财富的愿望强度。这种流动偏好可以出于交易动机（应付日常支出）、谨慎动机（应付意外支出）和投机动机（捕捉投资机会），并决定对货币的需求量，又影响利率。

凯恩斯认为，现代资本主义社会中，在国民收入增加时，由于边际消费倾向递减，收入和消费之间的差距扩大,储蓄增加,从而发生消费需求不足。这时需要有投资增加以弥补差距,抵消储蓄。但由于企业家对投资前景缺乏信心(由于第二和第三心理因素),投资支出往往不能弥补差距,储蓄不能全部转化为投资,从而也使投资需求不足。消费需求和投资需求的不足使就业量在未达到充分就业之前就停止增加甚至趋于下降,形成大量失业。当经济繁荣达到一定阶段,投资诱惑力减弱,企业家对投资的未来收益缺乏信心,引起资本边际效率突然崩溃时,经济危机就爆发了。根据有效需求不足理论,凯恩斯主张加强国家对经济的干预,用增加公共支出、降低利率、刺激投资和消费的政策,提高有效需求,实现充分就业。充分就业指包含劳动在内的一切生产要素都能以愿意接受的价格参与生产活动的状态。如果非自愿失业已消除,失业仅限于摩擦失业、结构性失业和自愿失业的话,就是实现了充分就业。一般认为充分就业不是百分之百就业,充分就业并不排除像摩擦失业这样的失业情况存在。大多数经济学家认为存在4%~6%的失业率是正常的,此时社会经济处于充分就业状态。

充分就业就是在一定的货币工资水平下,所有愿意工作的人都可以得到就业的一种经济状况。充分就业是由英国经济学家凯恩斯于1936年在其著作《就业、利息和货币通论》中提出的范畴。凯恩斯认为,充分就业是由有效需求决定的。如果有效需求不足,从而造成非自愿性失业,社会即不能实现充分就业。充分就业与某些失业现象的存在并不矛盾,如摩擦性失业和自愿性失业,这两种失业都是正常的,只有非自愿失业才是真正的失业。只有非自愿性失业消失,社会才算实现了充分就业。充分就业是社会经济增长的一个十分重要的条件。要实现充分就业,政府必须加强经济干预,力求达到或维持总需求的增长速度和一国经济生产能力的扩张速度的均衡。

三、两部门经济的总需求的决定

两部门经济中总需求与总供给组成部分中的任何一项,都会对国民收入产生影响。如果假定投资为自发投资,即投资是一个固定的量,不随收入的变动而变动,或者说投资 i 是一个常数,则可以分别依据消费函数与储蓄函数来求得均衡国民收入。

(一)消费与均衡国民收入的决定

由于收入恒等式为 $Y = C + I, c = \alpha + \beta y$,将这两个方程联立并求解,就得到均衡收入,即

$$y = \frac{\alpha + i}{1 - \beta}$$

(二)储蓄与均衡国民收入的决定

由于 $Y = C + I, Y = C + S$,得

$$I = Y - C = S$$

而

$$s = -\alpha + (1 - \beta)y$$

将以上两个方程联立并求解,就得到均衡收入

$$y = \frac{\alpha + i}{1 - \beta}$$

四、三部门经济的总需求的决定

三部门经济中,从总支出即总需求的角度看,国民收入由消费、投资、政府购买支出构成,从总收入即总供给的角度看,国民收入由消费、储蓄、税收组成。因此,三部门经济的国民收入均衡条件是消费、投资、政府购买支出之和等于消费、储蓄、税收之和,即

$$c + i + g = c + s + t$$

消去等号两边的 c,便得到三部门经济的国民收入均衡条件,即

$$i + g = s + t$$

五、四部门经济总需求的决定

四部门经济是开放经济,国家之间通过对外贸易等形式与其他国家建立了经济联系。所以,一个国家均衡的国民收入不仅决定于国内的消费、投资、政府购买支出,还决定于其净出口,即

$$y = c + g + (x - m)$$

把上式中的各个组成部分进行分解:

$$c = \alpha + \beta y_d$$

$$y_d = y - T + TR$$

式其中,T 为总税收,TR 为政府转移支付。

$$T = T_0 + t_y$$

式中,T_0 为定量税,t_y 为比例税收量。

$i = \bar{i}$——假定投资既定,$g = \bar{g}$——假定政府购买既定,$TR = \overline{TR}$——假定政府转移支付既定,$x = \bar{x}$——假定出口既定。

$$m = m_0 + \theta_y$$

式中,m_0 为自发进口,即不受国民收入变化影响的进口,θ 为边际进口倾向,$\theta = \frac{\Delta m}{\Delta y}$,$\theta_y$ 为引致进口。

经整理,得到四部门经济的均衡的国民收入为

$$y = \frac{1}{1 - \beta(1 - t) + \theta}(\alpha + \bar{i} + \bar{g} - \beta T_0 + \beta TR + \bar{x} - m_0)$$

六、两部门经济的收入流量循环模型与恒等关系

首先,在封闭条件下,假定全社会只有企业和居民两个经济主体,国民生产总值就是这两个主体生产的国内生产总值,也是社会的总供给,包括社会消费供给和社会储蓄投资供给。若用 Y_s 代表社会总供给,C 代表社会消费供给,S 代表社会储蓄投资供给,则

$$Y_s = C + S \qquad ①$$

社会总需求包括社会投资需求和社会消费需求。若用 Y_d 代表社会总需求,I 代表社会投资需求,C 代表社会消费需求,则

$$Y_d = I + C \qquad ②$$

若要实现社会总供给和社会总需求的平衡,就必须使 $Y_s = Y_d$,即 $C + S = I + C$,由①、②得出 $S = I$。在上述理论假设中,社会总供给与国内生产总值相等。社会总供给中只包括消费供给和储蓄投资供给,总需求中只包括消费需求和投资需求,储蓄投资供给等于投资需求,因为社会消费供给等于社会消费需求。所以,储蓄投资供给等于投资需求是实现社会总供给和社会总需求的平衡条件。这个平衡条件要求国内必须有能使储蓄顺利转化为投资的健全机制,投资和消费必须有物质保障。这种最一般的平衡条件,是一种理论的抽象。它的出现是极少见的。因为现实经济生活比这种理论抽象要丰富、复杂得多。比如消费储蓄转化为投资,有没有相应的投资物质条件,社会消费供给会不会出现过剩等。在现实生活中,社会总供给完全等于社会总需求的情况是极其偶然的。一般情况下,只要供求差率[(社会总供给 − 社会总需求)÷社会总供给]保持在 ±5% 左右,应当看做社会总供求基本平衡。

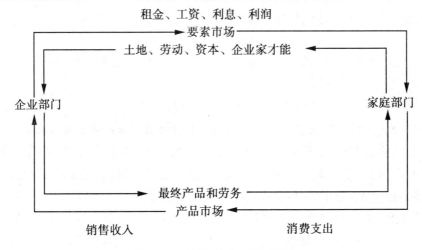

图 5.3　两部门的收入循环模型

七、三部门经济的收入流量循环模型与恒等关系

若把社会总供给和总需求的主体扩展到政府,由两个主体变成三个主体,政府的财政收支就是影响社会总供求平衡的重要因素。财政收入包括企业上缴的利润和事业费收入、税收收入、统一集中使用的折旧基金、政府借的债务收入和其他收入。若用 Ti 代表政府的财政收入,则 $Ti = Ti_1 + Ti_2 + Ti_3 + \cdots + Ti_n$。政府财政支出包括固定资产投资、流动资金投资、国家物资储备、文教科研卫生事业费开支、行政办公费用、国防费用开支和其他支出。若用 Gp 代表政府的财政支出,则

$$Gp = Gp_1 + Gp_2 + Gp_3 + \cdots + Gp_n$$

在这种情况下,社会总供给和总需求的平衡公式可以表示为

$$S + C + Ti = C + I + Gp$$

这就是说,如果 $S = I$,则 $Ti = Gp$,即政府财政收支平衡是社会总供给和总需求平衡的基本条件。如果 $S > I$ 或 $S < I$,就是说,$S + Ti > Gp + I$ 或 $S + Ti < Gp + I$,在这种条件下就需要用 Ti 与 Gp 的差额加以弥补,即国家政府通过扩张或紧缩财政的办法来实现社会总供给和总需求的基本平衡。

其次,将银行对经济活动的参与考虑进来。银行作为信贷中心,其资金的来源无非是吸收居民、企业存款和财政余额存款,而银行的贷款对象也是居民、企业和政府,所以银行的供求行为已经包含在前面的供求平衡公式中。但是,在我国市场经济还不发达的条件下,社会上有相当一部分资金不经过银行的信贷活动,即进行所谓的"体外循环",而且对社会总供给和总需求又有较大的影响,这就必须加以分析,把上述平衡的公式修改为

$$(C + S) + SQ = (C + I) + St$$

在平衡公式中,SQ 代表信贷存款,St 代表信贷投资需求和消费需求。若把上述平衡式移项整理,就得出

$$(C + S) = (C + I) + (St - SQ)$$

公式中的 $(St - SQ)$ 表示在银行参与下新形成的社会投资需求和社会消费需求。

上述平衡公式的含义是,原有的社会总供给等于原有的社会总需求加上经过信贷收支相抵后新形成的社会需求。它可能是正值,也可能是负值。若是负值,说明原来的社会总供给大于总需求,需要通过信贷扩张手段,实现社会总供求的平衡。若是正值,说明原来的社会总供给小于总需求,需要通过信贷收缩手段,实现社会总供求的平衡。从这里可以看出,信贷的扩张和收缩是调节社会总供求平衡的重要手段之一。综合考虑企业、居民、政府、银行经济行为的总供求平衡条件在分析社会总供求平衡的一般条件时,我们把政府、银行的经济行为都抽去了,现在把政府、银行的活动一同加进来进行分析,则社会总供给和总需求的平衡条件公式是

$$C + S + Ti + SQ = C + I + Gp + St$$

将上述公式移项整理后可得出

$$[(C+I)-(C+S)] + (Gp - Ti) + (St - SQ) = 0$$

这个公式表明,社会总供给和总需求的平衡,既可以通过财政收支平衡、信贷收支平衡来调节,也可以通过财政、信贷的综合平衡来调节。但必须指出的是,上述的平衡条件都是研究总量平衡的,不管用哪一种手段,都必须以实物总量供求比例合理和结构合理为前提。如果物品的总量和结构不能与价值总量平衡相一致,仅仅求得价值量的供求总平衡,仍不能保证经济持续、快速和健康发展。

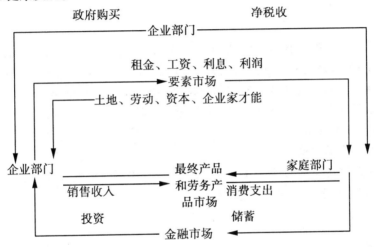

图5.4 三部门的收入循环模型

八、四部门经济的收入流量循环模型与恒等关系

最后,市场经济是开放的经济系统,在封闭条件下,分析社会总供给和总需求平衡关系,对加入国际进出口贸易同样是实用的。如果国际间的经济往来长时期存在着较大数量的顺差和逆差,也会影响到国内总供求的平衡关系。我们以 X 代表出口量,以 M 代表进口量,则社会总供求平衡条件的公式为

$$C + S + Ti + SQ + M = C + I + Gp + St + X$$

将公式移项整理可得出

$$X - M = (C + S + Ti + SQ) - (C + I + Gp + St)$$

这个平衡式的含义是国际贸易的进出口差额等于国内总供求的差额。

再看资本的流入和流出对社会总供求的影响,若以 KI 代表资本输入,KX 代表资本流出,则社会总供求平衡条件的公式是

$$C + S + Gi + SQ + M + KX = C + I + Gp + St + X + KI$$

将该公式移项整理后得出

$$(X-M)+(KI-KX)=(C+S+Ti+SQ)-(C+I+Gp+St)$$

这个等式的含义是国际收支的差额等于国内总供求的差额。在这个等式中可能出现：

$$X-M=0 \qquad KI-KX=0$$
$$(X-M)+(KI-KX)=(X+KI)-(M+KX)=0$$

这个平衡关系的含义是：进出口贸易平衡，资本流出流入平衡，国际收支平衡，国内总供求也平衡。如果在较长时期内国际收支不平衡，国内的总供求平衡也会受到破坏。当然，也不排除出现

$$(X-M)+(KI-KX)>0$$
$$(X-M)+(KI-KX)<0$$

如果国际收支是顺差，国内是总供给大于总需求，用国际顺差弥补国内的供求差，实现社会总供求的平衡；如果是逆差，国内是总供给小于总需求，用国际逆差来弥补国内的供求差，实现社会总供求的平衡。这种情况短时期内是可能的，也是允许的，但长期靠国际收支的差额来调节国内的社会总供求是靠不住的。我国是一个社会主义大国，社会总供求平衡必须立足于国内。因此，扩大进出口贸易和经济交流，必须坚持国际收支平衡的原则，通过进出口来调节国内总供求平衡的结构。

以上各种供求平衡条件的理论分析，是为社会主义市场经济的社会总供求平衡确定一个理想的目标，为宏观经济管理提供理论依据。

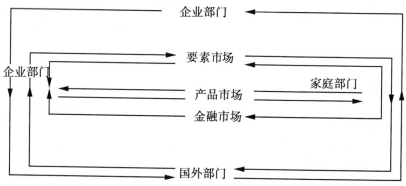

图 5.5 四部门的收入循环模型

九、政府购买对总需求的影响

政府购买是指政府对商品和劳务的购买，政府购买是一种实质性的支出，有着商品和劳务的实际交易，因而直接形成社会的需求和购买力，是国民收入的一个重要组成部分。在社会支出不足的，从而导致有效需求不足的情况下，政府要是扩大对商品和劳务的需求，扩大政府政府购买，就能够刺激经济，总需求增加。

十、政府转移支付对总需求的影响

转移支付,又称无偿支出,它主要是指各级政府之间为解决财政失衡而通过一定的形式和途径转移财政资金的活动,是用以补充公共物品而提供的一种无偿支出,是政府财政资金的单方面的无偿转移,体现的是非市场性的分配关系。政府的转移支付大都具有福利支出的性质,如社会保险福利津贴、抚恤金、养老金、失业补助、救济金以及各种补助费等;农产品价格补贴也是政府的转移支付。由于政府的转移支付实际上是把国家的财政收入还给个人,所以有的西方经济学家称之为负税收。通常在萧条来临时,总收入下降,失业增加,政府拨付的社会福利支出也必然增加。这样,可以增强购买力,提高有效需求水平,从而可以抑制或缓解萧条。当经济中出现过度需求时,政府减少转移支付量,可以抑制总需求水平的升高。

十一、政府税收对总需求的影响

宏观经济中,政府的作用是双向的:在政府购买增加总需求的同时,政府税收减少了人们的收入。降低税率、减少税收引起社会总需求增加和国民产出的增长。在需求不足时可减税来抑制经济衰退,在需求过旺时可增税来抑制通货膨胀。

【习题精编】

一、名词解释

1. 总需求 2. 总需求曲线 3. 消费倾向 4. 政府购买 5. 转移支付

二、单选题

1. 总需求的影响因素是 ( )
   A. 用来解释为什么总需求曲线具有负斜率
   B. 用来说明整条总需求曲线的移动
   C. 表明实际产出与价格水平之间的反方向变动关系
   D. 用来表明投入品的价格和资源生产力之间的关系

2. 下列选项中,( )不属于总需求。
   A. 政府支出   B. 净出口   C. 税收   D. 投资

3. 古典总供给曲线存在的条件是 ( )
   A. 产出水平由充分就业水平决定
   B. 劳动力市场的均衡不受劳动力需求曲线移动的影响
   C. 劳动力市场的均衡不受劳动力供给曲线移动的影响
   D. 劳动力的需求和劳动力的供给立即对价格水平的变化做出调整

三、简答题

1. 萨伊定律的基本内容有哪些?

2. 试说明微观经济学中的需求曲线和宏观经济学中的总需求曲线的关系。
3. 当资源出现严重过剩时,增加总需求是否可以摆脱萧条?
4. 在供给不变的情况下,增加总需求将会导致物价上升,国民收入增加这句话是否正确?
5. 简述总需求曲线向右下方倾斜的原因。

四、论述题

战争与经济

"大炮一响,黄金万两。"震惊世界的"9.11"之后,美英两国对阿富汗发动了军事打击。战争对经济产生了一些积极影响:不少人希望美国军火商能得到大量的坦克和飞机订单,通过军事支出的增加,引起总需求的增加,就业情况也会因许多人应征上前线而得到缓解,美国股市乃至经济借此一扫晦气。

专家分析认为,此次战争对美国经济的影响与越战和海湾战争不同。20世纪60年代末期,联邦政府的巨额国防开支和非国防开支,使本来已很强劲的私营部门总需求进一步增强,并积聚了很大的通货膨胀压力,这种压力在整个70年代也未能得到充分缓解。此后一直到80年代末期,大部分经济决策的主要任务就是抑制通货膨胀。相反,海湾战争却引发了一次经济衰退,这是"沙漠盾牌行动"初期消费者信心急剧下降所导致的结果。但由于当时军队所需的大部分物资并不是依靠投资在未来实现的,所以并没有产生通货膨胀。

但阿富汗战争同以往迥异。首先,不太可能像海湾战争那样动用大规模地面部队。更重要的是,这场对抗隐蔽敌人的战争将主要通过非常规手段进行,与此相关的国防资源大多是军备库存中所没有的,需要新的开支计划,这对经济中的总需求产生积极的影响。

问题:
1. 一国的总需求主要是由哪几部分构成的?
2. 军费支出的增加对总需求会产生什么影响?影响总需求变动的因素主要有哪些?

五、计算题

设三部门经济中,消费函数为 $C = 200 + 0.75Y$,投资函数为 $I = 200 - 25r$,货币需求函数为 $L = Y - 100r$,名义货币供给是 1 000,政府购买支出 $G = 50$,求该经济的总需求函数。

【习题答案】

一、名词解释

1. 总需求:经济社会在一定价格水平时所愿意且能够购买的产品和服务的总量。
2. 总需求曲线:表示在一系列价格总水平下经济社会的均衡的总支出水平。
3. 消费倾向:指一定消费者群体在不同时期对商品需求的变动趋向。
4. 政府购买:是指政府对商品和劳务的购买,政府购买是一种实质性的支出,有着商品和劳务的实际交易,因而直接形成社会的需求和购买力,是国民收入的一个重要组成部分。
5. 转移支付:指各级政府之间为解决财政失衡而通过一定的形式和途径转移财政资金的

活动,是用以补充公共物品而提供的一种无偿支出,是政府财政资金的单方面的无偿转移,体现的是非市场性的分配关系。

二、选择题

1~3. DCD

三、简答题

1. 萨伊定律的核心思想是"供给创造其自身的需求"。这一结论隐含的假定是,循环流程可以自动地处于充分就业的均衡状态。它包含三个要点:

(1)产品生产本身能创造自己的需求。

(2)由于市场经济的自我调节作用,不可能产生遍及国民经济所有部门的普遍性生产过剩,而只能在国民经济的个别部门出现供求失衡的现象,而且即使这样也是暂时的。

(3)货币仅仅是流通的媒介,商品的买和卖不会脱节。

根据萨伊定律,在一个完全自由的市场经济中,由于供给会创造自己的需求,因而社会的总需求始终等于总供给。

2. (1)微观经济学中,需求曲线中的价格表示每一种商品的价格,而总需求曲线中的价格是各种商品的综合价格指数,不是一个实际价格,且总需求曲线的总量只能用国民收入表示,不能表示实物的数量。

(2)总需求曲线中价格和国民收入反方向变动,需求曲线中价格和数量也呈反方向变化,但含义不同。前者表达的含义是以货币计量的名义总供给恰好等于以货币计量的名义需求的均衡。而单个商品的需求曲线自左向右下方倾斜,是因为商品的边际效用随商品数量的增加而递减。

3. 这种情况下增加总需求可以摆脱萧条。原因在于,当资源出现严重过剩时,也就是凯恩斯所提到的凯恩斯区域,在凯恩斯区域增加总需求,可以使国民收入增加,但还不会引起物价的上升,这时就可以摆脱萧条。

4. 这句话不完全正确。

在供给不变的情况下,增加总需求导致物价和国民收入的变化要分情况而定:当经济资源严重过剩时,也就是面对凯恩斯供给曲线时,增加总需求可以增加国民收入,但此时价格不变。当经济资源已经利用完毕后,也就是面对古典总供给曲线时,增加总需求会导致物价的上涨,但国民收入不变。面对短期供给曲线时,增加总需求将会导致物价上升,国民收入增加。

5. 总需求是指经济社会在一定价格水平时所愿意且能够购买的产品和服务的总量。总需求曲线之所以向右下方倾斜是因为:

(1)利率效应,即价格水平变动引起利率同方向变动,进而使投资和产出水平反方向变动的情况。因为当物价上升后,人们就会需要更多的货币进行交易,那么就意味着货币需求增加,在货币供给不变的情况下,将会引起利率上升。而利率的上升直接会导致投资水平的下降,因而,总支出水平和收入水平也会随之下降。从中可以看出,物价与国民收入之间是反方向变动的。

(2)实际余额效应。价格水平上升,使人们所持有的货币及其他以货币衡量的具有固定价值的资产的实际价值降低,人们会变得相对贫穷,于是人们的消费水平就相应地减少,从而国民收入也会随之减少,也可以看出,价格与国民收入之间是反方向变动的。

(3)税收效应。当价格上升后,会使人们的名义收入增加,而名义收入的增加会使人们进入更高的纳税档次,从而使人们的税负增加,可支配收入下降,进而人们的消费水平下降,也直接会影响到国民收入。同样可以看出,价格与国民收入之间是反方向变动的。

(4)进出口效应。假如一国的物价水平上升,在外国消费者看来,该国的商品价格相对上升,就会减少对该国商品的消费,从而导致该国出口减少;同时,在该国消费者看来,外国的消费品价格相对下降,增加对外国商品的消费,并导致进口增加;一增一减,该国净出口下降,导致总需求减少,从而国民收入减少,同样可以看出,价格与国民收入之间是反方向变动的。

四、论述题

1. 一国的总需求主要由以下几个部分构成:消费需求、投资需求、来自政府方面的需求以及国外的需求。

2. 军费支出的增加会使总需求增加,总需求曲线发生向右上方的移动。

(1)影响总需求变动的因素有以下几个:消费需求、投资需求和政府支出以及来自国外需求的变化。其影响方式是:①消费支出增加或储蓄减少,总需求曲线向右上方移动;②厂商投资增加导致总需求曲线向右上方移动;③政府购买增加或税收减少,总需求曲线向右上方移动;④来自国外的需求增加,总需求曲线向右上方移动。反之,则反方向移动。这些因素主要是以使需求曲线发生移动的方式影响总需求。

(2)总体物价水平也对总需求产生影响,当总体物价水平上升时,会使总需求减少,反之会使总需求增加,价格水平变动对总需求的影响是在同一条需求曲线上的移动。

五、计算题

解:由题意 $Y = C + I + G$,将题中数据代入公式得

$$Y = 200 + 0.75Y + 200 - 25r + 50 \quad ①$$

又因为设价格为 P,则有

$$\frac{M}{P} = L(r), \frac{1\,000}{P} = Y - 100r \quad ②$$

联立①和②解得该经济的总需求函数 $Y = \frac{500}{P} + 900$。

第六章 Chapter 6

IS – LM 模型

【考点归纳】

投资函数,IS 曲线及其经济含义,货币需求的动机与货币需求函数,利息率的决定,LM 曲线及其经济含义,IS – LM 模型的均衡与非均衡状态及其调整。

【要点解读】

一、IS 曲线

(一) IS 曲线的含义

将投资看成是利率的函数后,产品市场均衡的条件就可以用 IS 曲线来说明。IS 曲线表示产品市场达到均衡时,利率 r 与国民收入 Y 之间的反向变动关系。它是一个表示产品市场均衡的模型。由于 IS 曲线描述的是与任一给定的利息率相对应的当投资等于储蓄时会有的国民收入,故又称"储蓄 – 投资"曲线。在每一利率所决定的投资量上,会决定一种收入水平,这一收入水平在给定的储蓄函数下,使储蓄与投资相等。曲线上的点是投资等于储蓄的收入和利率的各种组合点。

根据

$$Y = C + I$$
$$C = \alpha + \beta Y$$
$$I = e - dr$$

可得到两部门经济中产品市场的均衡方程,即两部门经济的 IS 曲线为

$$Y = \frac{\alpha + e - dr}{1 - \beta}$$

或

$$r = \frac{\alpha + e}{d} - \frac{1 - \beta}{d} Y$$

同理可得三部门经济中产品市场的均衡方程,即三部门经济的 IS 曲线为

$$Y = \frac{a + G + e - \beta T_0 + \beta TR - dr}{1 - \beta(1 - t)}$$

或

$$r = \frac{a + G + e - \beta T_0 + \beta TR}{d} - \frac{1 - \beta(1 - t)}{d} Y$$

【例题 6.1】 已知消费函数 $C = 200 + 0.8Y$,投资函数 $I = 300 - 5r$,求 IS 曲线的方程。

解 IS 曲线的方程为

$$Y = \frac{\alpha + e - dr}{1 - \beta} = \frac{200 + 300 - 5r}{1 - 0.8} = 2\,500 - 25r$$

或

$$r = 100 - 0.04Y$$

(二) IS 曲线的图形

当投资作为利率的减函数,即 $I = e - dr$ 时,则两部门经济均衡国民收入决定公式变为 $Y = \frac{\alpha + e - dr}{1 - \beta}$。该式表明,均衡收入与利率之间存在反向变动关系。若画出一个坐标系,则可得到一条反映利率和收入间相互关系的曲线,这条曲线上任何一点都代表一定的利率和收入的组合,在此组合下,投资和储蓄都相等,从而产品市场上供求达到了平衡。处于 IS 曲线上的任何一点都表示 $I = S$,即产品市场实现了均衡。而 IS 曲线外所有收入与利率的组合点都不能使投资与储蓄相等,从而都是非均衡点,即产品市场没有实现均衡。位于 IS 曲线左方的收入和利率的组合,都是投资大于储蓄的非均衡组合,只有位于 IS 曲线上的收入和利率的组合,才是投资等于储蓄的均衡组合。

如图 6.1,IS 曲线向右下方倾斜。它表明,在产品市场上,总产出与利率之间存在着反向变化的关系,即利率提高时总产出水平趋于下降,利率降低时总产出水平趋于增加。这是因为,投资随利率反方向变化,而国民收入则随投资同方向变化,所以利率越高投资越少,从而国民收入的均衡值越小,反之,利息率越低,国民收入的均衡值越大。

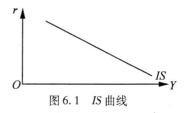

图 6.1 IS 曲线

对 IS 曲线的经济含义可以解释如下:

(1) IS 曲线是一条描述产品市场达到宏观均衡,即 $I = S$ 时,总产出与利率之间关系的曲线。

(2) 在产品市场上,总产出与利率之间存在着反向变化的关系,即利率提高时总产出水平趋于减少,利率降低时总产出水平趋于增加。

(3) 处于 IS 曲线上的任何点位都表示 $I = S$,即产品市场实现了宏观均衡。反之,偏离 IS 曲线的任何点位都表示 $I \neq S$,即产品市场没有实现宏观均衡。

(4) 如果某一点位处于 IS 曲线的右边,表示 $I < S$,即现行的利率水平过高,从而导致投资规模小于储蓄规模。如果某一点位处于 IS 曲线的左边,表示 $I > S$,即现行的利率水平过低,从而导致投资规模大于储蓄规模。当产品市场处于非均衡状态时,在投资与储蓄的作用下,处于非均衡状态的点将向均衡状态移动,如图6.2所示。

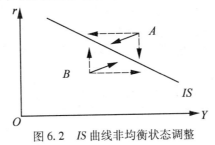

图6.2 IS曲线非均衡状态调整

(三) IS 曲线的推导

IS曲线是从投资与利率的关系(投资函数)、储蓄与收入的关系(储蓄函数)以及储蓄与投资的关系(储蓄等于投资)中,利用四个象限图形推导出来的,如图6.3所示。

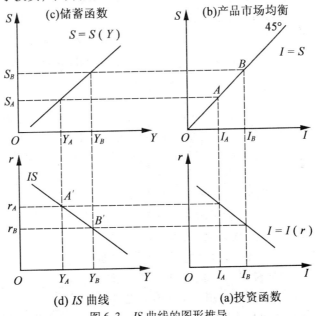

图6.3 IS曲线的图形推导

(a)图中向右下倾斜的为投资函数,纵轴表示利率r,横轴表示投资量I。(c)图中向左下倾斜的为储蓄函数,(b)图为储蓄等于投资的工具图,也代表产品市场的均衡,纵轴表示储蓄S,横轴仍表示投资I。在45°线上的任意点都是储蓄与投资的均衡点,因此也就是总供求的均衡点。用(a)、(b)、(c)这三个图我们就可以推导出维持产品市场均衡的国民收入与利率所形成的组合,并将其在图6.3中标出来,最后再将这些点连接起来,就可以找到代表产品市场均衡的IS曲线。我们假定原来的市场利率是r_A,与之相对应的投资为I_A,在(b)图中根据45°

线与投资 I_A 对应的储蓄为 S_A,对应点 A。若想达到点 A 的储蓄水平 S_A,实际国民收入必须达到 Y_A 的水平,即(c)图表示的关系。显然,在图(d)中的点 A' 就是储蓄等于投资的利率和总产量的组合。用同样的方法可以找到图(d)中与图(b)中 B 点相应的点 B'。比如我们假定市场利率下降到 r_B,于是投资需求由 I_A 增加到 I_B,如(a)图。在(b)图中,根据45°线,当投资需求增加到 I_B 时,储蓄则由 S_A 增加到 S_B。在(c)图中,当国民收入为时 Y_B,储蓄为 S_B,此数量正好符合(b)图中维持产品市场和货币市场均衡所需要的储蓄量。然后,把利率 r_B 与最后得到的市场均衡时的国民收入 Y_B 同时画在(d)图中,就可以得到点 B',这是另一组能维持产品市场均衡的国民收入和利率的组合。我们把点 A' 与 B' 连接起来,就是 IS 曲线。可见,IS 曲线是产品市场均衡状态的一幅简单图像,它表示的是:与任一给定的利率相对应的国民收入水平,在这样的水平上,投资恰好等于储蓄,因此这条曲线称 IS 曲线。由于利率下降意味着一个较高的投资水平,因此,IS 曲线向右下方倾斜,斜率为负。

IS 曲线斜率的经济意义:总产出对利率变动的敏感程度。斜率绝对值越大(斜率越小),IS 曲线越陡峭,总产出对利率变动的反应越迟钝。反之,斜率绝对值越小(斜率越大),IS 曲线越平缓,总产出对利率变动的反应越敏感。

影响 IS 曲线斜率的因素。由于利率下降意味着一个较高的投资水平,从而达到一个较高的储蓄和收入水平,因此,IS 曲线是一条斜率为负的曲线。两部门经济中 IS 曲线斜率为 $-\dfrac{1-\beta}{d}$,三部门经济中 IS 曲线斜率为 $-\dfrac{1-\beta(1-t)}{d}$。

在两部门经济中,IS 曲线的斜率绝对值为 $(1-\beta)/d$,既取决于边际消费倾向 β,也取决于投资对利率的变动系数 d。当边际消费倾向提高或投资对于利率的变动系数变大时,会使 IS 曲线变得较平坦;反之,当边际消费倾向降低或投资对于利率的变动系数变小时,会使 IS 曲线变得较为陡峭。

在三部门经济及比例税条件下,IS 曲线的斜率绝对值为 $[1-\beta(1-t)]/d$,因而该值除了取决于边际消费倾向 β 和投资对利率的变动系数 d 之外,也取决于边际税率 t。在其他条件不变的情况下,边际税率 t 上升,IS 曲线变得较为陡峭;反之,边际税率 t 下降,IS 曲线变得较为平坦。IS 曲线的斜率不同,利率发生相同幅度变化时所引起的收入变化量不同,如图6.4所示。

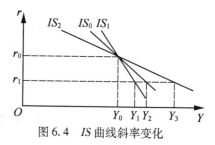

图6.4 IS 曲线斜率变化

在上述影响 IS 曲线斜率的因素中,主要是投资对利率的敏感程度 d,因为边际消费倾向较稳定,税率 t 也不会轻易变动。

二、IS 曲线的移动

1. 自主投资 e 的变动

如果由于种种原因(如投资的边际效率增加或出现了技术革新,或企业家对经济前景预期乐观等),在同样的利率水平上投资需求增加了(即 e 增加了),从而国民收入也增加了,于是 IS 曲线就会向右移动,移动的量等于 $e \cdot k$。反之,如果投资需求下降,则 IS 曲线向左移动。

2. 自发消费的变动

在其他条件不变的情况下,如果自主消费 α 增加了,就会导致国民收入的增加,从而使 IS 曲线向右移动,其移动量等于 $\alpha \cdot k$;如果减少了,IS 曲线会向左移动。

3. 政府购买 G 的变动

在三部门经济中,IS 曲线则是根据国民收入均衡的条件从 $I + G = S + T$ 的等式推导出来的,因此,不仅投资曲线和储蓄曲线移动会使 IS 曲线移动,而且 I, G, S, T 中任何一条曲线的移动或几条曲线同时移动,都会引起 IS 曲线移动,如果考虑到开放经济情况,则引起 IS 曲线移动因素还要包括进出口的变动。总之,一切自发支出量变动都会使 IS 曲线移动。

增加政府购买性支出,在自发支出量变动的作用中等于增加投资支出,因此,会使 IS 曲线向右平行移动,IS 曲线移动的幅度取决于两个因素:政府支出增量和支出乘数的大小;即均衡收入增加量 $\Delta Y = K_G \cdot \Delta G$。减少政府购买 G,会使 IS 曲线左移。

4. 转移支付 TR 与自发税收 T_0 的变动

政府转移支付 TR 减少,或是自发税收 T_0 增加时,会使 IS 曲线截距减小,但是斜率不变,这时 IS 曲线向左下方平行移动;相反,在其他条件不变的情况下,政府转移支付 TR 增加,或是自发税收 T_0 减少时,IS 曲线右移。如图 6.5 所示。

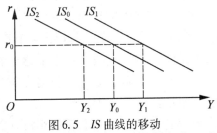

图 6.5 IS 曲线的移动

增加政府支出和减少税收,都属于增加总需求的扩张性财政政策,会使 IS 曲线向右上方移动;减少政府支出和增加税收,都属于降低总需求的紧缩性财政政策,会使 IS 曲线向左下方移动。实际上,西方经济学家支出 IS 曲线的目的之一,就在于分析财政政策如何影响国民收入的变动。

三、LM 曲线

(一)LM 曲线的含义

LM 曲线是一条描述货币市场达到宏观均衡,货币需求 = 货币供给,即 $L = m$ 时,总产出与利率之间关系的曲线。在货币市场上,总产出与利率之间存在着正向变化的关系,即利率提高时总产出水平趋于增加,利率降低时总产出水平趋于减少。

$$L = m$$
$$L = kY - hr$$
$$r = kY/h - m/h$$

用 P 代表价格总水平,则实际货币供应量 m 与名义货币供应量 M 的关系为 $m = M/P$,这就是 LM 曲线的方程式。

【例题6.2】 已知货币供应量 $M = 300$,货币需求量 $L = 0.2Y - 5r$,求 LM 曲线的方程。

解 根据 LM 曲线的方程可得 $r = kY/h - m/h$,将 $M = 300, L = 0.2Y - 5r$ 带入方程,可得 LM 曲线的方程为:$r = -60 + 0.04Y$。

(二)LM 曲线的图形

它表示在名义货币供给 M 和价格水平 P 保持不变的情况下,货币市场均衡时,利率和国民收入组合点的轨迹。在宏观经济学中,用横轴代表收入,用纵轴代表利率。由于 r 和 h 都是大于零的常数,所以 LM 曲线的斜率是正值,LM 曲线是一条向右上方倾斜的曲线,如图6.6所示。

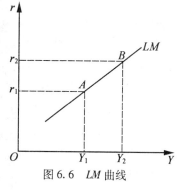

图 6.6 LM 曲线

LM 曲线的经济含义如下:

(1)LM 曲线是一条描述货币市场达到宏观均衡即 $L = M$ 时,总产出与利率之间关系的曲线。

(2)在货币市场上,总产出与利率之间存在着正向变化的关系,即利率提高时总产出水平趋于增加,利率降低时总产出水平趋于减少。

(3)处于 LM 曲线上的任何点位都表示 $L = m$,即货币市场实现了宏观均衡。反之,偏离 LM 曲线的任何点位都表示 $L \neq m$,即货币市场没有实现宏观均衡。如图6.7,如果某一点位处于 LM 曲线的右边,如点 A,表示 $L > m$,即现行的利率水平过低,从而导致货币需求大于货币供应。如果某一点位处于 LM 曲线的左边,如点 B,表示 $L < m$,即现行的利率水平过高,从而导致货币需求小于货币供给。

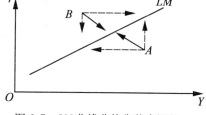

图 6.7 LM 曲线非均衡状态调整

(三)LM 曲线的推导

我们可以采用四个图形来说明如何推导 LM 曲线,如图6.8所示。在图6.8中的(a)中向右上方倾斜的曲线是交易性货币需求曲线 L_1。(b)图描述的是货币市场均衡,即 $m = L_1 + L_2$。(c)图中向右下方倾斜的曲线是投机性货币需求曲线 L_2。(d)图中向右上方倾斜的曲线是 LM 曲线。用(a)、(b)、(c)三个图形,我们就可以找出维持货币市场均衡的国民收入与利率所形成的组合,并将其在图中的(d)图标出,最后再将这些点连接起来,就可以得到代表货币市场均衡的 LM 曲线。

我们假定原来的市场利率是 r_0。在利率为 r_0 下,投机性货币需求为 L_{20},如图6.8(c)所示。在图 6.8(b) 中,由于实际货币供给量 m 是固定的,当投机性货币需求为 L_{20} 时,交易性货币需求为 L_{10}。在图 6.8(a) 中,当国民收入为 Y_0 时,交易性货币需求为 L_{10},此数量正好符合图 6.8(b) 中维持货币市场均衡所需要的数量。然后,把原始的利率 r_0 与最后得到的市场均衡时的国民收入 Y_0,同时画在图 6.8(d) 中,就可以得到点 $A(Y_0, r_0)$,它表示一组能维持货币市场均衡的国民收入与利率的组合。我们可以用同样的方法找出第二个点。比如,我们假定市场利率上升到 r_1,于是投机性货币需求由 L_{20} 减少到 L_{21},如图图 6.8(c),在图 6.8(b) 中,由于实际货币供给量 m 是固定的,当投机性货币需求减少到 L_{21} 时,交易性货币需求则由 L_{10} 增加到 L_{11}。在图 6.8(a) 中,当国民收入为 Y_1 时,交易性货币需求为 L_{11},此数量刚好符合图中维持货币市场均衡所需要的数量。然后,把原始的利率 r_0 与最后得到的市场均衡时的国民收入 Y_1,同时画在图 6.8(d) 中,就可以得到点 $B(Y_1, r_1)$,这是另外一组能维持货币市场均衡的国民收入与利率的组合。我们将 A, B 两点联结起来,就可以得到 LM 曲线。

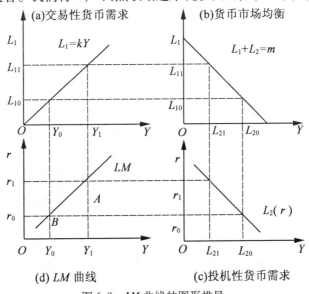

图 6.8 LM 曲线的图形推导

LM 曲线的斜率为 k/h,取决于货币的投机需求和交易需求的斜率,从 LM 曲线的代数表达式中可见,若 k 为定值,h 越大,即货币需求对利率变动越敏感,LM 越平缓;若 h 为定值,k 越大,即货币需求对收入变动越敏感,则 LM 越陡峭。

西方学者一般认为,货币的交易需求函数一般比较稳定,因而,LM 曲线的斜率主要取决于货币的投机需求函数。出于投机动机的货币需求是利率的减函数。

四、LM 曲线的移动

影响 LM 曲线移动的原因主要为货币供给量的变动和货币需求的变动。移动过程如图

6.9所示,具体地说,有以下三种情况:

(1)货币投机需求曲线移动,会使 LM 曲线发生方向相反的移动。

(2)货币交易需求曲线移动,会使 LM 曲线发生同方向变动(k,h 不变)。即如果交易需求曲线右移(即交易需求减少),而其他情况不变,则会使 LM 曲线也右移,原因是完成同样的交易量所需要的货币量减少了,也就是说,原来一笔交易现在能完成更多国民收入的交易了。

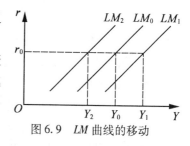

图6.9 LM 曲线的移动

(3)货币供给量变动将使 LM 曲线发生同方向变动,即货币供给增加,LM 曲线右移。

当物价水平一定,名义货币供给增加时,实际货币供给 M/P 就会上升,导致利息率下降。利息率的下降一方面引起投机性的货币需求 L_2 上升,另一方面会造成投资 $I(r)$ 增加,总支出 AE 增加和均衡国民收入 Y 的增加,收入 Y 的增加又会引起交易货币需求 L_1 的增加。L_1 和 L_2 的相继增加提高了货币总需求,直到货币总需求赶上已经增加了的实际货币供给,与其重新相等。这时,双重均衡重新实现,但均衡利息率的水平下降了,均衡实际国民收入水平提高了。当名义货币供给不变,而物价水平发生变化时,同样也会引起 LM 曲线移动。即名义货币供给不变,物价水平上升,LM 曲线左移;物价水平下降,LM 曲线右移。

注意:当价格水平 $P=1$ 时,或者说不变时,名义货币供给就可以代表实际货币供给,因为 $m=M/P=M$,可是,如果价格水平不等于1,或者说变动时,名义货币供给就不能代表实际货币供给。$P>1$ 时,货币的实际供给小于名义供给;$P<1$ 时,货币的实际供给大于名义供给。因此,当名义货币供给量不变时,价格水平如果下降,意味着实际货币供给增加,这会使 LM 曲线向右移动。相反,如果价格水平上升,LM 曲线向左移动。认识这一点,对于认识总需求曲线的推导很有意义。

在使 LM 曲线移动的三个因素中,特别要重视货币供给量变动的因素。因为货币供给量是国家货币当局可以根据需要而调整的,通过这种调整来调节利率和国民收入,正是货币政策的内容。

五、完整的 LM 曲线

1. 凯恩斯区域

当利率降得很低时,货币的投机需求将成为无限的,这就是"凯恩斯陷阱"或"流动偏好陷阱",由于在这一极低的利率水平上(如2%)货币投机需求量已成为无限的,因此货币的投机需求曲线成为一条水平线,这会使 LM 也成为水平的。

当 h 无穷大时,LM 曲线的斜率为0。当利率很低时,货币的投机需求将为无限,即为凯恩斯陷阱或流动偏好陷阱。在图6.10中,当利率降到 r_1 时,图6.10(b)中货币投机需求曲线成为一条水平线,因而 LM 曲线上也相应有一段水平状态的区域,这一区域称为"凯恩斯区域",

也称"萧条区域"。理由是,如果利率一旦降到很低的水平,政府实行扩张性货币政策,增加货币供给,不能降低利率,也不能增加收入,因而货币政策在这时无效。相反,扩张性财政政策,使 IS 曲线向右移动,收入水平会在利率不发生变化情况下提高,因而财政政策有很大效果。凯恩斯认为 20 世纪 30 年代大萧条时期西方国家的经济就是这种情况。

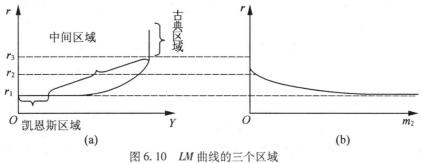

图 6.10　LM 曲线的三个区域

2. 古典区域

当 $h=0$ 时,LM 曲线的斜率为无穷大。如果利率上升到很高水平时,如图中的水平 r_3,货币的投机需求量将等于零,这时候人们除了为完成交易还必须持有一部分货币(即交易需求),再不会为投机而持有货币。由于货币的投机需求等于零,因此,图 6.10 中的货币投机需求曲线表现为从利率为 r_3 以上是一条与纵轴相重合的垂直线,不管利率再上升到 r_3 以上多高,货币投机需求量都是零,人们手持货币量都是交易需求量。这样,LM 曲线从利率为 r_3 开始,就成为一段垂直线。

这时如实行扩张性财政政策使 IS 曲线向右上移动,只会提高利率而不会使收入增加,但如果实行使 LM 曲线右移的扩张性货币政策,则不但会降低利率,还会提高收入水平。因此这时候财政政策无效而货币政策有效,这符合"古典学派"以及基本上以"古典学派"理论为基础的货币主义者的观点。因而 LM 曲线呈垂直状态的这一区域被称为"古典区域"。

3. 中间区域

古典区域和凯恩斯区域之间的 LM 曲线是中间区域,LM 曲线的斜率在古典区域为无穷大,在凯恩斯区域为零,在中间区域则为正值。LM 曲线的斜率是 k/h,h 是货币需求关于利率变动的系数,当 $h=0$ 时,k/h 为无穷大。因此,LM 曲线在古典区域是一条垂直线,当 h 为无穷大时,k/h 为零。因此,LM 曲线在凯恩斯区域是一条水平线,而当 h 介于零和无穷大之间的任何值时,由于一般总是正值,因此 h 为正。

六、IS – LM 模型的提出与发展

IS – LM 模型又被称为"希克斯 – 汉森模型",它是英国经济学家 J·希克斯(J. Hicks)和美国经济学家 A·汉森(A. Hansen)等人采用的一般均衡分析方法,对产品市场和货币市场的同时均衡进行分析所提出的模型。此外,对这一模型做出贡献的经济学家还有 F·莫迪格

利安尼、克莱因以及萨缪尔森等人。

1936年凯恩斯发表了他的划时代著作《就业、利息和货币通论》(简称《通论》)。在这本著作中,凯恩斯说明了:

(1)总收入决定于与总供给相等的总有效需求。

(2)有效需求决定于消费支出和投资支出;由于消费倾向在短期是稳定的,因而有效需求主要决定于投资引诱。

(3)投资量又决定于资本边际效率和利率的比较,若资本边际效率为一定,则投资决定于利率。

(4)利率决定于货币数量和流动性偏好,即货币需求。

(5)货币需求由货币的交易需求(包括预防需求)和投机需求构成。交易货币需求决定于收入水平,而投机需求决定于利率水平。可见,在商品市场上,要决定收入,必须先决定利率,否则投资水平无法确定;而利率是在货币市场上决定的,在货币市场上,如果不先确定一个特定的收入水平,利率又无法确定,而收入水平又是在商品市场上决定的,因此利率的决定又依赖于商品市场。这样,凯恩斯的理论就陷入了循环推论:利率通过投资影响收入,而收入通过货币需求又影响利率;或者反过来说,收入依赖于利率,而利率又依赖于收入。为了解决循环推理的矛盾,凯恩斯的后继者把产品市场和货币市场结合起来,建立了一个产品市场和货币市场的一般均衡模型,即 $IS-LM$ 模型,通过产品市场均衡与货币市场均衡这两者之间的相互作用,得出两个市场同时达到均衡状态时会有的国民收入和利率水平。

在分析货币市场的均衡时,我们曾强调利息率是由货币数量决定的,而不是由实际投资与实际储蓄决定的,但这并不意味着利息率与实际投资和实际储蓄无关。由于实际投资是利息率的函数,而实际储蓄又是收入的函数,从而利息率的变动会使实际投资发生变动,进而影响收入水平和实际储蓄。另一方面,由于货币的交易需求是收入的函数,从而收入的变动会影响到货币需求,在货币供给不变的条件下,货币需求的变动又会影响利息率。由此就出现了这样一个问题,即商品市场的均衡可以确定均衡收入水平,但无法确定均衡利息率水平;货币市场的均衡可以确定均衡利息率水平,但无法确定均衡收入水平。$IS-LM$ 曲线正是为了解决这一问题。

七、宏观经济的均衡状态

(一)均衡的决定

从前面的分析中已经知道,IS 曲线由投资函数和储蓄函数决定,在 IS 曲线上,有一系列利率与相应国民收入的组合可以使产品市场均衡;外生的实际货币供给和货币的灵活偏好(即货币需求)决定 LM 曲线,在 LM 曲线上,又有一系列利率与相应国民收入的组合可以使货币市场均衡。但能够使商品市场和货币市场同时保持均衡的利率和国民收入却只有一个。这一均衡利率可以在 IS 曲线和 LM 曲线的交点上求得,其数值可以通过 IS 和 LM 的联立方程

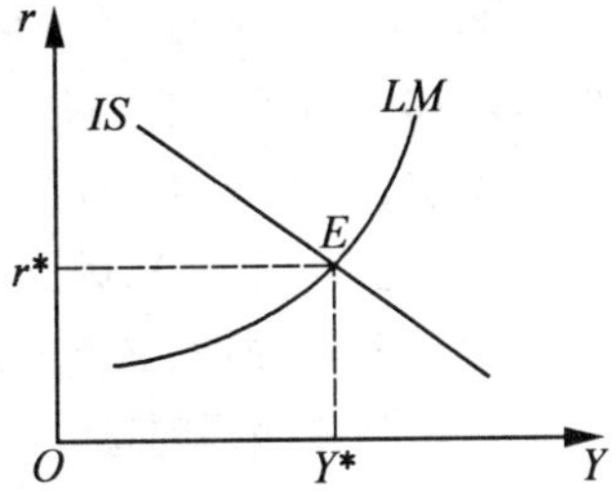

得到。可以通过图 6.11 来说明这一问题。

在图 6.11 中，IS 曲线与 LM 曲线相交于点 E。点 E 表示，产品市场的供求与货币市场的供求，在相互作用下两个市场同时达到均衡状态时可行的国民收入为 Y^*，利息率为 r^*。因为点 E 既是 IS 曲线上的一点，也是 LM 曲线上的一点，因而表示在该点产品市场与货币市场同时达到均衡。

(二)均衡的变动

图 6.11 均衡收入与均衡利率的变动

在 IS–LM 模型中，只有两个内生变量 r 和 Y，影响产品市场和货币市场均衡的其他经济变量就只能当做外生变量来处理，它们的变化将引起 IS 曲线或(和)LM 曲线的移动，改变这些变量就会改变 IS 曲线与 LM 线的交点——双重均衡点，从而改变使货币市场与产品市场共同均衡的利息率水平 r 和国民收入水平 Y。这就是说，通过操纵一些可以人为控制的经济变量可以达到同时操纵两个市场均衡状态的目的。

1. LM 曲线的移动对均衡的影响

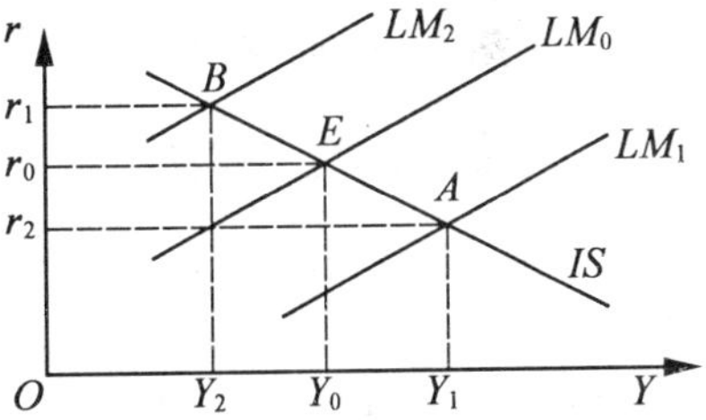

IS 曲线不变，LM 曲线水平方向左右移动，均衡状态也将随之变动，如图 6.12 所示。影响 LM 曲线变动的外生变量主要有两个：名义货币供给量 M 和一般价格水平 P。当 IS 曲线不变而 LM 曲线向右移动时，则收入提高，利率下降。这是因为，LM 曲线右移，或者是因为货币供给不变而货币需求下降，或者是因为货币需求不变，货币供给增加。在 IS 曲线不变，即产品供求情况没有变化的情况下，LM 曲线右移都意味着货币市场上供过于求，这必然导致利率下降。利率下降刺激消费和投资，从而使收入增加。相反，当 LM 曲线向左上方移动时，则会使利率上升，收入下降。

图 6.12 LM 曲线移动对均衡利率与收入的影响

(1)名义货币供给变动。在物价水平一定时，名义货币供给量的增加会引起 LM 曲线右移，使均衡的利率下降，均衡的国民收入提高。而名义货币供给量的降低则会引起 LM 曲线的左移，使均衡的利率上升，均衡的国民收入降低。

(2)价格水平变动。既然实际货币供给是名义货币供给 M 与一般价格水平的商，那么当名义货币供给一定时，价格 P 上升，就会引起实际货币供给 m 的减少，从而导致 LM 曲线的左移，使均衡的利率上升，均衡的国民收入降低。而当一般价格水平下降时，则会引起实际货币供给 m 增加，从而引起 LM 曲线的右移，使均衡的利率下降，均衡的国民收入提高。

2. IS 曲线移动对均衡的影响

在其他条件一定的情况下，LM 曲线不变，IS 曲线水平方向左右移动，均衡状态将随之变动。

当 LM 曲线不变而 IS 曲线向右上方移动时,则不仅收入提高,利率也上升。这是因为 IS 曲线右移是由于投资、消费或政府支出增加(上面分析的只是政府支出增加),简言之就是总支出增加,总支出增加使生产和收入增加,收入增加了,对货币交易需求增加。由于货币供给不变(假定 LM 不变),因此,人们只能出售有价证券来获取从事交易增加所需货币,这就会使证券价格下降,即利率上升。

3. 两条曲线同时移动

如果 IS 曲线和 LM 曲线同时移动,收入和利率的变动情况,则由 IS 和 LM 如何同时移动而定。如果 IS 曲线向右上移动,LM 曲线同时向右下移动,则可能出现收入增加而利率不变的情况。这就是所谓扩张性的财政政策和货币政策相结合可能出现的情况。而如果 IS 曲线向左下移动,LM 曲线同时向左上移动,则可能出现收入减少而利率不定的情况。

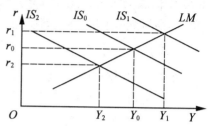

图 6.13 IS 曲线移动对均衡利率与收入的影响

如图 6.13,IS 曲线和 LM 曲线移动时,不仅收入会变动,利率也会变动。

七、宏观经济的非均衡状态

1. 一个市场均衡,另一个市场不均衡

一个市场均衡,另一个市场不均衡是指所研究的点在某一条曲线上,而不在另一条曲线上的情况,即如图 6.14 所示的点 A,D 在 IS 曲线上,点 B,C 在 LM 曲线上。

当经济处于失衡点 C 时,货币市场均衡,产品市场不均衡。此时的利率为 r_1,收入为 Y_1,对应于 r_1 的利率,$r_1 < r_0$,投资 > 储蓄,则生产和收入都会增加,从而人们对货币的交易需求增加,投机需求下降,导致利率上升,点 C 向点 E 靠拢;当经济处于失衡点 D 时,产品市场均衡,货币市场不均衡,货币需求 > 货币供给,而 $I = S$,导致利率上升,点 D 向点 E 靠拢。

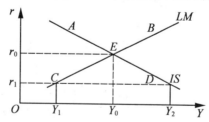

图 6.14 一个市场均衡,另一个市场不均衡的 IS-LM 模型

点 A $I = S, L < M$;点 B $I < S, L = M$

点 C $I > S, L = M$;点 D $I = S, L > M$

2. 两个市场同时不均衡

如图 6.15,可以将非均衡的区域分成四个。例如,Ⅱ区域,位于 IS 曲线的右边,表示产品

市场上总供给大于总需求，Ⅱ区域的点将水平向 IS 曲线移动；同时，Ⅱ区域的点又位于 LM 曲线的下边，表示货币的需求大于货币的供给，利息率将会上升，这意味着Ⅱ区域的点将垂直向上移动；两种力量同时作用的结果将使得Ⅱ区域的点沿着两个力量作用下向中间方向移动。同理可以分析Ⅰ、Ⅲ和Ⅳ区域内的点，见表 6.1。

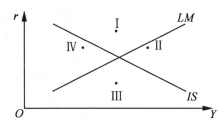

图 6.15　两个市场都不均衡的 IS-LM 模型

表 6.1　产品市场和货币市场的非均衡

区域	产品市场	货币市场
Ⅰ	$I<S$,有超额产品供给	$L<M$,有超额货币供给
Ⅱ	$I<S$,有超额产品供给	$L>M$,有超额货币需求
Ⅲ	$I>S$,有超额产品需求	$L>M$,有超额货币需求
Ⅳ	$I>S$,有超额产品需求	$L<M$,有超额货币供给

八、宏观经济非均衡状态的调整

（一）宏观经济非均衡状态的自我调整

产品市场和货币市场同时处于均衡状态是一种特例，不均衡是一种常见的现象。当一个经济处于失衡状态时，市场机制会自动进行调节。可以用图 6.16 来说明这个调节过程。如图中的点 A 处于产品市场非均衡、货币市场均衡的状态，这时可以通过调整自身的利率和收入使产品市场与货币市场上的不均衡状态向两个市场的共同均衡点 C 移动。其他点依次类推，其原理如图 6.16 所示。

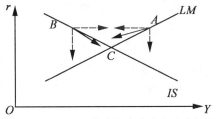

图 6.16　宏观经济非均衡状态的自我调整

（二）宏观经济非均衡状态的政府调控

IS 和 LM 曲线的交点上同时实现了产品市场和货币市场的均衡。然而，这一均衡不一定是充分就业的均衡。凯恩斯主义者认为,当国民经济处于失业或出现通货膨胀时,政府才有必要对经济进行干预。干预的目标是使均衡的国民收入(Y)水平尽可能保持在既无失业也无通货膨胀的水平上。政府主要利用财政政策和货币政策对经济进行调节。这种调节将使 LM 曲线和 IS 曲线发生移动。例如,在图6.17中,IS 曲线和 LM 曲线交点 E 所决定的均衡收入和利率是 Y' 和 r',但充分就业的收入则是 Y^*,均衡收入低于充分就业收入。在这种情况下,仅靠市场的自发调节,无法实现充分就业的均衡,这就需要依靠国家用财政政策或货币政策进行调节。财政政策是政府变动支出和税收来调节国民收入,如果政府增加支出,或降低税收,或二者双管齐下,IS 曲线就会向右上移动。当 IS 上移到 IS' 时和 LM 线相交于点 E',就会达到充分就业的收入水平。货币政策是政府货币当局(中央银行)用变动货币供应量办法来改变利率和收入,当中央银行增加货币供给时,LM 曲线向右下方移动。如果移动到 LM' 时和 IS 曲线相交于 E'',也会达到充分就业的收入水平。当然,国家也可以同时改变税收(t)、政府支出(g)和货币供给量(M)来同时改变 IS 曲线和 LM 的位置,使二者相交于 Y^* 垂直线上,以实现充分就业。

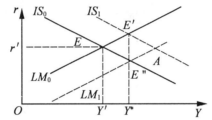

图6.17 宏观经济非均衡状态的政府调控

九、凯恩斯理论的基本框架

凯恩斯进一步认为,由消费需求和投资需求构成的有效需求,其大小主要取决于消费倾向、资本边际效率、流动偏好三大基本心理因素以及货币数量。消费倾向是指消费在收入中所占的比例,它决定消费需求。一般来说,随着收入的增加,消费的增加往往赶不上收入的增加,呈现出"边际消费倾向递减"的规律,于是引起消费需求不足。投资需求由资本边际效率和利息率这两个因素的对比关系所决定。资本边际效率,是指增加一笔投资所预期可得到的利润率,它会随着投资的增加而降低,从长期看,呈现"资本边际效率递减"的规律,从而减少投资的诱惑力。由于人们投资与否的前提条件是资本边际效率大于利率(此时才有利可图),当资本边际效率递减时,若利率能同比下降,才能保证投资不减,因此,利率就成为决定投资需求的关键因素。

凯恩斯认为,利息率取决于流动偏好和货币数量,流动偏好是指人们愿意用货币形式保持自己的收入或财富这样一种心理因素,它决定了货币需求。在一定的货币供应量下,人们对货币的流动偏好越强,利息率就越高,而高利率将阻碍投资。这样在资本边际效率递减和存在流动偏好两个因素的作用下,使得投资需求不足。消费需求不足和投资需求不足将产生大量的失业,形成生产过剩的经济危机。因此解决失业和复兴经济的最好办法是政府干预经济,采取赤字财政政策和膨胀性的货币政策来扩大政府开支,降低利息率,从而刺激消费,增加投资,以提高有效需求,实现充分就业。

总之,凯恩斯认为,由于存在消费倾向、资本边际效率、流动偏好三大基本心理规律,从而既引起消费需求不足,又引起投资需求不足,使得总需求小于总供给,形成有效需求不足,导致了生产过剩的经济危机和失业,这是无法通过市场价格机制调节的。他进一步否定了通过利率的自动调节必然使储蓄全部转化为投资的理论,认为利率并不是取决于储蓄与投资,而是取决于流动偏好(货币的需求)和货币数量(货币的供给),储蓄与投资只能通过总收入的变化来达到平衡。不仅如此,他还否定了传统经济学认为可以保证充分就业的工资理论,认为传统理论忽视了实际工资与货币工资的区别,货币工资具有刚性,仅靠伸缩性的工资政策是不可能维持充分就业的。他承认资本主义社会除了自愿失业和摩擦性失业外,还存在着"非自愿失业",原因就是有效需求不足,所以资本主义经济经常出现小于充分就业状态下的均衡。这样,凯恩斯在背叛传统经济理论的同时,开创了总量分析的宏观经济学。

简言之,凯恩斯理论的基本框架可以概括如下:

(1)国民收入决定于消费和投资。

(2)消费由消费倾向和收入决定。消费倾向分为平均消费倾向和边际消费倾向。边际消费倾向大于0而小于1,因此,收入增加时,消费也增加。但在增加的收入中,用来增加消费的部分所占比例可能越来越小,用于增加储蓄部分所占比例越来越大。

(3)消费倾向比较稳定。因此,国民收入波动主要来自投资的变动。投资的增加或减少会通过投资乘数引起国民收入的多倍增加或减少。投资乘数与边际消费倾向有关。由于边际消费倾向大于0而小于1,因此,投资乘数大于1。

(4)投资由利率和资本边际效率决定,投资与利率成反方向变动关系,与资本边际效率成正方向变动关系。

(5)利率决定于流动偏好与货币数量。流动偏好是货币需求,由L_1和L_2构成,其中L_1来自交易动机和谨慎动机,L_2来自投机动机。货币数量m是货币供给,由满足交易动机和谨慎动机的货币和满足投机动机的货币组成。

(6)资本边际效率由预期收益和资本资产的供给价格或者说重置成本决定。

凯恩斯认为,形成资本主义经济萧条的根源是由于消费需求和投资需求所构成的总需求不足以实现充分就业。消费需求不足是由于边际消费倾向小于1,即人们不会把增加的收入全用来增加消费,而投资需求不足来自资本边际效率在长期内递减。为解决有效需求不足,必须发挥政府作用,用财政政策和货币政策来实现充分就业。财政政策就是用政府增加支出或减少税收以增加总需求;通过乘数原理引起收入多倍增加。货币政策是增加货币供给量以降低利率,刺激投资从而增加收入。由于存在流动性陷阱,因此货币政策效果有限,增加收入要靠财政政策。

【习题精编】

一、判断题

1. 流动性陷阱指 LM 曲线呈水平状,此时财政政策最有效。　　　　　　　(　)
2. 货币需求是指私人部门赚钱的愿望。　　　　　　　　　　　　　　　　(　)
3. 货币主义者相信流动性陷阱的存在。　　　　　　　　　　　　　　　　(　)
4. 货币供给即指一国在一定时期内所投放的新货币的数量。　　　　　　　(　)
5. IS 曲线是描述产品市场达到均衡时,国民收入与价格之间关系的曲线。　(　)
6. 其他条件不变时,货币供给的增加将使 LM 曲线向右移动。　　　　　　(　)
7. LM 曲线呈水平段的区域称为"古典区域"。　　　　　　　　　　　　　(　)
8. LM 曲线不变,IS 曲线向右上方移动会增加收入和降低利率。　　　　　(　)
9. LM 曲线是描述产品市场达到均衡时,国民收入与利率之间的关系曲线。(　)
10. 当物价下降时,LM 曲线会向左上方移动。　　　　　　　　　　　　　(　)

二、单项选择题

1. 以下不是宏观经济政策目的的是　　　　　　　　　　　　　　　　　　(　)
   A. 实现经济增长　　　　　　　　B. 实现充分就业
   C. 实现国际收支平衡　　　　　　D. 降低一般价格水平上升的速度
2. 下列(　　)项不是投资的因素。
   A. 利息率　　　　　　　　　　　B. 国民收入
   C. 资本边际效率　　　　　　　　D. 投资的利润率
3. 投资往往是易变的,其主要原因之一是　　　　　　　　　　　　　　　(　)
   A. 投资很大程度上取决于企业家的预期
   B. 政府开支代替投资,而政府开支波动剧烈
   C. 利率水平波动相当剧烈
   D. 消费需求变化得如此反复无常以至于影响投资
4. 货币政策和财政政策的有效性基本取决于　　　　　　　　　　　　　　(　)
   A. IS 和 LM 曲线的斜率　　　　　B. IS 和 LM 曲线的交点
   C. 决策人的意愿　　　　　　　　D. 货币供给量
5. 在哪种情况下紧缩性货币政策的有效性将减弱?　　　　　　　　　　　(　)
   A. 名义利率很高　　　　　　　　B. 实际利率很高
   C. 实际利率很低　　　　　　　　D. 名义利率很低
6. 在 IS 曲线和 LM 曲线相交时,表现产品市场　　　　　　　　　　　　(　)
   A. 和货币市场处于非均衡

B. 和货币市场同时达到均衡

C. 非均衡而货币市场均衡

D. 均衡而货币市场非均衡

7. 在 IS 曲线不变的情况下,货币量减少会引起收入 （   ）

   A. 增加,利率下降   B. 增加,利率上升

   C. 减少,利率上升   D. 减少,利率下降

8. 假设货币供给量不变,货币的交易需求和预防需求的减少将导致货币的投机需求 （   ）

   A. 增加   B. 减少

   C. 不变   D. 不确定

9. IS 曲线上的点都表示为 （   ）

   A. 产品市场和货币市场同时均衡的收入

   B. 投资等于储蓄的均衡的货币量

   C. 投资等于储蓄的收入和利率的组合

   D. 货币需求等于货币供给的均衡货币量

10. 关于 IS 曲线,说法正确的是 （   ）

   A. 若人们的储蓄倾向增高,则 IS 曲线将右移

   B. 充分就业预算盈余的减少意味着 IS 曲线右移

   C. 若投资需求曲线向外移动,则 IS 曲线将左移

   D. 预算平衡条件下政府支出增加并不移动 IS 曲线

11. IS 曲线的斜率一般为 （   ）

   A. 1   B. 零

   C. 负值   D. 正值

12. 储蓄增加将导致 （   ）

   A. IS 曲线向右移动   B. IS 曲线向左移动

   C. LM 曲线向右移动   D. LM 曲线向左移动

13. 在其他条件不变的情况下,会使政府购买增加 IS 曲线（   ）。

   A. 向右移动   B. 向左移动

   C. 保持不变   D. 发生转动

14. 处于 IS 和 LM 曲线交点下方的一个点表示 （   ）

   A. 投资小于储蓄,货币需求小于货币供给

   B. 投资大于储蓄,货币需求小于货币供给

   C. 投资大于储蓄,货币需求大于货币供给

   D. 投资小于储蓄,货币需求大于货币供给

15. LM 曲线上的点表示 （   ）

A. 产品需求等于产品供给的收入和利率的组合
B. 产品供给大于产品需求的收入和利率的组合
C. 货币供给等于货币需求的收入和利率的组合
D. 货币供给大于货币需求的收入和利率的组合

16. LM 曲线的斜率一般为 （   ）
   A. 零 B. 正值
   C. 负值 D. 可正可负

17. 以下说法正确的是 （   ）
   A. 利率越高,货币需求的利率弹性越大 B. 利率越高,持币在手的机会成本越大
   C. 利率越低,货币需求的利率弹性越小 D. 利率越低,持有债券的风险越小

18. LM 曲线向右下方移动是因为 （   ）
   A. 货币的需求减少或货币的供给减少 B. 货币的需求增加或货币的供给减少
   C. 货币的需求减少或货币的供给增加 D. 货币的需求增加或货币的供给增加

19. 在 LM 曲线上存在货币供给和货币需求均衡的收入和利率的组合点有 （   ）
   A. 1 个 B. 无数个
   C. 1 个或者无数个 D. 不可能是 1 个或者无数个

20. 货币市场和产品市场可同时均衡出现在 （   ）
   A. 各种收入水平和利率上 B. 各种收入水平和一定利率水平上
   C. 一种收入水平和利率上 D. 一种收入水平和各种利率水平上

21. 当货币需求对利率的敏感度降低时,LM 曲线将 （   ）
   A. 向左上方移动 B. 向右下方移动
   C. 变陡峭 D. 变平缓

22. 水平的 LM 曲线表示利息率对 （   ）
   A. 货币需求的影响最大 B. 国民收入的影响最大
   C. 货币需求的影响最小 D. 国民收入的影响最小

23. 在"凯恩斯区域"内 （   ）
   A. 货币政策有效 B. 财政政策有效
   C. 财政政策无效 D. 货币政策与财政政策同样有效

24. IS – LM 模型是研究 （   ）
   A. 在利息率与投资不变的情况下,总需求对均衡的国民收入的决定
   B. 在利息率与投资变动的情况下,总需求对均衡的国民收入的决定
   C. 在利率、投资和价格水平变动的情况下总需求对均衡收入的决定
   D. 将总需求与总供给结合起来,研究总需求与总供给对收入和价格水平的决定

三、分析题

1. 试分析 IS – LM 模型非均衡状态的调整。
2. 试分析 LM 曲线的形成。
3. 试分析研究 IS 曲线和 LM 曲线的斜率和决定因素的意义。

四、论述题

1. 论述凯恩斯理论的基本纲要。
2. 论述 IS 曲线的移动。

【习题答案】

一、判断题

1~5. √ × × × ×　　6~10. √ × × × ×

二、单项选择题

1~5. DBAAC　　6~10. BCACB　　11~15. CBACC
16~20. BBCBC　　21~24. CABB

三、分析题

1.（1）宏观经济非均衡状态的自我调整。

产品市场和货币市场同时处于均衡状态是一种特例,不均衡是一种常见的现象。当一个经济处于失衡状态时,市场机制会自动进行调节。可以用图 6.18 来说明这个调节过程。如图中的点 A 处于产品市场非均衡,货币市场均衡的状态,这时可以通过调整自身的利率和收入使产品市场与货币市场上的不均衡状态向两个市场的共同均衡点 C 移动。其他点依次类推,其原理如图 6.16 所示。

（2）宏观经济非均衡状态的政府调控。

IS 和 LM 曲线的交点上同时实现了产品市场和货币市场的均衡。然而,这一均衡不一定是充分就业的均衡。凯恩斯主义者认为,当国民经济处于失业或出现通货膨胀时,政府才有必要对经济进行干预。干预的目标是使均衡的国民收入(Y)水平尽可能保持在既无失业也无通货膨胀的水平上。政府主要利用财政政策和货币政策对经济进行调节。这种调节将使 LM 曲线和 IS 曲线发生移动。例如在图 6.17 中,IS 曲线和 LM 曲线交点 E 所决定的均衡收入和利率是 Y' 和 r',但充分就业的收入则是 Y^*,均衡收入低于充分就业收入。在这种情况下,仅靠市场的自发调节,无法实现充分就业的均衡,这就需要依靠国家用财政政策或货币政策进行调节。财政政策是政府变动支出和税收来调节国民收入,如果政府增加支出,或降低税收,或二者双管齐下,IS 曲线就会向右上移动。当 IS 上移到 IS' 时和 LM 线相交于点 E',就会达到充分就业的收入水平。货币政策是政府货币当局(中央银行)用变动货币供应量办法来改变利率和收入,当中央银行增加货币供给时,LM 曲线向右下方移动。如果移动到 LM' 时和 IS 曲线相交于 E'',也会达到充分就业的收入水平。当然,国家也可以同时改变税收(t)、政府支出

(g)和货币供给量(M)来同时改变 IS 曲线和 LM 的位置,使二者相交于 Y^* 垂直线上,以实现充分就业。

2. 我们可以采用四个图形来说明如何推导 LM 曲线,如图 6.18 所示。在图中的(a)中向右上方倾斜的曲线是交易性货币需求曲线 L_1。(b)图描述的是货币市场均衡,即 $m = L_1 + L_2$。(c)图中向右下方倾斜的曲线是投机性货币需求曲线 L_2。(d)图中向右上方倾斜的曲线是 LM 曲线。用(a)、(b)、(c)三个图形,我们就可以找出维持货币市场均衡的国民收入与利率所形成的组合,并将其在图中的(d)图标出,最后再将这些点连接起来,就可以得到代表货币市场均衡的 LM 曲线。

我们假定原来的市场利率是 r_0。在利率为 r_0 下,投机性货币需求为 L_{20},如(c)图。在(b)图中,由于实际货币供给量 m 是固定的,当投机性货币需求为 L_{20} 时,交易性货币需求为 L_{10}。在(a)图中,当国民收入为 Y_0 时,交易性货币需求为 L_{10},此数量正好符合(b)图中维持货币市场均衡所需要的数量。然后,把原始的利率 r_0 与最后得到的市场均衡时的国民收入 Y_0,同时画在(d)图中,就可以得到点 $A(Y_0, r_0)$,它表示一组能维持货币市场均衡的国民收入与利率的组合。我们可以用同样的方法找出第二个点。比如,我们假定市场利率上升到 r_1,于是投机性货币需求由 L_{20} 减少到 L_{21},如图(c)所示,在(b)图中,由于实际货币供给量 m 是固定的,当投机性货币需求减少到 L_{21} 时,交易性货币需求则由 L_{10} 增加到 L_{11}。在(a)图中,当国民收入为 Y_1 时,交易性货币需求为 L_{11},此数量刚好符合图中维持货币市场均衡所需要的数量。然后,把原始的利率 r_0 与最后得到的市场均衡时的国民收入 Y_1,同时画在(d)图中,就可以得到点 $B(Y_1, r_1)$,这是另外一组能维持货币市场均衡的国民收入与利率的组合。我们将 A,B 两点联结起来,就可以得到 LM 曲线。

LM 曲线的斜率为 k/h,取决于货币的投机需求和交易需求的斜率,从 LM 曲线的代数表达式中可见,若 k 为定值,h 越大,即货币需求对利率变动越敏感,LM 越平缓;若 h 为定值,k 越大,即货币需求对收入变动越敏感,则 LM 越陡峭。

西方学者一般认为,货币的交易需求函数一般比较稳定,因而,LM 曲线的斜率主要取决于货币的投机需求函数。出于投机动机的货币需求是利率的减函数。

3. 研究 IS 曲线和 LM 曲线的斜率极其决定因素,主要是为了分析有哪些因素将会影响到财政政策和货币政策的效果。

当 IS 曲线比较陡峭而 LM 曲线比较平坦时,运用财政政策变动 IS 曲线引起的收入变化明显,显然财政政策的效果较大;运用货币政策变动 LM 曲线引起的收入的变化很小,因而货币政策的效果较小。相反,当 IS 曲线较平坦而 LM 曲线较陡峭时,财政政策的效果较小,而货币政策的效果较大。

因此,我们认为 IS 曲线比较陡峭,即曲线斜率较大时,财政政策的效果较大;相反的,IS 曲线较平坦,即曲线斜率较小时,财政政策的效果较小。另一方面,LM 曲线比较陡峭,即曲线斜率较大时,货币政策的效果较大;相反,LM 曲线较平坦,即曲线斜率较小时,货币政策的效果较小。

由此可见,通过分析 IS 和 LM 曲线的斜率以及它们的决定因素就可以比较直观地了解财政政策和货币政策效果的决定因素:使 IS 曲线斜率较小的因素以及使 LM 曲线斜率较大的因素,都是使财政政策效果较小而货币政策效果较大的因素。

四、论述题

1. 凯恩斯认为,由消费需求和投资需求构成的有效需求,其大小主要取决于消费倾向、资本边际效率、流动偏好三大基本心理因素以及货币数量。消费倾向是指消费在收入中所占的比例,它决定消费需求。利息率取决于流动偏好和货币数量,流动偏好是指人们愿意用货币形式保持自己的收入或财富这样一种心理因素,它决定了货币需求。

总之,凯恩斯认为,由于存在消费倾向、资本边际效率、流动偏好三大基本心理规律,从而既引起消费需求不足,又引起投资需求不足,使得总需求小于总供给,形成有效需求不足,导致了生产过剩的经济危机和失业,这是无法通过市场价格机制调节的。

基本框架可以概括如下:

(1)国民收入决定于消费和投资。

(2)消费由消费倾向和收入决定。消费倾向分为平均消费倾向和边际消费倾向。边际消费倾向大于 0 而小于 1,因此,收入增加时,消费也增加。但在增加的收入中,用来增加消费的部分所占比例可能越来越小,用于增加储蓄部分所占比例越来越大。

(3)消费倾向比较稳定。因此,国民收入波动主要来自投资的变动。投资的增加或减少会通过投资乘数引起国民收入的多倍增加或减少。投资乘数与边际消费倾向有关。由于边际消费倾向大于 0 而小于 1,因此,投资乘数大于 1。

(4)投资由利率和资本边际效率决定,投资与利率成反方向变动关系,与资本边际效率成正方向变动关系。

(5)利率决定于流动偏好与货币数量。流动偏好是货币需求,由 L_1 和 L_2 构成,其中 L_1 来自交易动机和谨慎动机,L_2 来自投机动机。货币数量 m 是货币供给,由满足交易动机和谨慎动机的货币和满足投机动机的货币组成。

(6)资本边际效率由预期收益和资本资产的供给价格或者说重置成本决定。

凯恩斯认为,形成资本主义经济萧条的根源是由于消费需求和投资需求所构成的总需求不足以实现充分就业。消费需求不足由于边际消费倾向小于 1,即人们不会把增加的收入全用来增加消费,而投资需求不足来自资本边际效率在长期内递减。为解决有效需求不足,必须发挥政府作用,用财政政策和货币政策来实现充分就业。财政政策就是用政府增加支出或减少税收以增加总需求;通过乘数原理引起收入多倍增加。货币政策是用增加货币供给量以降低利率,刺激投资从而增加收入。由于存在流动性陷阱,因此货币政策效果有限,增加收入要靠财政政策。

2. (1)自主投资 e 的变动。

如果由于种种原因(如投资的边际效率增加,或出现了技术革新,或企业家对经济前景预期乐观等),在同样的利率水平上投资需求增加了(即 e 增加了),从而国民收入也增加了,于是 IS 曲线就会向右移动,移动的量等于 $e \cdot k$。反之,如果投资需求下降,则 IS 曲线向左移动。

(2)自发消费的变动。

在其他条件不变的情况下,如果自主消费增加了,就会导致国民收入的增加,从而使 IS 曲线向右移动,其移动量等于 $\Delta \alpha \cdot k$;如果减少了,IS 曲线会向左移动。

(3)政府购买 G 的变动。

在三部门经济中,IS 曲线则是根据国民收入均衡的条件从 $I + G = S + T$ 的等式推导出来的,因此,不仅投资曲线和储蓄曲线移动会使 IS 曲线移动,而且 I, G, S, T 中任何一条曲线的移动或几条曲线同时移动,都会引起 IS 曲线移动,如果考虑到开放经济情况,则引起 IS 曲线移动因素还要包括进出口的变动。总之,一切自发支出量变动都会使 IS 曲线移动。

增加政府购买性支出,在自发支出量变动的作用中等于增加投资支出,因此,会使 IS 曲线向右平行移动,IS 曲线移动的幅度取决于两个因素:政府支出增量和支出乘数的大小;即均衡收入增加量 $\Delta Y = K_G \cdot \Delta G$。减少政府购买 G,则会使 IS 曲线左移。

(4)转移支付 TR 与自发税收 T_0 的变动。

政府转移支付 TR 减少,或是自发税收 T_0 增加时,会使 IS 曲线截距减小,但是斜率不变,这时 IS 曲线向左下方平行移动;相反,在其他条件不变的情况下,政府转移支付 TR 增加,或是自发税收 T_0 减少时,IS 曲线右移,如图 6.18 所示。

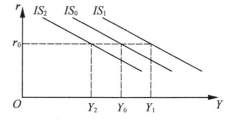

图 6.18 IS 曲线的移动线

增加政府支出和减少税收,都属于增加总需求的扩张性财政政策,会使 IS 曲线向右上方移动;减少政府支出和增加税收,都属于降低总需求的紧缩性财政政策,会使 IS 曲线向左下方移动。实际上,西方经济学家支出 IS 曲线的目的之一,就在于分析财政政策如何影响国民收入的变动。

Chapter 7

第七章

AD - AS 模型

【考点归纳】

本章要求学生理解总需求和总供给的概念,在此基础上掌握总需求－总供给(AD - AS)模型,并能用此模型解释国民经济过热、萧条、滞胀等经济现象。本章难点以及重点包括以下几部分:总需求的概念;总需求曲线的定义、推导、斜率和平移;短期总生产函数和曲线;劳动力需求曲线、劳动力供给曲线和劳动力市场的均衡;古典和凯恩斯主义的总供给曲线,总供给－总需求模型。要解释通货膨胀、失业、经济周期这些重要问题,则须建立一个宏观经济模型:总需求－总供给模型,它着重说明总产出(收入)和价格水平之间的关系以及它们各自的决定。AD - AS 模型不仅是宏观经济学中的重要分析工具,而且也是理解宏观经济中一些重大问题的基础。

【要点解读】

一、总需求和总需求曲线

(一)总需求

总需求是指经济社会对物品和劳务的需求总量。在宏观经济学中,总需求是指整个社会的有效需求。

总需求实际上就是经济社会的总支出,在封闭经济条件下,总需求由经济社会的消费需求、投资需求和政府需求构成。

$$AD = C + I + G$$

(二)总需求函数

总需求函数是指总需求水平和价格水平之间的关系,由于总需求水平就是总支出水平,而总支出又与总产出相等,所以总需求函数描述了在每一价格水平下,经济社会需要多高的收入水平。

(三) 总需求曲线

在以价格水平为纵坐标,产出(收入)水平为横坐标的坐标系中,总需求函数的几何表示称为总需求曲线。

在宏观经济学中,将价格水平变动引起利率同方向变动,进而使投资和产出水平反方向变动的情况,称为利率效应。

价格水平上升,使人们所持有的货币及其他以货币固定价值的资产的实际价值降低,人们会变得相对贫穷,于是人们的消费水平就相应地减少,这种效应称为实际余额效应。

(四) 总需求曲线的推导

图7.1(a)中总需求曲线是向右下方倾斜的,表示社会的需求总量和价格水平之间反方向的关系。价格水平越高,需求总量越小;价格水平越低,需求总量越大。

图7.1(b)中总需求曲线向下倾斜的经济解释是,在名义货币供给量保持不变时,价格水平上升使实际货币供给量减少,从而使货币市场出现超额货币需求,从而使利率提高,投资支出下降,进而导致总收入下降。

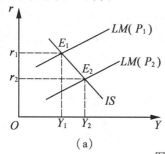
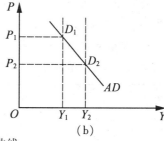

图 7.1 总需求曲线

总需求曲线反映的是产品市场和货币市场同时处于均衡时,价格水平和产出水平的关系。因此,总需求曲线可以通过 $IS-LM$ 图形中求取。

价格水平的变化,对 IS 曲线的位置没有影响,因为决定 IS 曲线的变量被假定是实际量,而不是随价格变化而变动的名义量。

随着价格 P 的变化,LM 曲线和 IS 曲线可以有许多交点,每一个交点都标志着一个特定的 Y 和 r,于是就有许多 P 与 Y 的组合,连接这些组合点就得到总需求曲线 AD。

AD 曲线向右下方倾斜,表示价格水平越高,需求总量越小;价格水平越低,需求总量越大。

(五) 影响总需求曲线斜率的因素

1. 货币需求的利率系数 h 对 AD 曲线斜率的影响

当货币需求的利率系数 h 较小时,AD 曲线将较为平坦;

当货币需求的利率系数 h 较大时,AD 曲线将较为陡峭。

2. 货币需求的收入敏感度 k 对 AD 曲线斜率的影响

货币需求的收入系数较小时,AD 曲线较为平坦;

货币需求的收入系数较大时，AD 曲线较为陡峭。

3. 投资支出的利率系数对 AD 曲线斜率的影响

投资支出的利率系数越大，AD 曲线越平坦；

投资支出的利率系数越小，AD 曲线越陡峭。

4. 边际消费倾向 b 对 AD 曲线斜率的影响

边际消费倾向 b 越大，AD 曲线越平坦；

边际消费倾向 b 越小，AD 曲线越陡峭。

5. 总需求曲线的移动

(1) 财政政策与总需求曲线的移动。当政府采取扩张的财政政策如政府支出扩大时，会使总需求曲线向右移动；反之，则向左移动。

(2) 货币政策与总需求曲线的移动。中央银行采取扩张性货币政策会使总需求曲线向右上方移动；反之，则向左移动。

二、总供给和总供给曲线

(一) 总供给

总供给是一个国家的总产出，它描述了经济社会的基本资源用于生产时可能有的产量。

(二) 决定总供给的主要因素

1. 人力资源

人力资源由劳动力的数量和质量构成。劳动力是经济中最重要的生产要素，工资占整个国民总收入的 70%。劳动力中的就业量是由劳动力市场决定的。

2. 自然资源

一般地，每一个国家所拥有的自然资源几乎固定不变。

3. 资本存量

资本存量是指一个社会某一时点所拥有的厂房、机器、设备和其他形式的资本的数量。资本存量的规模取决于投资的大小和持续的时间。在较短的时间内，一个国家的资本存量不会发生太大的变化。

4. 技术水平

技术水平是指投入和产出之间的转换关系。反映了一个经济社会使用生产要素生产产品和提供服务的效率。

(三) 总供给曲线

1. 总供给函数

总供给函数是指总供给（或总产出）和价格水平之间的关系。

2. 总供给曲线

总供给曲线是指在以价格为纵坐标。总产出(收入)为横坐标的坐标系中,总供给函数的几何表示。

3. 凯恩斯主义的总供给曲线(短期的总供给曲线)

如图7.2,此时总供给曲线 AS 是一条水平线。水平的总供给曲线表明,在现行的价格水平下,企业愿意供给任何有需求的产品数量。

隐含在凯恩斯总供给曲线背后的思想是,由于存在着失业,企业可以在现行工资下获得他们需要的任意数量的劳动力。

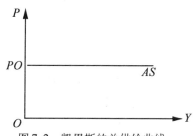

图7.2 凯恩斯的总供给曲线

凯恩斯主义的总供给曲线基于"货币工资刚性"这一假设。其含义为:一方面,工人们会对货币工资的下降进行抵制,但欢迎货币工资的上升;另一方面,工人们有"货币幻觉",即只看到货币的票面值而不注意货币的实际购买力。

4. 古典主义的总供给曲线(长期的总供给曲线)

如图7.3,"古典"总供给曲线是一条位于充分就业产量水平 Y_f 上的垂线。是一条与价格水平无关的垂直线,这表明,无论价格水平如何变动,总供给量都是固定不变的。

垂直的总供给曲线在宏观经济学中又被称为长期总供给曲线。

5. 影响总供给曲线移动的因素

(1)自然和人为的灾祸。

(2)技术变动。

(3)工资率等要素价格的变动。

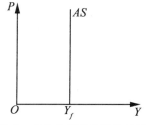

图7.3 古典主义的总供给曲线

此外,进口商品价格的变化也会引起总供给曲线的移动。如果厂商以进口商品作为原料,那么进口商品的价格变化时,厂商的成本就会发生变动,从而愿意生产的数量也会变动。

总之,生产技术水平提高或生产成本下降,经济的总供给增加,总供给曲线向右下方移动;反之,生产技术水平下降或生产成本提高,经济的总供给减少,总供给曲线向左上方移动。

三、总需求与总供给的均衡(AD - AS 模型)

(一)短期状态

(1)萧条状态(失业均衡)。

(2)高涨状态(超充分就业均衡)。

(3)滞涨状态(经济停滞和通货膨胀)。

(4)充分就业均衡。

对于失业均衡、充分就业均衡和超充分就业均衡三种短期状态,不是一个随机的过程,而是由三种均衡状态依次不断转化构成的、有一定规律的过程。

一般来讲,一个社会由失业均衡转化为充分就业均衡,再由充分就业均衡转化为超充分就业均衡,这一过程也就构成了经济的扩张时期。超充分就业均衡处在扩张期的顶峰阶段。此时现实的总产量大于潜在总产量,失业率低于自然失业率,表明经济繁荣。

繁荣不可能持久,宏观经济会由超充分就业均衡转化为充分就业均衡,再由充分就业均衡转化为失业均衡,这一过程就是经济的收缩期。失业均衡形成了收缩期的谷地阶段,这是现实的总产量小于潜在的总产量,反映了经济的衰退。

短期均衡围绕着长期均衡波动形成一个周而复始的过程,这也就是经济周期的扩张、顶峰、收缩和谷地四个阶段。

(二)长期状态

主流学派认为总供给 – 总需求分析可以用来解决萧条状态、高涨状态和滞涨状态的短期收入和价格水平的决定,也可以用来解释充分就业状态下的长期收入和价格水平的决定。在政策主张上,主流学派经济学家认为,虽然资本主义经济在长期内可以达到充分就业的均衡状态,但短期内的萧条和过度繁荣是不可避免的,仍然可以给社会带来损失。因此,有必要执行凯恩斯主义的经济政策,以熨平萧条和过度繁荣所带来的经济波动,使经济持续处于稳定的充分就业状态。

(三)总需求与总供给曲线移动的效应

1. 总需求曲线移动的后果

如图7.4,AD 曲线左移表明,经济社会处于萧条状态,在小于充分就业的水平时,越是偏离充分就业,经济中的过剩的生产能力就越多,价格下降的空间就越小。

2. 总供给曲线移动的后果

如图7.5,AS 曲线左移表明,经济社会处于滞涨状态,此时失业和通货膨胀并存,并伴随 AS 左移而进一步加剧。

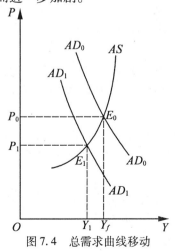

图7.4 总需求曲线移动

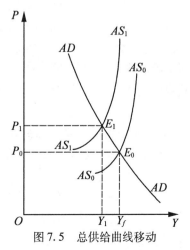

图7.5 总供给曲线移动

【习题精编】

一、名词解释

1. 总需求 2. 总供给 3. 总供给曲线 4. 凯恩斯主义的总供给曲线 5. $AD-AS$ 模型

二、判断题

1. 常规形态的总供给曲线是向左上方倾斜的,它表明随着价格的上升,厂商所提供的供给数量会不断提高。   (   )
2. 总需求函数是指总需求水平和价格水平之间的关系。   (   )
3. 总供给是指经济社会对物品和劳务的需求总量。在宏观经济学中,总供给是指整个社会的有效需求。   (   )
4. 总需求曲线向下倾斜的经济解释是,在名义货币供给量保持不变时,价格水平上升使实际货币供给量减少,从而使货币市场出现超额货币需求,从而使利率提高,投资支出下降,进而导致总收入下降。   (   )
5. 货币需求的利率系数对 AD 曲线斜率的影响:当货币需求的利率系数较小时,AD 曲线将较为陡峭;当货币需求的利率系数较大时,AD 曲线将较为平坦。   (   )
6. 名义货币量对总需求曲线的影响:名义货币供给量增加,在每一价格水平的情况下实际货币量增加,实际货币量增加,LM 曲线向右移动,总需求曲线会向右移动。相反,名义货币供给量减少,会使 AD 曲线向左移动。   (   )
7. 宏观生产函数是指总投入和总产出之间的关系。   (   )
8. 在长期中,宏观经济企图达到的目标是充分就业和物价稳定,即不存在非自愿失业,同时,物价既不上升,也不下降。   (   )
9. AD 曲线左移表明,经济社会处于萧条状态,在小于充分就业的水平时,越是偏离充分就业,经济中的过剩的生产能力就越多,价格下降的空间就越小。   (   )
10. 总供给曲线移动的后果:AS 曲线左移表明,经济社会处于滞涨的状态,此时就业和通货膨胀并存,并伴随 AS 左移而进一步减轻。   (   )
11. 凯恩斯供给曲线的政策意义:当产量处于小于充分就业的萧条状态,国家可以通过增加需求的政策促使总需求曲线右移,在保持价格水平不变的情况下,使国民收入达到充分就业的数量。   (   )
12. 工人们具有"货币幻觉",即只看到货币的票面价值而不注意货币的实际购买力,所以他们会抵抗价格水平在不变的情况下货币工资的下降,但却不会抵抗货币工资不变下的价格水平的提高。两种情况都会造成实际工资的下降。   (   )
13. 凯恩斯学派认为,未达到充分就业时,劳动供给对工资的弹性无穷大。   (   )
14. 技术进步会引起短期总供给曲线和长期总供给曲线都向右方移动。   (   )
15. 总需求关系是从物品市场和金融市场均衡中推导出来的。   (   )

第七章 AD-AS 模型

三、单项选择题

1. 其他条件不变的情况下，下列情况（   ）引起总需求曲线向右方移动。
   A. 物价水平不变时利率上升   B. 税收增加
   C. 货币供给量增加   D. 物价水平下降

2. 总需求曲线向右下方倾斜是因为   （   ）
   A. 价格水平上升时，投资会减少   B. 价格水平上升时，消费会减少
   C. 价格水平上升时，净出口会减少 D. 以上几个因素都是

3. 以下哪项不是影响总需求曲线的因素中引起总需求增加的因素   （   ）
   A. 利率下降   B. 预期的通货膨胀率上升
   C. 政府对物品与劳务的支出增加 D. 税收增加或转移支付减少

4. 以下哪项不是影响总需求减少的因素   （   ）
   A. 预期的未来利润减少   B. 汇率下降
   C. 国外收入减少   D. 货币量减少

5. 总需求曲线交于短期总供给曲线向右上方倾斜的区域时称为   （   ）
   A. 充分就业均衡   B. 低于充分就业均衡
   C. 通货膨胀   D. 滞胀

6. 其他条件不变的情况下，（   ）引起总需求曲线（   ）。
   A. 政府支出减少，右移   B. 名义货币供给增加，右移
   C. 税收减少，左移   D. 价格水平上升，左移

7. 价格水平上升时，会   （   ）
   A. 减少实际货币供给并使 LM 曲线右移   B. 减少货币供给并使 LM 曲线左移
   C. 增加实际货币供给并使 LM 曲线右移   D. 增加实际货币供给并使 LM 曲线左移

8. 水平区域的劳动供给曲线表示   （   ）
   A. 工资不影响劳动供给   B. 工资对劳动供给影响很大
   C. 劳动供给不影响工资   D. 劳动供给对工资影响很大

9. 当（   ）时，总需求曲线更平缓。
   A. 货币供给量较大   B. 支出乘数较小
   C. 货币需求对利率变化较敏感   D. 投资支出对利率变化较敏感

10. 假定经济实现了充分就业，总需求曲线向右移动会增加   （   ）
    A. 实际工资、就业量和实际产出 B. 名义工资、就业量和实际产出
    C. 劳动生产率和实际产出   D. 劳动力需求、就业量和实际工资

11. 在货币工资不变的情况下，随着物价水平上升，实际货币供给量   （   ）
    A. 增加，从而实际国民生产总值的需求量增加
    B. 增加，从而实际国民生产总值的需求量减少

C. 减少,从而实际国民生产总值的需求量增加
D. 减少,从而实际国民生产总值的需求量减少

12. 在其他条件不变时,价格水平下降,则实际消费需求 ( )
   A. 增加 B. 减少
   C. 不变 D. 不确定

13. 长期总供给曲线 ( )
   A. 向右上方倾斜 B. 向右下方倾斜
   C. 是一条垂线 D. 是一条水平线

14. 凯恩斯总供给曲线 ( )
   A. 向右上方倾斜 B. 向右下方倾斜
   C. 是一条垂线 D. 是一条水平线

15. 以下哪项不是导致总供给曲线移动的因素 ( )
   A. 自然和人为的灾祸 B. 技术变动
   C 工资等要素价格的变动 D. 劳动者的懒惰

16. 短期总供给曲线 ( )
   A. 向右上方倾斜 B. 向右下方倾斜
   C. 是一条垂线 D. 是一条水平线

17. 总供给曲线表明了( )与产量的结合,即在某种价格水平时整个社会的厂商所愿意供给的产品总量。
   A. 价值 B. 劳动力
   C. 价格 D. 商品

18. ( )是经济社会的总产量(或总产出),它描述了经济社会的基本资源用于生产时可能有的产量。
   A. 总需求 B. 总供给
   C. 需求 D. 供给

19. 技术进步会引起 ( )
   A. 短期总供给曲线和长期总供给曲线都向右方移动
   B. 短期总供给曲线和长期总供给曲线都向左方移动
   C. 短期总供给曲线向右方移动,但长期总供给曲线不变
   D. 长期总供给曲线向右方移动,但短期总供给曲线不变

20. 根据西方学者解释,在短期内,例如,在几个月或在一两年内,企业所使用的生产要素的价格相对不变,因而总供给曲线向( )延伸。
   A. 水平方向 B. 左上方
   C. 右上方 D. 左下方

21. 总供给曲线可分为( )状态。
    A. 凯恩斯情形   B. 古典情形
    C. 常规情形   D. 以上三项均正确

22. 自然失业率的降低将引起   ( )
    A. 短期总供给曲线和长期总供给曲线都向右方移动
    B. 短期总供给曲线和长期总供给曲线都向左方移动
    C. 短期总供给曲线向右方移动,但长期总供给曲线不变
    D. 长期总供给曲线向右方移动,但短期总供给曲线不变

23. 由于生产要素投入的价格(或成本)的上升,使得企业在同等产量条件下,要求( )的物价水平,或者在同等价格水平下,被迫( )产量。
    A. 更高,增加   B. 更低,减少
    D. 更低,增加   D. 更高,减少

24. 下列说法不正确的是   ( )
    A. 宏观的总供给和总需求就是微观的供给需求的量的加总
    B. 总供给就是实际 GDP 的供给量
    C. 总需求是指个人、企业、政府和外国人计划购买的一国生产的产品和劳务的总量
    D. 总需求就是实际消费、投资、政府购买和净出口之和

25. 短期总供给反映了物价水平与实际国民生产总值供给量之间的关系,它的假设条件是
                                                                     ( )
    A. 生产要素(投入品)的价格不变   B. 生产要素的数量不变
    C. 政府的支出水平不变   D. 物价水平不变

26. 以下对投资支出的利率系数对总需求曲线(AD)斜率的影响说法正确的一项是   ( )
    A. 投资支出的利率系数越小,AD 曲线越平坦
    B. 投资支出的利率系数越大,AD 曲线越陡峭
    C. 投资支出的利率系数越小,AD 曲线越陡峭
    D. 以上均正确

27. 以下说法认为货币需求的变化对 AD 曲线斜率的影响正确的一项是   ( )
    A. 货币需求的收入系数较小时,AD 曲线较为平坦
    B. 货币需求的收入系数较大时,AD 曲线较为平坦
    C. 货币需求的收入系数较小时,AD 曲线较为陡峭
    D. 以上均正确

28. 边际消费倾向对 AD 曲线斜率的影响正确的一项是   ( )
    A. 边际消费倾向 b 越小,AD 曲线越平坦
    B. 边际消费倾向 b 越大,AD 曲线越陡峭

C. 边际消费倾向 b 越大，AD 曲线越平坦

D. 以上均正确

29. 凯恩斯主义的总供给曲线基于这一假设，即 （　　）

A. 货币工资刚性　　　　　　　　B. 货币工资

C. 货币政策　　　　　　　　　　D. 货币工资政策

30. 在古典供给条件下，总需求的上升只能引致（　　）的上涨。

A. 价格　　　　　　　　　　　　B. 价值

C. 厂商所提供的供给数量　　　　D. 以上均不正确

31. 总需求曲线可以由简单的（　　）决定模型导出。

A. 支出　　　　　　　　　　　　B. 总供给

C. 价值　　　　　　　　　　　　D. 收入

32. 常规形态的总供给曲线是向（　　）倾斜的，它表明随着价格的上升，厂商所提供的供给数量会不断（　　）。

A. 左上方，提高　　　　　　　　B. 左下方，降低

C. 右上方，提高　　　　　　　　D. 右下方，降低

33. 总需求曲线 AD 表示在各个价格水平上，消费和资本市场处于（　　）均衡时的产出水平。

A. 劳动力资本　　　　　　　　　B. 消费

C. 资本和消费　　　　　　　　　D. 资本

34. 古典总供给曲线是（　　）的，它表示的是（　　）条件下的总供给状态。

A. 垂直，部分就业　　　　　　　B. 向右倾斜，充分就业

C. 向左倾斜，充分就业　　　　　D. 垂直，充分就业

35. 水平区域的劳动供给曲线表示 （　　）

A. 工资不影响劳动供给　　　　　B. 工资对劳动供给影响很大

C. 劳动供给不影响工资　　　　　D. 以上均不正确

36. 总需求曲线向下倾斜的经济解释是，在名义货币供给量保持不变时，价格水平上升使实际货币供给量减少，从而使货币市场出现超额货币需求，从而使利率（　　），投资支出下降，进而导致总收入（　　）。

A. 降低，下降　　　　　　　　　B. 降低，提高

C. 提高，下降　　　　　　　　　D. 提高，提高

四、分析题

1. 为什么古典模型中存在"货币中性"性质？
2. 总供给曲线的理论来源是什么？
3. 总需求曲线的理论来源是什么？
4. 试比较 $IS-LM$ 模型与 $AD-AS$ 模型。

5. 为什么总供给曲线先向右上方倾斜后又垂直?
6. 简述总供给曲线可以被区分为哪三种类型?
7. 简述影响总需求曲线的主要因素。

五、论述题
1. 说明长期总供给曲线的推导过程。
2. 对微观经济学的供求模型和宏观经济学中的 $AD-AS$ 模型加以比较,说明二者的异同。
3. 用总需求曲线和总供给曲线的互动,说明宏观经济的萧条、高涨和滞胀的状态。
4. 总需求曲线为什么向右下方倾斜?
5. 为什么主流学派认为总供给-总需求分析可以用来解释萧条状态、繁荣状态和滞胀状态的短期收入和价格水平的决定,也可以用来解释充分就业状态的长期收入和价格水平的决定?
6. 试论述主流学派经济学家是怎样用总供求分析法说明经济的"滞胀"状态的?

【习题答案】
一、名词解释
1. 总需求:是指经济社会对物品和劳务的需求总量。在宏观经济学中,总需求是指整个社会的有效需求。总需求实际上就是经济社会的总支出,在封闭经济条件下,总需求由经济社会的消费需求、投资需求和政府需求构成,即
$$AD = C + I + G$$
2. 总供给:是指一个国家的总产出,它描述了经济社会的基本资源用于生产时可能有的产量。
3. 总供给曲线:是指在以价格为纵坐标、总产出(收入)为横坐标的坐标系中,总供给函数的几何表示。
4. 凯恩斯主义的总供给曲线:凯恩斯主义的总供给曲线基于"货币工资刚性"这一假设。其含义为:一是工人们会对货币工资的下降进行抵制,但欢迎货币工资的上升;另一方面,工人们有"货币幻觉",即只看到货币的票面值而不注意货币的实际购买力。
5. $AD-AS$ 模型:AD 是指总需求,AS 是指总供给。总需求 (AD) 曲线表明在产品市场和货币市场均衡时国民收入与价格之间关系的曲线。总供给 (AS) 曲线表明当劳动力市场均衡时,经济社会的总产出(总收入)与价格水平之间的关系。那么,可以通过总供给曲线和总需求曲线来说明当产品市场、货币市场和劳动力三个市场同时均衡时国民收入的决定。将三个市场结合起来,通过考察三个市场都达到均衡状态时,社会的总供给和总需求相等来说明均衡收入和价格水平的决定理论,被称为 $AD-AS$ 模型。

二、判断题
1~5. ×√×√×   6~10. √√×√×   11~15. √√√√√

三、选择题

1~5. CDDBB　6~10. BBCDB　11~15. DACDD　16~20. ACBAC
21~25. DADAA　26~30. CACAA　31~36. DCCDCC

四、分析题

1. 在古典总供给模型中,总供给曲线是垂直的,名义货币供给的变化会导致价格水平同比例变化。由于实际货币供给保持不变,利率和实际总产量保持不变,货币存量的变动只导致价格水平变化,从这个意义上讲,名义货币变化是中性的。

2. 总供给曲线描述国民收入与一般价格水平之间的依存关系。根据生产函数和劳动力市场的均衡可推导出总供给曲线。资本存量一定时,国民收入水平随就业量的增加而增加,就业量取决于劳动力市场的均衡。所以总供给曲线的理论来源于生产函数和劳动力市场均衡的理论。

3. 总需求是经济社会对产品和劳务的需求总量,这一需求总量通常以产出水平来表示。一个经济社会的总需求包括消费需求、投资需求、政府购买和国外需求。总需求量受多种因素的影响,其中价格水平是一个重要的因素。在宏观经济学中,为了说明价格水平对总需求量的影响,引入了总需求曲线的概念,即总需求量与价格水平之间关系的几何表示。在凯恩斯主义的总需求理论中,总需求曲线的理论来源主要由产品市场均衡理论和货币市场均衡理论来反映。

4. (1)两个模型的相同点:都能说明财政政策和货币政策对产出的影响,即说明总需求变动对产出的影响。

①在 IS-LM 模型中,扩张性的财政政策会使 IS 曲线向右上方移动,收入和利率同时上升;反之,紧缩性的财政政策效果则相反。同样,扩张性的货币政策会使 LM 曲线向右下方移动,利率下降,收入增加;反之,紧缩性的货币政策效果则相反。

②在 AD-AS 扩张性的财政政策或货币政策会使 AD 曲线向右上方移动,收入(或产量)和价格同时上升;反之,紧缩性的财政政策或货币政策会使 AD 曲线向左下方移动,收入(或产量)和价格同时下降。

(2)两个模型的不同点:AD-AS 模型还能说明总供给变动的情况。由于技术改进(或由于企业的设备投资增加)而造成的生产能力增大会使 AS 曲线向右移动,收入(或产量)增加而价格下降;反之由于从国外购买的投入品价格上涨会使 AS 曲线向左移动,收入(或产量)下降而价格上升。

5. 向右上方倾斜的是短期总供给曲线,垂直的是长期总供给曲线。短期总供给曲线向右上方倾斜,是因为黏性工资、粘性价格和错觉理论。

(1)黏性工资:名义工资的调整慢于劳动供求的变化。物价上升,实际工资减少,利润增加,就业增加,总供给增加。

(2)黏性价格:短期中价格的调整不能随着总需求的变动而迅速变化。由于企业调整价格存在菜单成本。物价上升时,企业产品的相对价格下降,销售增加,生产增加,总供给增加;反之,总供给减少。

(3)错觉理论:物价水平的变动,会使企业在短期内对其产品市场变动发生错误,做出错误的决策。当物价上升时,增加供给;反之,减少供给。

以上三个理论表明,短期总供给与物价水平同方向变动,即短期总供给曲线向右上方倾斜。

长期总供给曲线是一条垂直的直线。这是因为,在长期中,货币工资对价格有充分的时间进行反应,及工资和价格都具有灵活的伸缩性,使得工资处于劳动力市场均衡的水平。既然在劳动市场,在工资的灵活调整下,充分就业的状态总能被维持,因此,经济中的产量总是与劳动力充分就业下的产量即潜在产量相对应。即使价格水平再上升,产量也无法增加,因而长期总供给曲线是一条与价格水平无关的垂线。长期总供给曲线说明,在长期中,经济稳定在潜在的产出水平上,此时,价格变动对总供给量不会产生影响。

6.(1)总供给曲线可以被区分为古典、凯恩斯和常规这三种类型。

(2)总供给曲线的理论主要由总量生产函数和劳动力市场理论来反映。在劳动力市场理论中,经济学家对工资和价格的变化及调整速度的看法是有分歧的。

(3)古典总供给理论认为,劳动力市场的运行没有阻力,在工资和价格可以灵活变动的情况下,劳动力市场能够得以出清,这使经济的就业总能维持充分就业状态,从而在其他因素不变的情况下,经济的产量总能保持在充分就业的产量或潜在产量水平上。因此,在以价格为纵坐标、总产量为横坐标的坐标系中,古典总供给曲线是一条位于充分就业产量水平的垂直线。

(4)凯恩斯的总供给理论认为,在短期,一些价格是有黏性的,从而不能根据需求的变动而调整。由于工资和价格黏性,短期总供给曲线不是垂直的。凯恩斯总供给曲线在以价格为纵坐标、总产量为横坐标的坐标系中是一条水平线,表明经济中的厂商在现有价格水平上,愿意供给所需的任何数量的商品。作为凯恩斯总供给曲线基础的思想是,作为工资和价格黏性的结果,劳动力市场不能总维持在充分就业状态,由于存在失业,厂商可以在现行工资下获得所需的劳动,因而他们的平均生产成本被认为是不随产出水平变化而变化的。

(5)一些经济学家认为,古典的和凯恩斯的总供给曲线分别代表着关于劳动力市场的两种极端的说法。在现实中,工资和价格的调整经常介于两者之间。在这种情况下,在以价格为纵坐标、总产量为横坐标的坐标系中,总供给曲线是向右上方延伸的,这即为常规的总供给曲线。

总之,针对总量劳动市场关于工资和价格的不同假定,宏观经济学中存在着三种类型的总供给曲线。

7.(1)引起总需求增加的因素有以下几个:

①利率下降；
②预期的通货膨胀率上升；
③汇率下降；
④预期的未来利润增加；
⑤货币量增加；
⑥总财产增加；
⑦政府对物品与劳务的支出增加；
⑧税收减少或转移支付增加；
⑨国外收入增加；
⑩人口增加。

(2)引起总需求减少的因素有以下几个：
①利率上升；
②预期的通货膨胀率下降；
③汇率上升；
④预期的未来利润减少；
⑤货币量减少；
⑥总财产减少；
⑦政府对物品与劳务的支出减少；
⑧税收增加或转移支付减少；
⑨国外收入减少；
⑩人口减少。

五、论述题

1.(1)总供给是社会经济在每一价格水平上提供的商品和劳务的总量，是经济社会的基本资源用于生产时可能达到的总产量。

(2)一般价格水平影响总供给的过程可以表述如下：一般价格水平的变动影响实际工资变动，进而影响劳动需求和供给的数量变动，实际就业量因此而变动。其中，劳动供给是实际工资的增函数，劳动需求是实际工资的减函数。由于实际就业量的变动，最终影响总供给量变动。如果技术条件和其他条件不变，总供给是就业量的增函数。一般价格水平影响总供给的过程可以描述为

$$P \to \frac{W}{P} \to N \begin{cases} N_d = N_s \\ N_d = N_d(\frac{W}{P}) \\ N_s = N_s(\frac{W}{P}) \end{cases} \to Y \{ Y = f(N) \}$$

式中，N_d 为劳动需求，N_s 为劳动供给。

总供给曲线的推导是基于宏观生产函数、劳动市场均衡和货币工资曲线完成的。

(3) 垂直的长期总供给曲线根源是劳动市场完全竞争和货币工资完全伸缩性。

当劳动市场处于均衡就业量或充分就业量时，实际工资处于均衡实际工资水平，收入处于充分就业收入水平。

在名义工资既定的情况下，一般价格水平上升导致实际工资下降，引起劳动的需求数量大于劳动的供给数量。由于劳动市场的完全竞争性和货币工资的完全伸缩性，货币工资将上升，直至实际工资再度达到均衡实际工资时为止。由于实际工资不变，实际就业量也不变，从而收入不变(仍为充分就业收入)。

反之，在名义工资既定的情况下，一般价格水平下降导致实际工资上升。引起劳动的供给数量大于劳动的需求数量。由于劳动市场的完全竞争性和货币工资的完全伸缩性，货币工资将下降，直至实际工资再度达到均衡实际工资时为止。由于实际工资不变，实际就业量也不变，收入仍为充分就业收入。

可见，无论价格水平怎样变动，由于名义工资能够随着价格水平的变动作相应的变动，使实际工资始终处于均衡实际工资水平，从而实际就业量和实际收入始终没有变动。正是由于这个缘故，在任意价格水平上的总供给是既定的，总供给曲线对价格水平无弹性，是一条垂直于总收入轴的垂线。垂直的总供给曲线之所以叫做长期总供给曲线，是因为在长期，所有市场都是出清的，实际就业量一定等于均衡和充分就业量，从而收入一定等于充分就业收入。

(4) 垂直的总供给曲线表明，长期中的实际产量主要是由充分就业的生产要素决定的，而不由价格水平决定，价格与工资的调整总是以实现充分就业为基础相互协调进行的。

2. (1) 相同点：微观经济学中的供求模型和宏观经济学中的 $AD-AS$ 模型二者在"形式"上有一定的相似之处。微观经济学的供求模型主要说明单个商品的价格和数量的决定。宏观经济中的 $AD-AS$ 模型主要说明总体经济的价格水平和国民收入的决定。二者在图形上都用两条曲线来表示，在以价格为纵坐标、数量(产出)为横坐标的坐标系中，向右下方倾斜的为需求曲线，向右上方延伸的为供给曲线。

(2) 不同点：微观经济学中的供求模型和宏观经济学中的 $AD-AS$ 模型二者在内容上有很大的不同：

①两模型涉及的对象不同。微观经济学的供求模型描述的是微观领域的事物，而宏观经济学中的 $AD-AS$ 模型描述的是宏观经济领域的事物。

②各自的理论基础不同。微观经济学的供求模型中的需求曲线的理论基础是消费者行为理论，而供给曲线的理论基础主要是成本理论和市场理论，它们均属于微观经济学的内容。宏观经济学中的总需求曲线的理论基础主要是产品市场均衡理论和货币市场均衡理论，而总供给曲线的理论基础主要是劳动市场理论和总量生产函数，它们均属于宏观经济学的内容。

③各自的功能不同。微观经济学中的供求模型在说明商品价格和数量决定的同时，还可用

来说明需求曲线和供给曲线移动对价格和商品数量的影响,充其量这一模型只解释微观市场的一些现象和结果。宏观经济学中的 AD-AS 模型在说明价格和产出决定的同时,不仅可以用来解释宏观经济的波动现象,而且可以用来说明政府运用宏观经济政策干预经济的结果。

3. 宏观经济学在用总需求-总供给模型说明经济中的萧条、高涨和滞胀状态时,主要是通过说明短期的收入和价格水平的决定来完成的。短期的收入和价格水平的决定有两种情况。

第一种情况:AD 是总需求曲线,AS 是短期总供给曲线,总需求曲线和短期总供给曲线的交点 E 决定的产量或收入为 Y,价格水平为 P,二者都处于很低的水平,表示经济处于萧条状态,如图 7.6 所示。

第二种情况:当总需求增加,总需求曲线从 AD 向右移动到 AD' 时,短期总供给曲线 AS 和新的总需求曲线 AD' 的交点 E' 决定的产量或收入为 Y',价格水平为 P',二者都处于很高的水平,表示经济处于高涨阶段。现在假定短期总供给曲线由于供给冲击(如石油价格和工资提高)而向左移动,但总需求曲线不发生变化。如图 7.7,短期总供给曲线向左移动到 AS',总需求曲线和新的短期总供给曲线的交点 E' 决定的产量或收入为 Y',价格水平为 P',这个产量低于原来的产量,而价格水平却高于原来的价格水平,表示经济处于滞胀阶段,即经济停滞和通货膨胀结合一起的状态。

4. 总需求曲线向右下方倾斜的原因有四个:

(1)利率效应。价格水平上升时,实际货币供给下降,货币供给小于货币需求,导致利率上升,投资下降,总需求量减少。

(2)实际余额效应。价格总水平上升时,资产的实际价值下降,人们实际拥有的财富减少,人们的消费水平下降。

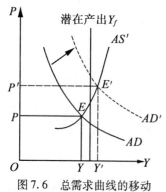

图 7.6 总需求曲线的移动

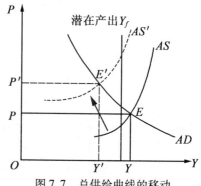

图 7.7 总供给曲线的移动

(3)税收效应。价格总水平上升时,人们的名义收入水平增加,会使人们进入更高的纳税等级,从而增加人们的税收负担,减少可支配收入,进而减少消费。

(4)净出口效应。国内物价水平上升,在汇率不变条件下,使进口商品的价格相对下降,出口商品的价格相对上升,导致本国居民增加对国外商品的购买,外国居民购买本国商品减少。因此,净出口减少。

5.(1)经济萧条与繁荣分析。

西方主流学派经济学家试图用总供给曲线和总需求曲线来解释宏观经济波动。他们把向右上方倾斜的总供给曲线称为短期总供给曲线,把垂直的总供给曲线称为长期总供给曲线。根据长期总供给曲线、短期总供给曲线以及其与总需求曲线的相互关系对经济波动做出如下的解释:

从短期总供给曲线不变,总需求曲线变动来看,总需求水平的高低决定了一国经济的萧条和繁荣状态下的均衡水平,如图7.8所示。

在图中,Y^* 为充分就业条件下的国民收入,在此点垂直的曲线 LAS 就是长期总供给曲线。SAS 为短期总供给曲线,AD 为总需求曲线。假设经济的初始均衡状态为点 E,即 AD 与 SAS 的交点,这时国民收入为 OY,价格水平为 OP,显而易见,国民收入 OY 小于充分就业的产量

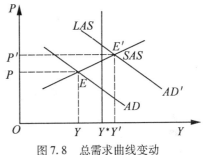

图7.8 总需求曲线变动

Y^*。这意味着国民经济处于萧条状态。但是,如果政府采取刺激总需求的财政政策,则 AD 曲线会向右方移动。在商品、货币和劳动市场经过一系列调整后,经济会移动到新的短期均衡点,比如随着 AD 曲线的右移会使 SAS、LAS、AD 三条曲线相交于同一点,即达到充分就业的均衡点。如果在政府采取扩张性宏观经济政策的同时,市场上另有强烈刺激总需求扩张的因素,则 AD 曲线有可能移动到充分就业,如图7.8所示,Y^* 的长期总供给曲线右方的某一点与 SAS 曲线相交于点 E',这时,均衡的国民收入为 OY,大于 OY^*。表示经济处于过热的繁荣状态。这说明引起国民经济由点 E 移动到 E';点的原因是需求的变动方面。这时市场价格上升到点 P',出现了通货膨胀与经济增长同时出现的状况。总之,经济的总需求的扩张可以使社会就业水平和总产出水平提高,但经济扩张一旦超过潜在的充分就业的国民收入时,则会产生经济过热和通货膨胀。

(2)经济滞胀分析。

下面考察总供给曲线变动,需求曲线不变条件下的市场价格和国民收入的变动。在短期内,如果 AD 不变,AS 曲线发生位移,则会产生市场价格与国民收入反方向的运动。如果 AS 的水平下降,市场价格会上升,而国民收入则下降,产生经济发展停滞和通货膨胀共生的"滞胀"现象,如图7.9所示。

图7.9中 LAS 为长期总供给曲线,AD 为总需求曲线,这两条曲线不发生位置的移动。但是,短期总供给曲线可

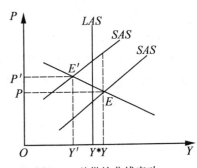

图7.9 总供给曲线变动

能由于投入的生产要素价格发生变动而发生位置的移动，例如，农业歉收、外汇市场的波动、石油价格的上涨等。

由于生产要素投入的价格（或成本）的上升，使得企业在同等产量条件下，要求更高的物价水平，或者在同等价格水平下，被迫减少产量。从而 SAS 曲线向左上方移到 SAS′，使原先超出潜在国民收入 OY^* 的产量 OY 减少至 OY′。均衡点由 E 移动至 E′，市场物价水平由 P 移动到 P′。结果是生产降到小于充分就业的水平，价格水平则提高到高于充分就业时的水平，出现"滞胀"。显然，由于影响宏观经济的某些外部因素的作用，使总供给状况恶化，使政府原先的宏观经济政策目标遭到破坏。

（3）长期均衡分析。上述的萧条状态、繁荣状态和滞胀状态都被认为是短期存在的状态。根据西方学者解释，在短期内，例如在几个月或在一两年内，企业所使用的生产要素的价格相对不变，因而总供给曲线向右上方延伸。在长期内，一切价格都能自由地涨落，经济具有达到充分就业的趋势，因而总供给曲线成为垂线。图 7.9 中 LAS 是长期总供给曲线，它和潜在产量线完全重合，当总需求曲线为 AD 时，总需求曲线和长期总供给曲线的交点 E 决定的产量为 Y，价格水平为 P。当总需求增加使总需求曲线从 AD 向上移动到 AD′时，总需求曲线和长期总供给曲线的交点 E 决定的产量为 Y，价格水平为 P，由于 $Y = Y' = Y^*$，所以在长期中总需求的增加只是提高了价格水平，而不会改变产量或收入。如图 7.10 所示。

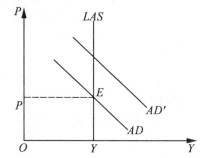

图 7.10 总需求的增加对价格、产量和收入的影响

综上所述，主流学派认为总供给－总需求分析可以用来解释萧条状态、繁荣状态和滞胀状态的短期收入和价格水平的决定，也可以用来解释充分就业状态的长期收入和价格水平的决定。

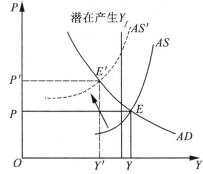

图 7.11 总供给曲线的移动

6. 主流经济学派认为，滞胀的形成是由于原材料价格上涨等对总供给的不利冲击。如图 7.11，假定短期总供给曲线由于供给冲击（如石油价格和工资提高）而急剧地向上移动到 AS′，但总需求曲线不发生变化。总需求曲线和新的短期总供给曲线的交点 E′决定的产量或收入为 Y′，价格水平为 P′。价格上升的同时，产出从 Y 下降到 Y′。经济就经历了双重的不良后果：低产出和高价格。物价上涨和失业率上升并存，表示经济处于滞胀阶段，即经济停滞和通货膨胀结合一起的状态。

以工资上涨为例，如果劳动供给是完全垄断的（即只有一个工会，所有工人都是工会会员），于是货币工资绝对向下刚性，在其他条件不变的情况下，工会要求更高的工资并且真正地实现了这一要求。在既定的价格水平上,货币工资的提高使实际工资提高,必将降低对劳动的需求,最终降低实际就业量和总供给量。在既定的价格水平上总供给量的减少意味着总供给曲线的左移。

第八章 Chapter 8

失业与通货膨胀

【考点归纳】
重点:失业的定义、类型及度量失业的方法,以及失业对经济的影响和失业的原因;通货膨胀的定义、分类和度量;掌握治理失业的政策措施;通货膨胀的成因理论和治理措施。难点:运用菲利普斯曲线说明通货膨胀和失业之间的关系。

【要点解读】

一. 失业

(一)失业的定义与失业率的测量

失业是指有劳动能力的人正在积极寻找工作却尚未找到的一种状态。

(二)失业的分类

(1)摩擦性失业。由于劳动力市场运行机制不完善或因为经济变动过程中的工作转换而产生的失业。

(2)季节性失业。某些行业中由于工作的季节性而产生的失业。

(3)周期性失业。在经济周期中的衰退或萧条阶段,因需求下降而产生的失业。

(4)需求不足型失业。由于经济的有效需求水平过低而不足以为每一个愿意按现行工资率就业的人提供就业机会而产生的失业。

(5)结构性失业。因经济结构变化、产业兴衰转移而造成的失业。

(6)自愿性失业和非自愿性失业。自愿性失业指工人所要求得到的实际工资超过了其边际生产率,或在现行的工作条件下能够就业,但不愿接受此工作条件而未被雇佣所造成的失业。与此对应的是非自愿性失业,指具有劳动能力并愿意按行业工资率就业,但由于有效需求不足而得不到工作造成的失业。

(三)失业的影响

(1)会带来产出的损失。

(2)会导致人力资源流失和劳动力资源浪费。

(3) 会使贫困加剧。
(4) 会导致分配不公。
(5) 会降低社会福利。

二、通货膨胀

(一) 通货膨胀的定义与通货膨胀的度量

1. 通货膨胀的定义

指在纸币流通条件下,因货币供给大于货币实际需求,也即现实购买力大于产出供给,导致货币贬值,而引起的一段时间内物价持续而普遍地上涨的现象。其实质是社会总需求大于社会总供给(供远小于求)。纸币、含金量低的铸币、信用货币,过度发行都会导致通胀。

2. 通货膨胀的度量

在宏观经济分析中,一般物价水平指的是各类商品和劳务的价格加总的平均数,用物价指数表示。物价指数就是衡量通货膨胀的指标。主要采取三个指数:消费物价指数(CPI)、批发物价指数(WPI)、生产者物价指数(PPI)。

(二) 通货膨胀的分类

1. 需求拉动型通货膨胀

总需求过度增长超过了现有价格水平下的商品总供给,引起了物价普遍上涨。总需求的过度增长表现为由于投资膨胀和消费膨胀所导致的持续的货币供应量超过社会商品可供量的增长,因而又称过量需求通货膨胀。

2. 成本推进型通货膨胀

由于成本上升所引起的物价普遍上涨。导致成本上升的因素一是物耗增多,二是工资的提高超过劳动生产率的增长。

3. 结构性通货膨胀

由于社会经济部门结构失衡而引起的物价普遍上涨。这种类型的通货膨胀一般在发展中国家较为突出。主要表现为三种情况:

(1) 国内某些部门,甚至某些大宗关键产品需求过多而供给不足,导致价格猛涨,并且只涨不跌,进而扩散到其他部门产品的价格,从而使一般物价水平持续上涨。

(2) 国内各部门劳动生产率发展不平衡,导致劳动生产率提高较快的部门货币工资增长后,其他部门的货币工资也会随之增长,引起价格上涨,从而使一般物价水平普遍上涨。

(3) 开放型经济部门的产品价格,受国际市场价格水平影响而趋于提高时,会波及到非开放型经济部门,从而导致一般物价水平的上涨。

4. 输入型通货膨胀

由于输入品价格上涨而引起国内物价的普遍上涨。这种类型一般出现在世界性通货膨胀的情况下,并通过国际贸易、跨国公司、开放型经济部门等途径在国际间传播。

5. 抑制性通货膨胀

在市场上存在着总供给小于总需求,或供求结构性失衡的情况下,国家通过控制物价和商品定额配给的办法,强制性地抑制价格总水平的稳定,这是一种实际上存在,但没有发生的通货膨胀现象。

(三)通货膨胀的原因

1. 需求拉动的通货膨胀

需求拉动的通货膨胀是指总需求过度增长所引起的通货膨胀,即"太多的货币追逐大小的货物",按照凯恩斯的解释,如果总需求上升到大于总供给的地步,此时,由于劳动和设备已经充分利用,因而要使产量再增加已经不可能,过度的需求是能引起物价水平的普遍上升。所以,任何总需求增加的任何因素都可以是造成需求拉动的通货膨胀的具体原因。

2. 成本推进的通货膨胀

成本或供给方面的原因形成的通货膨胀,即成本推进的通货膨胀又称为供给型通货膨胀,是由厂商生产成本增加而引起的一般价格总水平的上涨,造成成本向上移动的原因大致有:工资过度上涨;利润过度增加;进口商品价格上涨。

(1)工资推动通货膨胀是工资过度上涨所造成的成本增加而推动价格总水平上涨,工资是生产成本的主要部门。工资上涨使得生产成本增长,在既定的价格水平下,厂商愿意并且能够供给的数量减少,从而使得总供给曲线向左上方移动。在完全竞争的劳动市场上,工资率完全由劳动的供求均衡所决定,但是在现实经济中,劳动市场往往是不完全的,强大的工会组织的存在往往可以使得工资过度增加,如果工资增加超过了劳动生产率的提高,则提高工资就会导致成本增加,从而导致一般价格总水平上涨,而且这种通胀一旦开始,还会引起"工资-物价螺旋式上升",工资物价互相推动,形成严重的通货膨胀。工资的上升往往从个别部门开始,最后引起其他部分攀比。

(2)利润推进的通货膨胀是指厂商为谋求更大的利润导致的一般价格总水平的上涨,与工资推进的通货膨胀一样,具有市场支配力的垄断和寡头厂商也可以通过提高产量的价格而获得更高的利润,与完全竞争市场相比,不完全竞争市场上的厂商可以减少生产数量而提高价格,以便获得更多的利润,为此,厂商都试图成为垄断者。结果导致价格总水平上涨。一般认为,利润推进的通货膨胀比工资推进的通货膨胀要弱。原因在于,厂商由于面临着市场需求的制约,提高价格会受到自身要求最大利润的限制,而工会推进货币工资上涨则是越多越好。

(3)造成成本推进的通货膨胀的另一个重要原因是进口商品的价格上升,如果一个国家生产所需要的原材料主要依赖于进口,那么,进口商品的价格上升就会造成成本推进的通货膨胀,其形成的过程与工资推进的通货膨胀是一样的,如20世纪70年代的石油危机期间,石油价格急剧上涨,而以进口石油为原料的西方国家的生产成本也大幅度上升,从而引起通货膨胀。

3. 需求和成本混合推进的通货膨胀

在实际中,造成通货膨胀的原因并不是单一的,因各种原因同时推进的价格水平上涨,就是供求混合推进的通货膨胀。假设通货膨胀是由需求拉动开始的,即过度的需求增加导致价格总水平上涨,价格总水平的上涨又成为工资上涨的理由,工资上涨又形成成本推进的通货膨胀。

4. 预期和通货膨胀惯性

在实际中,一旦形成通货膨胀,便会持续一般时期,这种现象被称之为通货膨胀惯性,对通货膨胀惯性的一种解释是人们会对通货膨胀做出的相应预期。预期是人们对未来经济变量做出一种估计,预期往往会根据过去的通货膨胀的经验和对未来经济形势的判断,做出对未来通货膨胀走势的判断和估计,从而形成对通胀的预期。预期对人们经济行为有重要的影响,人们对通货膨胀的预期会导致通货膨胀具有惯性,如人们预期的通胀率为10%,在订立有关合同时,厂商会要求价格上涨10%,而工人与厂商签订合同中也会要求增加10%的工资,这样,在其他条件不变的情况下,每单位产品的成本会增加10%,从而通货膨胀率按10%持续下去,必然形成通货膨胀惯性。

(四)通货膨胀的影响

(1)通货膨胀的再分配效应。

(2)通货膨胀的资源配置效应。

(3)通货膨胀的产量效应。

(4)通货膨胀的非效率效应。

(5)对外贸易和国际收支效应。

三、失业与通货膨胀的关系

(一)菲利普斯曲线

菲利普斯曲线是表示失业与通货膨胀存在一种交替关系的曲线,通货膨胀率高时,失业率低;通货膨胀率低时,失业率高。菲利普斯曲线是用来表示失业与通货膨胀之间交替关系的曲线,由新西兰经济学家W·菲利普斯于1958年在《1861—1957年英国失业和货币工资变动率之间的关系》一文中最先提出。此后,经济学家对此进行了大量的理论解释,尤其是萨缪尔森和索洛将原来表示失业率与货币工资率之间交替关系的菲利普斯曲线发展成为用来表示失业率与通货膨胀率之间交替关系的曲线。

(二)菲利普斯曲线的解释及其发展

菲利普斯曲线提出了如下几个重要的观点:

(1)通货膨胀是由工资成本推动所引起的,这就是成本推动通货膨胀理论。正是根据这一理论,把货币工资增长率同通货膨胀率联系了起来。

(2)失业率和通货膨胀存在着交替的关系,它们是可能并存的,这是对凯恩斯观点的否定。

(3)当失业率为自然失业率(u)时通货膨胀率为0。因此可以把自然失业率定义为通货膨胀为0时的失业率。

(4)由于失业率和通货膨胀率之间存在着交替关系,因此可以运用扩张性的宏观经济政策,用较高的通货膨胀率来换取较低的失业率,也可以运用紧缩性的宏观经济政策,以较高的失业率来换取较低的通货膨胀率。这就为宏观经济政策的选择提供了理论依据。

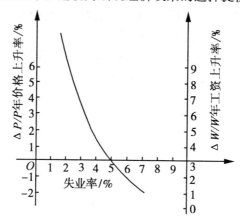

图8.1 菲利普斯曲线

【习题精编】

一、名词解释

1. 自然失业率　　2. 奥肯定律　　3. 短期菲利普斯曲线　　4. 失业
5. 通化膨胀　　6. 结构性失业　　7. 成本推进型通货膨胀

二、判断题

1. 通货膨胀意味着高物价。（　）
2. 所有的通货膨胀都伴随着物价的上涨。（　）
3. 价格指数是一个时期普遍价格的加权平均数,它用基期价格的百分比来表示。（　）
4. 通货膨胀率测定的是消费品价格指数变化的百分数。（　）
5. 当经济发生通货膨胀时,消费者与生产者均受其害。（　）
6. 通货膨胀发生时,工薪收入者、退休金收入者、债权人成为受害人。（　）
7. 温和的通货膨胀对经济总会有刺激作用。（　）
8. 需求拉上型通货膨胀是从买方的过度需求角度来解释通货膨胀。（　）
9. 菲利普斯认为在失业与通货膨胀之间存在一种替代关系。（　）
10. 如果工资的增长率为每年6%,则价格的上涨至少会超过年增长6%的幅度。（　）
11. 假如货币供给量不变,通货膨胀不可能长久地持续下去。（　）
12. 经济的衰退是降低通货膨胀的必要条件。（　）

13. 消费物价指数、批发物价指数和国民生产总值折算价格指数的变化方向和变化幅度是一致的。（ ）
14. 通货膨胀依靠提高生活费用来降低公众的生活水平。（ ）
15. 充分就业意味着失业率为零。（ ）
16. 因不满工资待遇而不愿就业者为自愿失业者。（ ）
17. 只要存在失业工人,就不可能有工作空位。（ ）
18. 隐蔽性的通货膨胀情况下,如果取消价格管制,物价就会急剧上升。（ ）
19. 货币政策和财政政策对治理成本推动通货膨胀作用不大。（ ）
20. 自然失业率是最优失业率。（ ）
21. 通货膨胀的预期会加剧实际的通货膨胀。（ ）
22. 只要实际通货膨胀与预期的通货膨胀不一致,债权人与工人就会受损失。（ ）
23. 如果通货膨胀率上升,但名义利率仍然不变,那么实际利率就下降。（ ）
24. 费里德曼根据预期来分析菲利普斯曲线,认为失业率与通货膨胀的交替关系在短期是存在的。（ ）
25. 由扩张性的货币政策所引起的通货膨胀被称之为成本推动的通货膨胀。（ ）
26. 如果通货膨胀超过预期的水平,在有货币工资合约的条件下,实际工资率就会上升。（ ）
27. 如果对总需求增加的预期是正确的,就不会发生通货膨胀。（ ）
28. 理性预期学派认为,无论在短期还是长期中,菲利浦斯曲线所表示的失业率与通货膨胀的交替关系都不存在。（ ）
29. 严重的通货膨胀是由快速的货币增加所引起的。（ ）
30. 无论什么人,只要没有找到工作就属于失业。（ ）
31. 充分就业与任何失业的存在都是矛盾的,因此,只要经济中有一个失业者存在,就不能说实现了充分就业。（ ）
32. 在一个国家里,自然失业率是一个固定不变的数。（ ）
33. 新加入劳动力队伍,正在寻找工作而造成的失业属于摩擦性失业。（ ）
34. 周期性失业就是总需求不足所引起的失业。（ ）
35. 经济学家认为,引起工资推动的通货膨胀和利润推动的通货膨胀的根源都在于经济中的垄断。（ ）
36. 如果通货膨胀率相当稳定,而且人们可以完全预期,那么通货膨胀对经济的影响就很小。（ ）

三、单项选择题
1. 如果导致通货膨胀的原因是"货币过多而商品过少",则此时的通货膨胀是 （ ）
   A. 结构型的   B. 需求拉上型的
   C. 成本推动型的   D. 混合型的

2. 面对通货膨胀,消费者的合理行为应该是 (　　)
   A. 保持原有的消费、储蓄比例
   B. 减少消费,扩大储蓄比例
   C. 增加消费,减少储蓄比例
   D. 只购买生活必需品,不再购买耐用消费品
3. 如果经济已形成通货膨胀压力,但因价格管制没有物价的上涨,则此时经济 (　　)
   A. 不存在通货膨胀　　　　　　　B. 存在抑制性的通货膨胀
   C. 存在恶性的通货膨胀　　　　　D. 存在温和的通货膨胀
4. 某一经济在3年中,货币增长速度为8%,而实际国民收入增长速度为10%,货币流通速度不变,这3年期间价格水平将 (　　)
   A. 上升　　　　B. 下降　　　　C. 不变　　　　D. 上下波动
5. 在充分就业的情况下,(　　)最可能导致通货膨胀。
   A. 出口减少　　　　　　　　　　B. 进口增加
   C. 工资不变但劳动生产率提高　　D. 税收不变但政府支出扩大
6. 通货膨胀对收入和财富进行再分配的影响是指 (　　)
   A. 造成收入结构的变化　　　　　B. 使收入普遍上升
   C. 使债权人收入上升　　　　　　D. 使收入普遍下降
7. 菲利普斯曲线说明 (　　)
   A. 通货膨胀由过度需求引起
   B. 通货膨胀导致失业
   C. 通货膨胀与失业率之间呈正相关
   D. 通货膨胀与失业率之间呈负相关
8. 收入政策主要是用来对付 (　　)
   A. 需求拉上型通货膨胀　　　　　B. 成本推动型通货膨胀
   C. 结构型通货膨胀　　　　　　　D. 以上各类型
9. 通货膨胀会 (　　)
   A. 使国民收入上升
   B. 使国民收入下降
   C. 与国民收入没有必然联系
   D. 经济处于潜在的产出水平时,会促进国民收入的增长
10. (　　)两种情况不会同时产生。
    A. 结构性失业和成本推动通货膨胀
    B. 结构性失业和结构型通货膨胀
    C. 摩擦性失业和需求拉上型通货膨胀

D. 需求不足的失业和需求拉上型通货膨胀

11. 假定充分就业的国民收入为1 000亿美元,实际的国民收入为950亿美元,增加20亿美元的投资($MPC=0.8$),经济将发生 （　）
   A. 成本推动型通货膨胀　　　　B. 达到充分就业状况
   C. 需求不足的失业　　　　　　D. 需求拉上型通货膨胀

12. 假定上题中实际的国民收入为900亿美元,$MPC=0.75$,增加20亿美元的投资,经济又将发生 （　）
   A. 成本推动型通货膨胀　　　　B. 达到充分就业状况
   C. 需求不足的失业　　　　　　D. 需求拉上型通货膨胀

13. 由于经济萧条而形成的失业属于 （　）
   A. 永久性失业　　　　　　　　B. 摩擦性失业
   C. 周期性失业　　　　　　　　D. 结构性失业

14. "滞胀"理论不符合（　）的观点。
   A. 供应学派　　　　　　　　　B. 货币主义
   C. 理论预期学派　　　　　　　D. 凯恩斯主义

15. 如果实际通货膨胀率低于预期的水平,则 （　）
   A. 债务人和债权人都受损
   B. 债务人和债权人都受益
   C. 债务人受损,债权人受益
   D. 债权人受损,债务人受益

16. 通货膨胀的主要负效应为 （　）
   A. 收入再分配　　　　　　　　B. 破坏效率标准
   C. 政治动荡　　　　　　　　　D. A+B+C

17. 正确地预期到货币供给增长率增加,将引起 （　）
   A. 名义利率下降,实际利率下降
   B. 名义利率下降,实际利率不变
   C. 名义利率上升,实际利率上升
   D. 名义利率上升,实际利率不变

18. 认为菲利普斯曲线所表示的失业与通货膨胀的关系只在短期存在的根据是 （　）
   A. 完全预期　　　　　　　　　B. 静态预期
   C. 适应性预期　　　　　　　　D. 理性预期

19. （　）会增加失业。
   A. 退休工人的数量增加
   B. 退休劳动力队伍的人数增加

C. 离开学校找工作的人数增加

D. 离开工作上学的人数增加

20. 失业率的计算是用 ( )

   A. 失业工人的数量除以工人的数量

   B. 劳动力总量除以失业工人的数量

   C. 失业工人的数量除以劳动力的总量

   D. 就业工人的数量除以失业工人的数量

21. 通货膨胀是 ( )

   A. 货币发行量过多而引起的一般物价水平普遍持续上涨

   B. 货币发行量超过流通中的黄金量

   C. 货币发行量超过流通中商品的价值量

   D. 以上都不是

22. 货币数量论认为 ( )

   A. 实际产出变动与通货膨胀率变动存在一一对应关系

   B. 名义 GDP 变动与通货膨胀率变动存在一一对应关系

   C. 货币增长率变动与通货膨胀率变动之间存在一一对应的关系

   D. 以上都不对

23. 费雪效应告诉我们 ( )

   A. 实际利率等于名义利率加上通货膨胀率

   B. 通货膨胀率与名义利率存在一一对应关系

   C. 货币增长率提高1%,通货膨胀率下降1%

   D. 以上都不对

24. 以下不属于预期通货膨胀的成本的是 ( )

   A. 皮鞋成本　　　　　　　　　B. 菜单成本

   C. 任意再分配社会财富　　　　D. 税收和相对价格扭曲

25. 根据古典二分法,以下变量中哪个属于名义变量 ( )

   A. 资本存量　　B. 实际利率　　C. 实际 GDP　　D. 通货膨胀率

26. 由于经济萧条而形成的失业属于 ( )

   A. 摩擦性失业　　　　　　　　B. 结构性失业

   C. 周期性失业　　　　　　　　D. 永久性失业

27. 某人因为纺织行业不景气而失业,属于 ( )

   A. 摩擦性失业　　　　　　　　B. 结构性失业

   C. 周期性失业　　　　　　　　D. 永久性失业

28. 某人由于工作转换而失去工作,属于 ( )

A. 摩擦性失业	B. 结构性失业	
C. 周期性失业	D. 永久性失业	

29. 某人由于不愿接受现行的工资水平而造成的失业,称为 （　　）
    A. 摩擦性失业　　　　　　　　B. 结构性失业
    C. 自愿失业　　　　　　　　　D. 非自愿失业

30. 下面关于自然失业率的说法中正确的是 （　　）
    A. 自然失业率是是历史上最低限度水平的失业率
    B. 自然失业率恒定不变
    C. 自然失业率与经济效率之间存在着密切的关系
    D. 自然失业率包括摩擦性失业

31. 年通货膨胀率在10%以内的通货膨胀称为 （　　）
    A. 温和的通货膨胀　　　　　　B. 奔腾的通货膨胀
    C. 超级通货膨胀　　　　　　　D. 以上都不对

32. 以下(　　)情况不能同时发生。
    A. 结构性失业和成本推进的通货膨胀
    B. 需求不足失业和需求拉上的通货膨胀
    C. 摩擦性失业和需求拉上的通货膨胀
    D. 失业和通货膨胀

33. 根据古典理论,通货膨胀主要是 （　　）
    A. 总需求超过总供给的结果
    B. 经济周期的结果
    C. 流通中的货币量过多的结果
    D. 工会过高的工资要求和管理价格的结果

34. 根据凯恩斯的观点,通货膨胀是 （　　）
    A. 流通中的货币量过多的结果
    B. 实现充分就业后,物价水平的上升
    C. 未实现充分就业时,产出水平和物价水平的同时上升
    D. 以上说法都不正确

35. 根据菲利普斯曲线,失业率与 （　　）
    A. 收入水平之间同方向变动
    B. 货币工资变化率之间同方向变化
    C. 收入水平之间反方向变化
    D. 货币工资变化率之间反方向变化

36. 垄断企业和寡头企业利用市场势力谋取过高利润所导致的通货膨胀,属于 （　　）

A. 成本拉动通货膨胀 　　　　　　　B. 结构性通货膨胀
C. 需求拉动通货膨胀 　　　　　　　D. 以上都不对

37. 已知充分就业的国民收入是 20 000 亿元,实际国民收入是 19 800 亿元,边际消费倾向是 80%,在增加 200 亿元的投资后,将发生　　　　　　　　　　　　　　　(　　)
    A. 需求不足的通货膨胀 　　　　　B. 结构性通货膨胀
    C. 成本推进的通货膨胀 　　　　　D. 需求拉上的通货膨胀

38. 抑制需求拉上的通货膨胀,应该　　　　　　　　　　　　　　　　　　　(　　)
    A. 降低工资 　　　　　　　　　　B. 减税
    C. 控制货币供给量 　　　　　　　D. 解除托拉斯组织

39. 应付需求拉上的通货膨胀的方法是　　　　　　　　　　　　　　　　　(　　)
    A. 收入政策 　　　　　　　　　　B. 紧缩的财政政策
    C. 扩张的财政政策 　　　　　　　D. 以上都不正确

40. 收入政策主要是用来对付　　　　　　　　　　　　　　　　　　　　　(　　)
    A. 需求拉上的通货膨胀 　　　　　B. 成本推进的通货膨胀
    C. 需求结构性通货膨胀 　　　　　D. 成本结构性通货膨胀

41. 一国在 3 年内把通货膨胀率从 10% 降至 4%,其代价是第一年产量水平低于潜在水平 10%,第二年低于 8%,第三年低于 6%,则牺牲率(作为反通货膨胀政策结果的)为
    　　　　　　　　　　　　　　　　　　　　　　　　　　　　　　　　　(　　)
    A. 2.4 　　　　B. 5 　　　　C. 4 　　　　D. 6

42. 长期菲利普斯曲线说明　　　　　　　　　　　　　　　　　　　　　　(　　)
    A. 通货膨胀和失业之间不存在相互替代关系
    B. 传统的菲利普斯曲线仍然有效
    C. 在价格很高的情况下通货膨胀与失业之间仍有替代关系
    D. 曲线离原点越来越远

四、计算题

1. 已知劳动需求函数 $Nd = 20 - 0.5(W/P)$,劳动供给函数 $Ns = 0.5(W/P)$,寻找工作的人数供给 $Js = 0.2(W/P)$,试求:
   (1) 均衡的 W/P。
   (2) 均衡就业水平。
   (3) 寻找工作人数。
   (4) 失业人数。
   (5) 劳动力总人数。

2. 下表是一个预期物价水平为 80 的经济中最初的总需求和短期总供给表。

物价水平 （GNP 折算指数）	实际的 GNP 的需求量/亿元	实际的 GNP 的供给量/亿元
60	6 000	4 000
80	5 000	5 000
100	4 000	6 000
120	3 000	7 000
140	2 000	7 000

（1）充分就业的实际国民生产总值是多少？
（2）实现了的实际国民生产总值与实际物价水平是多少？

五、简答题
1. 什么是自然失业率？哪些因素影响自然失业率的高低？
2. 降低失业率的政策。
3. 请解释一下通货膨胀是怎样实现财富再分配的？
4. 通货膨胀对经济有何影响？
5. 谁支付通货膨胀税？
6. 如果通货膨胀从 6% 上升到 8%，根据费雪效应实际和名义利率会发生什么变动？
7. 列出你可以想到的所有通货膨胀成本，并根据你对他们的重要程度的认识排序。

七、论述题
1. 什么是短期和长期的菲利普斯曲线？并简要说明二者的关系。
2. 通货膨胀的经济效应有哪些？
3. 通货膨胀(Inflation)、通货收缩(Disinflation)、通货紧缩(Deflation)和滞胀(Stagflation)，这几个概念有何区别？
4. 在各种失业种类中，哪些失业是可以消除的？哪些是无法消除的？
5. 简述形成通货膨胀的原因？

【习题答案】

一、名词解释
　　1. 自然失业率：是指充分就业时的失业率，即摩擦性失业率与结构性失业率之和。
　　2. 奥肯定律：实际 GDP 相对潜在 GDP 每下降 2%，失业率就上升 1%；反之，实际 GDP 增加 2%，失业率就下降 1%。
　　3. 短期菲利普斯曲线：是指预期通货膨胀率保持不变时，表示通货膨胀率与失业率之间替代关系的曲线。
　　4. 失业：在一定的年龄范围内，有劳动能力并在积极寻找工作，但尚未找到的状态。
　　5. 通货膨胀：纸币发行量超过了流通中所需的数量，货币就会贬值，这就是通货膨胀。在宏观经济学中,通货膨胀主要是指价格和工资的普遍上涨。

6. 结构性失业:是指由于国民经济比例失调造成供求关系失调,从而引起物价的全面上涨。

7. 成本推进型通货膨胀:是指在没有超额需求情况下由于供给方面成本提高所引起的一半价格水平持续和显著的上涨。

二、判断题

1~5. ××√×× 　6~10. √×√√× 　11~15. √√×√×

16~20. √×√√× 　21~25. √×√√× 　26~30. ×√√√×

31~36. ××√×√√

三、单项选择题

1~5. BCBBD 　6~10. ADBCD 　11~15. DCCDC

16~20. DDCCC 　21~25. ACBCD 　26~30. CBACD

31~35. ABCBD 　36~40 ADCBB 　41~42. CA

四、计算题

1. (1) 均衡的 $W/P = 20$。

(2) 均衡就业水平 $N = 20 - 0.5 \times 20 = 10$。

(3) $Js = 0.2 \times 20 = 4$。

(4) 失业人数 $J = 4$。

(5) 劳动力总人数 $= 10 + 4 = 14$。

2. (1) 充分就业的实际国民生产总值,就是预期的物价水平等于实际的物价水平时的实际国民生产总值供给量。此题预期的物价水平为80,所以其充分就业的实际国民生产总值为5 000亿元。

(2) 实现的国民生产总值是5 000亿元,物价水平是80。

五、简答题

1. 自然失业率就是指在没有货币因素干扰的情况下,劳动力市场和商品市场自发供求力量发挥作用时应有的处于均衡状态的失业率,也就是充分就业情况下的失业率。通常包括摩擦性失业和结构性失业。生产力的发展、技术进步以及制度因素是决定自然失业率及引起自然失业率提高的重要因素。具体包括:

(1) 劳动者结构的变化。一般来说,青年与妇女的失业率高,而这些人在劳动总数中所占比重的上升会导致自然失业率上升。

(2) 政府政策的影响。如失业救济制度,一些人宁可失业也不从事工资低、条件差的职业,这就增加了自然失业中的"寻业的失业";最低工资法使企业尽量少雇佣人,尤其是技术水平差的人,同时也加强了用机器取代工人的趋势。

(3)技术进步因素。随着新技术、新设备的使用,劳动生产率不断提高,资本的技术构成不断提高,必然要减少对劳动力的需求,出现较多失业。同时,技术进步使一些文化技术水平低的工人不能适应新的工作而被淘汰出来。

(4)劳动市场的组织状况,如劳动信息的完整与迅速性,职业介绍与指导的完善与否,都会影响自然失业率的变化。

(5)劳动市场或行业差别性的增大会提高自然失业率。厂商、行业和地区会兴起和衰落,而劳动者和厂商需要时间来与之适应和配合。这些无疑会引起劳动者的大量流动,增加结构性失业。

2.(1)保持经济稳定增长。

(2)控制人口增长。

(3)人力投资。

(4)加强就业服务。

(5)反对就业歧视。

3.非预期通膨胀把财富从债权人手里再分配给债务人。借债人和机构(如政府)可以用实际价值较低的美元偿还债务,另外,拥有储蓄的人因为通货膨胀变穷了,随着物价上涨,储蓄的购买力在下降。恶性的通货膨胀会使公民的大量储蓄化为乌有。

4.(1)通货膨胀会损害经济效率,因为它使得价格信号变得混乱。

(2)通货膨胀会引起货币使用的混乱。

(3)通货膨胀还会对整个经济的运行产生影响。低通货膨胀国家的经济增长速度较快,而高通货膨胀的国家经济增长速度较慢。

5.通货膨胀税由货币持有者支付。因为,如果现在存在通货膨胀,那么意味着如果持有货币,这些货币将比以前不值钱,即相同的货币量购买的实际物体少了。这部分购买力就被通货膨胀剥夺了。

6.费雪效应表达式: $i = r + \pi$,实际利率 r 不变,但是名义利率将随着通货膨胀上升而上升。

7.通货膨胀可能存在的社会成本有:皮鞋成本、菜单成本、相对价格变动成本、税收成本、普遍不方便的成本,还有未预期的通货膨胀带来的任意再分配社会财富的成本。作为学生,可能最多的还是皮鞋成本。另外最大的是因为支付了通货膨胀税。

七、论述题

1.菲利普斯曲线,由英国经济学家菲利普斯最先提出,表示通货膨胀与失业率之间存在着稳定的替代关系。20世纪60年代以后,经济学家提出了短期和长期的菲利普斯曲线。短期内菲利普斯曲线是稳定的,但长期内菲利普斯曲线不存在。这是因为根据菲利普斯曲线,较高的通货膨胀率最终会导致更高的通货膨胀预期,使得菲利普斯曲线向右上方移动,因而不可能形成长期的通货膨胀与失业率的替代。

货币主义者认为,在工资谈判中,工人们关心的是实际工资而不是货币工资。在短期,当通货膨胀率不太高,工人还没有形成新的通货膨胀预期的时候,失业与通货膨胀之间存在的替代关系就被称为短期的菲利普斯曲线。随着时间的推移,工人们发现他们的实际工资随物价的上涨而下降,就会要求雇主相应地增加货币工资,以补偿通货膨胀给自己造成的损失。由于工人不断地形成新的通货膨胀预期,使换取一定失业率的通货膨胀率越来越高,一条条菲利普斯曲线不断向右上方移动,最终演变成为一条垂直的菲利普斯曲线,这就是长期的菲利普斯曲线。长期的菲利普斯曲线是由短期的菲利普斯曲线不断运动形成的。

2. 通货膨胀的经济效应主要包括再分配效应和产出效应。

(1) 通货膨胀的再分配效应表现为:

①通货膨胀不利于靠固定的货币收入维持生活的人。对于固定收入阶层来说,其收入是固定的货币数额,落后于上升的物价水平。其实际收入因通货膨胀而减少,他们持有的每一单位收入的购买力将随价格水平的上升而下降。相反,那些靠变动收入维持生活的人则会从通货膨胀中得益。例如,那些从利润中得到收入的企业主也能从通货膨胀中获利,如果其产品价格比资源价格上升的快得话,则企业的收入将比它的产品的成本增加得快。

②通货膨胀可以在债务人和债权人之间发生收入再分配的作用。一般地,通货膨胀靠牺牲债权人的利益而使债务人获利。

③通货膨胀对储蓄者不利。同样,像保险金、养老金以及其他固定价值的证券财产等,它们本来是作为未雨绸缪和蓄资防老,在通货膨胀中,其实际价值也会下降。

④由于居民往往同时是收入获得者、金融证券的持有者和实际财产(不动产)的所有者,因而通货膨胀对他们的影响可以相互抵消。另外通货膨胀的再分配效应是自发的,它本身并未存心从税收中拿点收入给其他人。

(2) 通货膨胀对产出的影响可以通过各种情况来说明,这里只说明两种主要的情况。

①随着通货膨胀出现,产出增加。这就是需求拉动的通货膨胀的刺激,促进了产出水平的提高。许多经济学家长期以来坚持这样的看法,即认为温和的或爬行的需求拉动通货膨胀对产出和就业将有扩大的效应。假设总需求增加,经济复苏,造成一定程度的需求拉动的通货膨胀。在这种条件下,产品的价格会跑到工资和其他资源的前面,由此扩大了企业的利润。利润的增加就会刺激企业扩大生产,从而产生减少失业,增加国民产出的效果。这种情况意味着通货膨胀的再分配后果会由于更多的就业、增加产出所获得的收益所抵消。例如,对于一个失业工人来说,如果他唯有在通货膨胀条件之下才能得到就业机会,显然,他就受益于通货膨胀。

②成本推动通货膨胀引致失业。这里讲的是通货膨胀引起的产出和就业的下降。假定在原总需求水平下,经济实现了充分就业和物价稳定。如果发生成本推动通货膨胀,则原来总需求所能购买的实际产品的数量将会减少。也就是说,当成本推动的压力抬高物价水平时,既定的总需求只能在市场上支持一个较少的实际产出。所以,实际产出会下降,失业会上

升。

3.(1)通货膨胀。最初指因纸币发行量超过商品流通中的实际需要量而引起的货币贬值现象。纸币流通规律表明,纸币发行量不能超过它象征地代表的金银货币量,一旦超过了这个量,纸币就会贬值,物价就要上涨,从而出现通货膨胀。通货膨胀只有在纸币流通的条件下才会出现,在金银货币流通的条件下不会出现此种现象。因为金银货币本身具有价值,作为贮藏手段的职能,可自发地调节流通中的货币量,使它同商品流通所需要的货币量相适应。而在纸币流通的条件下,因为纸币本身不具有价值,它只是代表金银货币的符号,不能作为贮藏手段,因此,纸币的发行量若超过了商品流通所需要的数量,此时,流通中的纸币量比流通中所需要的金银货币量增加了,货币就会贬值,这就是通货膨胀。在宏观经济学中,通货膨胀主要是指价格和工资的普遍上涨。

(2)通货收缩。在宏观经济的实际运行中,如果总需求大于总供给,表现为物价上升;如果总需求小于总供给,表现为物价下降;如果总供求大体平衡,则物价将大体稳定。在经济学中,持续的物价下跌即是指通货收缩。

(3)通货紧缩。通货紧缩是指在经济均衡的状况下,由于企业债务负担加重、货币供给锐减或银行信贷收缩等原因造成投资需求突然下降或泡沫破灭,居民财富萎缩造成消费需求突然剧减等原因使总需求下降,出现供给大于需求,于是物价下降。

(4)滞胀又称为萧条膨胀或膨胀衰退。指在经济生活中出现了生产停滞、失业增加和物价水平居高不下同时存在的现象,它是通货膨胀长期发展的结果。长期以来,资本主义国家经济一般表现为:物价上涨时期经济繁荣,失业率较低或下降,而经济衰退或萧条时期的特点则是物价下跌。西方经济学家据此认为,失业和通货膨胀不可能呈同向发生。但是,自20世纪60年代末70年代初以来,西方各主要资本主义国家出现了经济停滞或衰退、大量失业和严重通货膨胀以及物价持续上涨同时发生的情况。西方经济学家把这种经济现象称为滞胀。以弗里德曼为代表的货币主义者直接批判凯恩斯主义的通货膨胀政策,认为滞胀是长期实施通货膨胀的必然结果,以增加有效需求的办法来刺激经济,其实质是过度发行货币。经济中的自然失业率是无法通过货币发行来消除的。

(5)通货膨胀、通货收缩和通货紧缩的区别在于:通货膨胀是一般价格水平在某一时期的持续上涨。通货收缩指消除或减少通货膨胀的过程。通货紧缩指价格水平在一定时期内的持续下降。当高通货膨胀与高失业率并存时,经济即陷入滞胀。

4.对于由摩擦性失业和结构性失业所构成的自然失业只能尽力降低其失业程度,不能完全消除,因为摩擦性失业产生的主要原因是劳动力市场的不断变化及信息的不完备性,在这两个条件约束下,劳动力流动需要一个过程,因而摩擦性失业不可避免。

结构性失业产生于经济结构的变化,而这种结构的变化是在经济增长过程中必然发生的,从衰落行业中游离出来的劳动者一时适应不了新兴行业的就业要求时,就会发生结构性失业。因此,摩擦性失业和结构性失业是无法消除的。而另一些失业,如需求不足型失业是有效需求不足引起的。对于这种失业,按照凯恩斯的看法,通过国家干预刺激有效需求,是可以消除的。

5.(1)作为货币现象的通货膨胀,每一次通货膨胀背后都有货币供给的迅速增长。

(2)需求拉动型通货膨胀。是指总需求超过总供给所引起的一般价格水平的持续显著上涨。引起需求扩大的因素有两大类:一类是消费需求、投资需求的扩大,政府支出的增加,减税、净出口增加等,都会导致总需求的增加,从而形成需求拉动通货膨胀。另一类是货币因素,即货币供给量的增加或实际货币需求量的减少,主要由财政政策、货币政策、消费习惯的改变等因素引起,导致总需求增加。

(3)成本推动型通货膨胀。是指在没有过度需求的情况下,由于供给方面成本的提高所引起的一般价格水平持续和显著地上涨。成本推动型通货膨胀又可以分为工资推动通货膨胀和利润推动通货膨胀。工资推动通货膨胀指不完全竞争的劳动市场造成的过高工资所导致的一般价格水平的上涨。利润推动通货膨胀是指具有垄断地位的企业利用市场势力谋取过高利润所导致的一般价格水平的上涨。不完全竞争的产品市场是利润推动通货膨胀的前提。垄断企业利用垄断地位通过利润加成获得高额垄断利润,因而造成产品价格上涨。

(4)结构性通货膨胀。是指由于经济结构因素的变动,出现一般价格水平的持续上涨。它是从分析经济结构的变动来分析通货膨胀原因的。

(5)通货膨胀的持续。通货膨胀不是价格水平的一次性改变,而是价格水平的持续上升。在大多数情况下通货膨胀似乎有一种惯性,被称为通货膨胀螺旋。

Chapter 9

宏观经济周期与经济增长

【考点归纳】

重点:经济增长的含义、特征以及分类,经济周期的产生,经济增长的含义、特征及经济增长的源泉。

难点:乘数-加速数模型。

【要点解读】

一、经济增长的定义与特征

(一)经济周期的定义

在经济学中,经济周期(business cycle)指的是总体经济运行中不规则的经济扩张与经济紧缩交替更迭反复出现的波动现象。对于经济周期的定义,经济学家有不同的解释。一些经济学家将经济周期的定义建立在实际产出 GDP 或总产量的绝对量的变动基础上,认为经济周期是指实际产出 GDP 上升和下降的交替过程。另一些经济学家则将经济周期的定义建立在经济增长率变化的基础上,认为经济周期是指经济增长率上升和下降的交替过程。根据这一定义,衰退不一定表现为 GDP 绝对量的下降,只要 GDP 的增长率下降,即使 GDP 增长率仍为正数,也可以称之为衰退,因此,在经济中存在着增长性衰退。

美国经济学家伯恩斯和米切尔在《衡量经济周期》一书中给经济周期下了一个经典性定义:"经济周期是指主要按企业来组织经济活动的国家所出现的总体经济活动的一种波动。一个周期由几乎同时在许多经济活动中所发生的扩张,随之而来的同样普遍的衰退、收缩以及与下一个周期扩张阶段相连的复苏所组成。这种变化的顺序反复出现,但并不是定期发生。经济周期的持续时间在一年以上到十年或二十年。"这一定义受到多数经济学家的认可,并被美国研究经济周期的权威机构(NBER,国民经济研究局)作为确定经济周期波峰与谷底的标准。

如图 9.1，横轴代表时间 t，纵轴 Y 代表实际产出即实际 GDP，图中呈波浪式起伏的曲线表示实际 GDP 随时间推移而变化，即顺序经过四个阶段呈周期性的连续变化。一个波峰或波谷到另一个波峰或波谷为一个经济周期。

(二) 经济周期的特征

1. 总体经济活动

经济周期被定义为总体经济活动(aggregate economic activity)的波动，而不是某一个具体的经

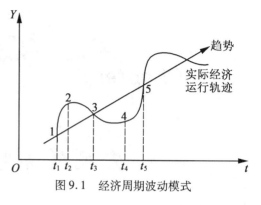

图 9.1　经济周期波动模式

济变量的波动，如实际 GDP。尽管实际 GDP 是测度总体经济活动最近似的单个指标，但是，经济活动的其他指标如就业、价格水平和金融市场变量，对理解经济周期也是非常重要的。

2. 衰退和扩张

图 9.1 表示的是典型的经济周期。图中虚线表示总体经济总是处于充分就业时潜在国民产出的增长路径，实线表示实际经济活动的上升和下降。在经济分析中，过去常常把经济周期划分为四个阶段：衰退、萧条、复苏和繁荣。衰退阶段是由繁荣转向萧条的过渡阶段，复苏阶段是由萧条转向繁荣的过渡阶段。现在一般把经济周期划分为两个阶段：衰退(contraction)和扩张(expansion)。总体经济活动的下降称为衰退，如果下降比较严重，就称为萧条。总体经济活动的上升称为扩张。经济周期两个阶段相互交替的转折点，分别称为波峰和谷底。在经济到达波峰之后，经济开始下降；在经济到达谷底之后，经济开始增长。一般来说，我们把总体经济从一个谷底到下一个谷底的时间内所经历的扩张和紧随其后的衰退，或者，总体经济从一个波峰到下一个波峰的时间内所经历的衰退和紧随其后的扩张，称为一个经济周期。

3. 一致性

经济周期是指总体经济活动的波动，并不是指几个部门或仅仅几个经济变量的波动，相反，扩张或衰退总是同时在许多经济活动中发生。因此，要完整地反映整个经济的活动周期，就必须包括较多的经济指标。尽管在经济中，一些产业或行业对经济周期较其他产业或行业更为敏感，但是在许多产业，产出和就业都倾向于在衰退期下降，在扩张期增加。其他变量，如价格水平、政府支出、投资、市场利率等，在经济周期中一般也具有一定的规律性，即一致性。

4. 循环性

经济学家常常将经济周期称为"经济循环"，因为按照严格的定义，周期是指有规律的、可预测的现象，或者说有固定的时间间隔。而我们定义的经济周期，并非周期性发生，即不是按

照某一规律或某一时间间隔发生的,也并不总是持续一个固定的时间长度。但是,经济周期却是循环发生的,即循环性(recurrent)。它总是按照"扩张—波峰—衰退—谷底"这一标准形态周而复始地出现。因此,我们可以说经济周期实际上并不具有周期性,但具有循环性。

5. 持续性

经济周期的时间长短存在着较大的差别,有的经济周期可能不到一年,有的则长达几年甚至数十年。但是,一旦经济衰退产生,总体经济将维持衰退一段时期,或者一年或者时间更长;类似地,一旦扩张开始,经济倾向于持续一段时期。这种衰退之后的进一步衰退的倾向,以及增长之后进一步增长的倾向,被称为经济周期的持续性(persistence)。

二、经济周期的类型

(一)基钦周期

基钦周期(kitchln cycle)是短周期。英国经济学家J·基钦研究了1890~1922年间英国与美国的物价、银行结算、利率等指标,认为经济中确实存在着平均长度为40个月左右的短周期,这是一种由心理原因引起的有节奏的变动,而影响人们心理的则是农业产量与物价的波动。

(二)朱格拉周期

朱格拉周期(juglar cycle)是中周期。世界上第一次生产过剩性危机于1825年发生于英国,以后经济学家就注意并研究了这一问题。但是,他们大多把危机作为一种独立的事件来研究。1860年法国经济学家C·朱格拉在他的《论法国、英国和美国的商业危机及其发生周期》一书中提出,危机或恐慌并不是一种独立的现象,而是经济中周期性波动的三个连续阶段(繁荣、危机、清算)中的一个。这三个阶段反复出现形成周期现象。他对较长时期的工业经济周期进行了研究,并根据生产、就业人数、物价等指标,确定了经济中平均每一个周期为9~10年。这就是中周期,又称为朱格拉周期。

(三)康德拉季耶夫周期

康德拉季耶夫周期(kondratieff cycle)是长周期。苏联经济学家N·康德拉季耶夫研究了法、英、美、德和世界其他一些国家长期的时间序列资料,根据各国的价格、利率、工资、对外贸易量以及生产与消费,在1925年提出资本主义社会存在着平均长度为54年左右一次的长周期。他把自18世纪末以来的资本主义经济分为三个长周期。康德拉季耶夫认为这种长周期是资本主义经济所固有的,其主要原因是资本积累的变动。生产技术中的各种变革、战争与和平、新市场的开辟等,都不是影响经济周期的偶然事件,而是其有规律的组成部分。

(四)库兹涅茨周期

库兹涅茨周期(kuznets cycle)是另一种长周期。1930年,美国经济学家S·库兹涅茨在《生产和价格的长期运动》中提出了存在一种与房屋建筑业相关的经济周期,这种周期长度在

15~25年之间,平均长度为20年左右。这也是一种长周期,被称为库兹涅茨周期,或建筑业周期。这种周期在第二次世界大战之后受到了相当程度的重视。

（五）熊彼特周期

熊彼特周期(joseph cycle)是一种综合周期。美籍奥地利经济学家J·熊彼特在1939年出版的两大卷《经济周期》的第一卷中,对朱格拉周期、基钦周期和康德拉季耶夫周期进行了综合分析。熊彼特认为,每一个长周期包括6个中周期,每一个中周期包括3个短周期。短周期约为40个月,中周期约为9~10年,长周期为48~60年。他以重大的创新为标志,划分了3个长周期。第一个长周期从18世纪80年代到1842年,是"产业革命时期";第二个长周期从1842年到1897年,是"蒸汽和钢铁时期";第三个长周期是1897年以后,是"电气、化学和汽车时期"。在每个长周期中仍有中等创新所引起的波动,这就形成若干个中周期。在每一个中周期中还有小创新所引起的波动,这就形成若干个短周期。

三、经济周期的产生原因

在整个经济学的发展历史中,许多经济学家都提出了对经济周期性波动的解释,形成了各种风格各异的经济周期理论,经济周期理论按照四个角度分类:一是相对简单的单一原因理论,二是实业周期理论,三是强调储蓄投资过程的理论,四是新古典主义理论。除了上述的分类方法,宏观经济学家还将经济周期理论概括为两个类别,即外部因素或外生理论和内部因素或内生理论。外部因素理论的主要特征是:认为经济周期的根源在于宏观经济之外的某些事物的冲击性波动,如太阳黑子或星象、战争、革命、政治事件、金矿的发现、人口和移民的增长、新资源的发现、科学发明和技术进步等。内部因素理论的主要特征是:从宏观经济内部的某些因素,如投资、消费、储蓄、货币供给、利率等之间的相互制约和相互促进的机制来解释导致经济周期性波动的原因。

（一）单一因素周期理论

单一因素周期理论主要有三种理论,即强调农业、心理和纯货币因素。其中强调农业因素的最为著名的理论是杰文斯的"太阳黑子论",认为由于太阳黑子的周期性运动造成了10年左右的经济周期。这种理论虽然只强调了单一的外部气象条件变化的影响,但也有其实际意义。在杰文斯所处的年代,农业是整个国民经济的主导部门,天文状况变化会对气候条件产生影响,进而影响到农业,农业波动总会带来整个宏观经济的波动。

许多经济学家在其经济周期理论中都将心理因素作为解释波动的一种辅助因素,很少将其作为单一影响周期的因素。单独强调心理因素的学者主要是庇古和米尔斯。这种观点强调了当经济扩张时,强化了乐观主义,这种乐观主义刺激投资并进一步强化了扩张,使经济走向繁荣。而衰退引发悲观主义,悲观主义又进一步抑制投资,加剧了衰退,使经济走向萧条。因此心理因素有放大宏观经济波动的重要作用。当前经济周期理论中对心理因素的强调主要侧重于预期在影响经济决策方面的作用。

纯货币因素周期理论是由英国经济学家霍特里提出来的。他运用货币信用体系的不稳定来说明经济周期性波动。他认为经济周期纯粹是一种货币现象,货币流通量、货币供应量以及货币流通速度的波动直接导致名义国民收入的波动。当银行体系降低利率、扩大信用时,就会引起投资增加、生产扩张,进而导致收入增加,刺激整个需求增加。当经济活动的累积性扩张达到一定程度,就会使经济走向繁荣阶段。现代货币体系建立在部分准备金的基础上,因此银行信用扩张是有限度的,当银行体系被迫紧缩货币信用而提高利率时,投资开始回落,生产收缩,从而需求减少,收入减少,这样经济的累积性收缩过程会使经济走向萧条。

(二)实业周期理论

实业周期理论中的一方面是强调成本价格关系和利润率变动因素,其代表人物是米切尔。他认为正是使得实业有利可图的同一条件逐步变成了迫使利润减少的条件。经济活动的增长,起初是造成利润增长的原因,而后即是利润增长的原因,同时也成为其后果。当这种增长对现有产业设备的生产能力形成压力时,起初每一单位产出追加成本的下降就会逐步趋于稳定,同时,对合意利润的期望诱使企业间相互哄抬原材料、劳动力和借贷资金的价格,因而从事实业的主要成本变高,这样的过程累积到一定时候,通过加速提高售价而避免因成本侵蚀而导致的利润减少就变得困难了。扩张来自基于期望提高利润的实业需求的增长,这迟早不可避免地导致短缺和价格上涨,进而降低了利润率。当利润不再增长时,实业和扩张最终也就带来了衰退。在衰退中减少成本的措施如解雇、缩短工时以及削减非人工支出等,逐渐增多并成为普遍现象。接着便提高了生产率和利润率。企业寻求利润机会的改观加速了资本的使用和劳动力的雇佣。这一系列连续发生的情况造成了利润率的增减,结果企业就会对此做出反应,从而引起了经济波动。

实业周期理论的第二个方面是强调存货的周期性变动带来了经济周期。这种理论认为企业对他们所期望的存货销售比率有一个固定的认识。当扩张中对其需求增加时,他们发现其存货减少。将其存货水平恢复到预定比率的努力导致新订单的增加,进而增加就业和收入。由于后一效应也增加销售,存货销售比率仍会保持下降的水平。由于边际消费倾向为正但小于1,因此,销售的增加将小于收入的增加。在扩张的后期,所期望的存货销售比率可以逐渐恢复,消除了通过增加存货水平对经济的刺激。在经济收缩期则发生相反的过程,企业力图降低其存货水平,同时其销售下降,这种努力进一步使收入下降并阻止比率的下降。然而,销售的下降率低于收入的下降率,所以经过一段时间,企业便可重新设定所期望的存货销售比率,结果紧缩期达到最低点。

(三)储蓄投资过程周期理论

许多经济学家强调了储蓄投资过程的不稳定性导致了周期性经济波动。大致有货币因素的投资过度周期理论、非货币因素投资过度周期理论、"创新"周期理论、消费不足周期理论等。此外，凯恩斯主义及后凯恩斯主义的经济周期理论也强调储蓄和投资过程。

1. 货币因素的投资过度周期理论

货币因素的投资过度周期理论的代表人物是奥地利学派的哈耶克、米塞斯和罗宾斯等人。这种理论认为，货币金融当局的信用膨胀政策是干扰经济体系均衡，并引起经济扩张，进而导致繁荣和萧条交替变动的根本原因。即认为如果没有信用扩张，那么生产结构失调以及由此产生的波动就不会出现。货币因素的投资过度理论认为只要银行扩张信贷，导致市场利率低于自然利率，工商企业贷款的投资对厂房、机器设备的需求增加，这时银行信用扩张引起的投资和生产资料需求的增加，只能是把原来用来制造消费品的生产要素转用于制造资本品，这样势必相应地引起消费品产量的减少和价格的上涨。这时，那些货币收入不变或货币收入的增长落后于消费品的价格上涨的消费者，将因消费品价格的上涨而非自愿地减缩了他们的消费，称为强制储蓄(forced saving)，而借助信用扩张扩大投资所形成的新的实物资本，如厂房、机器设备等是由这种强制储蓄提供的。

哈耶克认为这种人为地扩张信用的政策所引起的经济扩张是不能持续下去的，迟早会出现萧条和反方向的累积的衰退过程。当银行扩张的信用通过企业的投资转化为人们的货币收入后，消费者势必会恢复他们原有的消费，于是引起消费品的需求比生产资料的需求增长得更多，消费品的供给减少，需求反而增加，消费品价格进一步上涨。银行受法律或营业习惯的限制而不能无限地扩张信用，由此表现为货币资本供给的短缺，货币资本短缺将引起两种结果：或者是工商企业在繁荣阶段进行的投资(如建造厂房、购置设备)半途而废，不能完成；或者是已经生产出来的商品因需求不足而价格下落，存货积压，从而造成经济萧条。

2. 非货币因素投资过度周期理论

非货币因素投资过度周期理论的代表人物是图冈－巴拉诺斯基、斯皮特霍夫和卡塞尔。这种理论认为投资过度是经济周期性波动的主要因素。非货币投资过度周期理论与货币因素的投资过度周期理论的主要差别在于是着重从生产过程本身来解释周期，而不把货币因素视为引发经济周期的最初动因。在这一理论中，货币信贷扩张是经济扩张的必要条件，但货币因素仅处于从属的被动的地位。斯皮特霍夫认为消费品生产相对不足，才是周期真正的原因。他认为，引起高涨的主要动因，是新技术的发明、新市场的开拓以及萧条阶段利率的低落。这些因素促进投资活跃，于是生产资料尤其是钢、铁、机器和建筑材料等和耐用消费品包括住宅、汽车、家具等的生产大量增加，这就是经济高涨阶段。在复苏阶段和高涨阶段，扩大投资所必需的货币资本，开始来自于萧条阶段所积累的大量闲置资本，继之则主要来自银行的信用扩张和企业未分配利润转用于投资，当经济高涨达到一定程度后，由于货币工资上涨和使用生产效率较低的生产要素，成本提高，利润下降，这样，货币资本的供给减少，从而形成对生产资料的需求减少。另一方面，由于高涨阶段进行的投资所扩大的生产能力逐渐向市场上提供日益增多的钢、铁、建筑材料和耐用消费品，生产资料和耐用消费品供给大大增加了。这样，生产资料和日用消费品的供给增加而其需求逐渐减少，终必出现因货币资本供给不足以致使生产资料和耐用消费品生产部门生产过剩的经济周期。

3."创新"周期理论

熊彼特于1912年出版的《经济发展的理论》一书中提出了"创新"经济周期理论。他发现大规模扩张的原因在于由重大技术突破所提供的投资机会。熊彼特将"发明"和"创新"两个术语区别开来,他把发明定义为生产新方法的发现。在现代市场经济中这种情况或多或少在不断地发生,人们总是在发现新的、更好的生产方法,然而只有在发明真正引入经济活动时,它才是具有经济意义的"创新"。"创新"(Innovation)一词定义为"新的生产函数的建立",即"企业家对生产要素之新的组合",它包括引入一种新产品或提供一种产品之新的质量,采用一种新的生产方法,开辟一个新的市场,获得一种原料或半成品的新的供给来源,实行一种新的企业组织形式。创新只是间断地发生,它们趋于成串或成组发生时,一组投资机会或多或少同时被利用,于是便产生了扩张。由于富有创新精神的企业家,借助银行扩大信用贷款的帮助,增加劳动力投入,新建厂房增添设备,推动国民收入的增长,促进消费品生产的增加,随后,由于企业的"创新"利润,刺激其他企业也在银行信贷的帮助下模仿,这就是经济周期的复苏和高涨。当经济扩张经历一段时间,"创新"扩散到较多企业时,利润逐渐消失,扩张趋向终结。熊彼特理论最具特点的是对扩张如何开始的解释,创新及其所带来的投资使经济的适应力过度紧张,创新刺激了扩张,为了适应创新结果所做的调整又带来了紧缩。

熊彼特认为,在经济高涨阶段,厂商在乐观情绪支配下,投机盛行,借助银行贷款扩大的投资高估了社会对产品的需求。此外,消费者的乐观情绪高估了可能的收入,常用抵押贷款方式购买耐用消费品,消费者负债购买反过来促进企业的过度投资。所以,经济周期的衰退与萧条,意味着新产品、新技术对旧的厂商和部门的冲击,那些在经济高涨期间过度扩大的投资在萧条阶段的毁灭是社会经济从失衡趋向新的均衡之必然的有益的过程,一旦萧条到达底谷,新的"创新"引致的复苏和高涨推动经济在更高水平上向前发展,均衡—失衡—在更高水平上的均衡……,如此循环往复周而复始。

熊彼特指出,推动经济周期地循环往复、上下波动、向前发展的"创新"是多种多样的,有的"创新"影响大,有的"创新"影响小,有的需要相当长的时间才能实现,有的只需要较短的时间就能引进经济之中。这就势必出现各种周期都可与特定的创新联系起来,影响深远和实现期限较长的创新是长周期的根源,影响较小和实现期限较短的"创新"则是短周期的根源。

4. 消费不足周期理论

消费不足理论是周期性不稳定的较为古老的解释之一。19世纪初,法国西斯蒙第(Simoonde de Sismondi)认为,一个社会之所以耗费劳动从事生产的唯一目的是满足人们的消费需要。但在资本主义社会,生产是由那些不劳动的人的需要来决定,而不是根据生产者自己的需要来决定,这既破坏了生产与消费之间的自然的直接的联系,也引起了生产无限扩张的可能性。但他认为更重要的是在资本主义制度下减少了消费者的消费能力。大规模机器生产使许多小生产者破产,从而减少了他们的收入和消费,劳动者尤其是工人阶级情况,随机器生产的发展而越来越坏。他认为随着生产的发展和社会财富的增长,富人的消费虽将增加,但比起破产和贫困化的人所减少的消费要少得多,由此造成消费不足。当消费不足累积到一定程度会诱发经济衰退,甚至危机。

美国福斯特和凯庆斯在其合著的《货币》、《利润》和《节俭的进退维谷》等著作中,提出了储蓄过度—消费不足—消费品生产过剩的经济危机理论。他们认为,推动资本主义生产的最终因素是消费者手中有足够的货币购买市场上的消费品,以使得企业家不仅能收回垫支的成本,还能赚得一定的利润。假如企业把全部利润分配给股东,而消费者又把他们全部收入花费于消费品,则企业以成本和股利形式付给消费者的货币,可在出卖消费品时全部收回,这样,生产将在每一年度以相同规模反复进行下去,不会出现生产过剩现象。当企业只是把一部分利润分配给股东,其余的未分配利润转化为新的投资,或者假设消费者以一部分收入用于储蓄和投资。一方面,这部分用于储蓄和投资的货币,成为增雇工人的收入,因而用于购买消费品的货币没有减少;另一方面,由于储蓄引起的新增投资表现为新建厂房新增设备和原料在制品等,因而消费品的供给也没有增加,所以消费品的供需能保持平衡。但是,等到这笔新投资转化为待售的消费品后,消费品的供给增加了,但消费者手中的货币依然如故。这样,市场疲软,物价下跌,利润减少以致货币流通量减少,生产减缩,失业增加,消费品生产过剩的经济萧条随之出现。

银行增发货币或扩张信用,通常不是贷给消费者以吸纳市场上的消费品,而是贷给生产者以生产出更多产品。在此,最初增加的货币成为企业扩大生产、新增雇佣工人的工资收入,货币流通量增加了,消费品还未相应增加,于是引起物价上涨。一旦扩大的生产终于转化为消费品以后,由于生产者以成本因素支出的货币所制造出来的消费品,需要加上利润卖出去,所以除非银行继续扩大货币流通量,增多的消费品将因消费者缺乏足够的货币购买力,以致无法按包含成本与必要的利润的价格售卖出去。

(四)新古典主义周期理论

1936年凯恩斯出版《就业、利息和货币通论》后,经济周期的发展集中在建立各种凯恩斯主义式的模型。20世纪50年代以后,宏观经济学领域开始有不少学派的理论或其政策主张向凯恩斯前的理论回归,称为新古典主义周期理论,主要有货币主义、实际经济周期、政治经济周期、理性预期、供应学派等。

货币主义代表了对纯货币理论所采用的基本观点的回归,对传统的货币数量论中的交易方程式 $MV=PT$ 的重新考虑。交易方程式指出一段时期内的平均货币供应量乘以货币流通速度,等于所生产的平均产出量乘以平均价格。传统货币数量论认为货币供应是外生的,V 和 T 仅有很慢的变化,而 P 总是正的。因此,货币供应上小的变化将导致价格一个完全成比例的变化。现代货币主义认为货币供应是外生的,其变化是总量经济活动系列变化的主要决定因素。

实际经济周期(也译作真实经济周期)理论认为经济波动的首要原因是对经济的实际(而

不是货币的)冲击。实际经济周期理论是从1973年和1980年石油价格冲击以及1972年食品冲击的后果中发展起来的,实际上早期非货币因素的投资过度理论的现代翻版,将增长和周期结合在同一种理论中的一个重要的尝试。

供应学派是基于对萨伊市场法则的修正,代表人物是拉弗,他认为取得稳定增长的最佳途径是使企业家增加总供给尽可能地容易,这意味着增加对企业家投资的刺激。他认为造成抑制投资的主要因素是高的公司税率,适中的税率取得更多的收入,而由于高税率对工作和投资的抑制,高税率并不会得到比低税率更多的收入。

政治经济周期的基础是政府采取政策,如各种财政和货币政策,以使其重新获得选举胜利的机会最大。经济周期大体上与政策制定者的执政期相同。在大选之前,政府运用其所有力量来刺激经济。然而,刺激行动的消极后果直到选举一年之后才会被感受到,所以政策必须转向。这种观点的主要结论是,选举型经济周期可以通过实际可支配收入和失业率来确定。

理性预期学派提出了"均衡经济周期"观点,他们认为,经济周期是完全正常的过程表示形式,通过它使经济适应于变化,经济周期决不是需要干预的扰乱,而是经济正常增长过程的一部分。这种观点根植于两个重要假定:一是市场出清,即认为价格和工资是高度的;二是经济主体可能有效地利用所掌握的所有信息,经济主体不会犯一贯性的错误。由此得出政策对经济的干预是无效的,这是因为这些政策已经被经济活动的参与者预见到了。因此,经济周期是经济发展变化的正常表现。

四、乘数－加速数模型的一般原理

(一)加速数

投资是经济中最为活跃的因素,它较小量的变化会引起均衡国民收入多倍的变化,另一方面,收入或销售额的较小变化同样会引起投资水平大幅度变化,而且只要收入增长速度放慢也会造成投资大幅度下滑。因此,研究投资与收入间的关系显得异常重要。

引致投资,是因收入增加而增加的投资,称为净投资。除了净投资外,每年还会有一笔为弥补设备、厂房等资本设备磨损的投资,称为重置投资,其数量取决于原有资本设备的数量、构成和使用年限。净投资和重置投资之和为总投资,即

$$总投资 = 重置投资 + 净投资$$

当产品需求增加引致产品生产扩大时,为了增加产量,企业需要扩大生产能力,这样就要求企业进行投资,以补充资本存量的不足(当企业存在剩余生产能力时,则是充分利用其剩余生产能力),这样资本存量的变化,即投资受到产量、收入或销售额变化的影响。为分析这一问题,宏观经济学提出了资本－产出比率概念,即生产一单位产品所需要的资本数量,即

$$资本－产出比率 = 资本数量/产量$$

设 R 为资本－产出比率,K 为资本,Y 为产量、收入或销售额,则有

$$R = K/Y$$

反映资本增量与产量增量之间比例关系的系数,称为加速系数,一定时期内的资本增量实际上就是投资,通常把加速系数简称为加速数,可以表示为投资与产量增量之比。

$$\alpha = \Delta K/\Delta Y = I/\Delta Y$$

从这一公式可以看出,一定时期的投资是与该时期的国民收入增量成同向变动的,当该时期总产出增量为正时,总产出量增加,投资必然增加。这表示当经济中的总产出量大于上一年度的总产出量时,就会引起大于零的投资。反之,当该时期总产出增量为负时,总产出量减少,投资必然也下降。这表示如果经济中的总产出量小于上一年度的总产出量时,投资必然成负增长趋势。如果该时期总产出量的增量为零时,该年度的投资也为零,即资本增量等于零。

(二)加速原理

加速原理的作用要以下述假设条件为前提。首先,假设技术水平不变,资本-产出比率不变。从历史发展的观点来看,技术的进步从来没有停止过,因此,资本与产量的比率亦是不断变化的。但是,加速原理的分析必须假定技术水平不变为前提,即假定产量增加同资本存量的增加保持同步增长。其次,假设企业没有闲置的生产设备。加速原理的主要参数——加速系数是以固定的资本-产出比率为假定条件,要增加产量,必须增加资本存量,所以,一定要假设企业的设备已达到充分利用,那么,增加产量就要添置新的设备。当然,如果企业有闲置生产设备,需要增加产量时,企业只要动用闲置设备就行了,不必添置新设备,这样就不会增加净投资。最后,假设社会上还有可利用而尚未利用的资源。这样为增加产出而增加的净投资,就能购买到新的设备。

投资的变动取决于年度总产出量增量的变动情况,而不取决于总产出量的绝对值。只要总产出量的增长速度下降,即使其绝对数量还在增加,也会导致社会投资水平的下降。由于资本-产出比率大于1,因此净投资的变动量数倍于总产出量的变动量,这就是加速原理的作用。加速原理是一把双刃剑,它可以使经济加速增长,也可以使经济加速减少。要想使投资保持不变,消费必须持续增长,消费总量只有以递增的速度增长,才能保持加速原理对经济繁荣所产生的刺激作用。如果消费不能持续增长,投资就会下降。有时仅仅是因为消费增长速度减慢了或者消费增长停止了,但消费总量并没有减少,也会导致社会经济出现衰退。

加速原理反映了厂商在对自己产品未来需求有较为确定的预期时,对投资所采取的态度。当厂商认为自己产品的市场需求在不久的将来会增加时,他们就会提高当期的投资意愿,以使这一预期需求能够得以满足。由于能够满足产品需求的一个重要的决定因素是国民收入水平,因此投资所带来的总产出的增长又会产生更多的社会有效购买力,有效需求的增加反过来又会促使厂商增加更多的投资,从而导致总产出更快地增长。设加速数为2,意味着社会每增加1元钱的需求,厂商就必须增加2元钱的投资。如果某经济中的厂商认为该社会的市场需求每年将增加10万元,为完全满足这一预期需求,厂商愿意将当期投资提高到20

万元,用于对厂房与设备的购置。在非充分就业的条件下,这增加的 20 万元投资将会带来更多的产出增长,假设能够带来 80 万元的产出增长。如果厂商认为这增加了的 80 万元中有 60 万元将购买厂商所生产的产品,并能够保持相当长一段时间,他们将愿意再增加 120 万元的投资,显然,这又会促使总产出以更大的幅度增长。经济由此将不断地向前发展,一直达到经济发展的极限点——由社会可用经济资源,如劳动与资本的有限性所造成的对经济发展规模的限制。

综上所述,投资加速原理的经济学含义是:一定时期的投资量取决于总产出增量,而且两者之间存在着确定性的数量关系,这一比值一般是大于 1 的正数。表明总产出的增加将要求资本存量以更大数量地增加,从而使厂商的当期投资也以更大数量地增加。

(三)乘数-加速数模型

模型基本框架是:均衡条件为当期国民收入取决于现期消费、现期投资和政府支出,即

$$Y_t = C_t + I_t + G_t$$

与前面分析加速数时相同,假定现期消费是上一期收入的函数。根据加速原理,投资为两期消费之差的函数,即消费函数为

$$C_t = bY_{t-1}$$

式中,b 为边际消费倾向,为简化分析,假定自发性消费为零。

投资函数为

$$I_t = \alpha(C_t - C_{t-1})$$

式中,α 为加速系数,在资本-产出比率不变的情况下,加速系数与资本产出比率在数值上相等。

乘数-加速数模型又称汉森-萨缪尔森模型:

$$\begin{cases} Y_t = C_t + I_t + G_t & \text{均衡条件} \\ C_t = bY_{t-1} & \text{消费函数} \\ I_t = \alpha(C_t - C_{t-1}) & \text{投资函数} \\ G_t = \overline{G} & \text{政府支出} \end{cases}$$

将消费函数、投资函数和政府支出代入均衡条件,可得

$$Y_t = bY_{t-1} + \alpha b(Y_{t-1} - Y_{t-2}) + \overline{G}$$

汉森-萨缪尔森模型的基本结论可以总结如下:

(1)经济周期中波动的根源在于经济体内部,即宏观经济内在就存在着波动的趋势,乘数和加速数都有强化经济波动的趋势。

(2)当只有乘数作用时,即加速系数为零,一定支出数额的增加只会使均衡收入增加,而不会造成经济波动。乘数和加速数相互作用才会导致经济波动。

(3)宏观经济波动的幅度取决于边际消费倾向和加速系数的数值大小,当这两个参数较

小时,经济的波动幅度较小。

五、经济增长

(一) 定义

经济增长是指人均国民收入的增长。美国统计学家和经济学家西蒙·史密斯·库兹涅茨(Simon Smith Kuznets,1901.4.30—1985.7.10,出生于俄罗斯的犹太家庭,1922年随母亲移居美国与父亲团聚)在1971年接受诺贝尔经济学奖时所作的演说《现代经济增长:发现和反映》中,曾给经济增长下了这样一个定义:"一个国家的经济增长,可以定义为给居民提供种类日益繁多的经济产品的能力长期上升,这种不断增长的能力是建立在先进技术以及所需要的制度和思想意识之相应的调整基础上的。"

经济增长这一定义有以下三个含义:

(1)经济增长就是实际国内生产总值的增加。如果考虑到人口的增加,经济增长就是人均实际国内生产总值的增加。

(2)技术进步是实现经济增长的必要条件。在影响经济增长的诸因素中,技术进步是第一位的。一部经济增长的历史,就是一部技术进步的历史。

(3)制度与意识形态的调整或变革是经济增长的充分条件:一方面社会制度与意识形态的变革是经济快速增长的前提。例如,私有产权的确立是经济增长的起点和基础。只有在制度与意识形态的调整基础上,技术才能极大地进步;另一方面,新的经济制度的出现,使交易费用降低时,分工将进一步细化,促进经济增长。

(二) 经济增长的特征

(1)实际 GDP 的增长率超过各种投入的增长率,表明技术进步在经济增长中起着十分重要的作用。

(2)资本存量的增长超过就业量的增加,导致人均资本占有量的增加。

(3)实际工资明显上升。工资在 GDP 中的比重虽有所上升,但非常微小。

(4)实际利率与利润率没有明显的上升或下降趋势,尽管在商业周期中它们会急剧变动。

(5)资本-产出比率下降。这显然是技术进步的作用。因为若技术既定,根据边际报酬递减规律,资本-产出比率应该上升。

(6)储蓄在国民收入中的比重比较稳定,发达国家为10%~20%,美国在1980年以后大幅度下降,为6%。

(7)社会结构与意识形态迅速改变。例如,教育与宗教的分离、城市化、民主化、法制化、政治生活的公开化、居民生活的科学化等不仅是经济增长的结果,也是经济进一步增长的条件。

（三）经济增长的源泉

经济增长的源泉是技术进步、劳动和资本。

1. 资本

资本可以分为物质资本和人力资本。物质资本又称为有形资本,主要指厂房、设备、存货等的存量。人力资本又称无形资本,指体现在劳动者身上的投资,如劳动者的知识、技能、健康状况等。人力资本在经济增长中的作用是十分重要的,但由于不易定量估算,因而在研究经济增长时所说的资本一般是指物质资本。资本增加是经济增长的重要条件。现代经济学家认为,在经济增长中,一般的规律是资本的增加要大于劳动力的增加,从而每个劳动力所拥有的资本量,即人均资本量是提高的。只有人均资本量提高,才有人均产量的提高。在经济增长的初始阶段,资本的增加是尤为重要的,许多经济学家都把资本积累占国民收入的10%~15%作为经济起飞的先决条件,把增加资本作为实现经济增长的首要任务。在经济增长的以后阶段,资本的相对作用将会下降,但从西方各国的情况来看,仍然是储蓄率高、资本增加快的国家,其经济增长率也会较高。

2. 劳动

劳动是指劳动力。劳动力是数量与质量的统一,因此,劳动这一概念中实际包括劳动力的人数与劳动力的文化技术及身体素质。由于劳动力的质量难以估算,因而,经济增长中的劳动概念一般是指劳动力的数量,或者指劳动时间。劳动在经济增长中的作用是不言而喻的。劳动与资本之间在一定范围内存在着一种替代关系,当资本不足时可以通过增加劳动来弥补,同样,在劳动不足时也可以通过增加资本来弥补。在经济增长的不同阶段中,劳动的重要程度是不同的。

3. 技术进步

技术进步能促进要素生产率的提高,就是在技术进步的条件下投入同样的生产要素能提供更多的产品,技术进步最终所体现的就是要素生产率的提高,技术进步主要包括以下几方面内容：

(1)知识的进展,即知识增多、新的技术方明与创造对增长所产生的作用。

(2)资源配置的改善,即劳动力和资本从效率低的部门向效率高的部门转移。

(3)规模经济,即大企业经营规模扩大所引起的经济效益,也就是一般所说的大规模生产的经济效益。

(4)管理水平的提高,即企业组织改善与管理水平提高所带来的经济效益。

技术进步随着经济的发展,在其更高阶段会起着越来越重要的作用。

（四）经济增长理论

1. 增长极限论

1968年,意大利菲亚特公司董事长、经济学家帕塞伊邀请西方知名的科学家、教育学家、经济学家和实业家30多人聚在罗马猞猁科学院,讨论人类目前和将来的处境,形成了所谓的"罗马俱乐部"。1972年发表了报告《增长的极限》,在世界范围内引起了巨大的震动,被认为是增长极限论的代表作。

麦多斯的"增长极限论"理论包括以下主要内容:

(1)指数增长的欺骗性或指数增长的本质特征。麦多斯等人认为,指数增长一方面可以使数字很快变得巨大,另一方面它往往在人们未意识到这种剧增的危险性之前,就给人们带来难以想象的后果。

(2)影响经济增长的五个因素(人口增长、粮食生产、资本投资、环境污染和资源消耗)之间是相互制约的。上述五个因素的共同作用最终必然会达到"危机水平",即出现人口增长、资源枯竭、环境恶化、生活质量下降和一部分人营养不良五种趋势。

(3)将上述五个因素进行综合考察,对它们之间的因果关系进行定量分析,并利用有关的全球性资料来建立一个"世界模型"。所谓"世界模型",一是其资料的世界性和其演绎的问题的世界性,二是其所涉及的问题和资料的长期性、动态性。

(4)技术进步不能避免增长的极限。麦多斯等人将可能出现的各主要方面的技术进步纳入其"世界模型"后得出结论:如果世界人口增长和经济增长仍持续下去,土地资源和粮食产量的严重不足将不可避免;资源的最终枯竭和污染的日趋严重也不可避免,这是单纯技术所难以避免的增长极限。

(5)麦多斯等人在"世界模型"的基础上提出"世界平衡"这种可以避免最终经济崩溃的世界增长模型。这一模型有两个基本前提:一是人口保持不变;二是资本存量保持不变。这样,再加上技术进步的因素,就可以使世界进入一种平衡发展的稳定状态。

2. 增长怀疑论

麦多斯等人主要是从实证经济学的角度说明了经济增长将走向极限,而以英国经济学家米香等人为代表的"增长怀疑论",则主要是从规范经济学的角度论证经济增长已毫无意义。

米香在《经济增长的代价》、《技术和增长:我们付出的代价》、《增长和反增长:问题是什么?》等著作中提出以下论点:经济增长本身并非是一个纯粹的经济学问题,而在很大程度上是一个伦理学问题;经济增长给人们带来的不是欲望的满足,而是更多的烦恼,不是幸福的生活,而是痛苦,因而经济继续增长没有必要。对于上述观点,米香提出如下主要论据:

(1)人们的欲望满足程度不仅依赖于产品固有的效用,而且依赖于这些产品的相对价值。一个人对自己收入的评价不仅着眼于收入的绝对水平,而且着眼于自己的收入在收入结构中所处的地位。

(2)由于人们价值判断标准的变化,随着经济的增长,消费品数量的增加和品种的变换会成为人们的一种负担,产生负效用。

(3)既然由经济增长而带来的收入普遍提高和物质产品的丰富是"无价值"的,那么因增长而引起的精力和时间的节省的技术创新也是"无价值"的。

(4)经济增长还会带来社会财富的耗竭、环境的损害、城市的不规则建设以及机动调整的失灵等,这些都会抵消社会福利。

3. 没有极限的增长论

英国学者柯尔等人主编的《崩溃的模型》、弗里曼等人主编的《世界的未来》、英国经济学家卡恩等出版的《今后的两百年》、美国未来学者西蒙出版的《最后的资源》等一系列著作对麦多斯和米香的观点提出批评。上述代表人物的观点主要有:

(1)"增长极限论"的实质是新形势下马尔萨斯人口的表现。弗里曼把麦多斯等人称做"带着计算机的马尔萨斯"。

(2)"世界模型"存在着许多根本缺点。麦多斯的批评者们认为,麦多斯等人的"世界模型"在选择的基本经济条件、估计的参数、选择的基期以及分析的方法等方面都存在缺陷。西蒙认为,历史和现实都表明,用技术分析的方法预测未来,往往与历史的实际进展相差太远。

(3)"增长极限论"的五大趋势是没有根据的。持"没有极限的增长"观点的学者认为,人口增长并不是始终都呈指数增长,随着经济增长,人口增长率将会降低。降低人口增长率的长期手段是加速经济的发展,而不是停止经济增长;人类环境与过去几个世纪相比是更干净更卫生了,环境恶化只是工业化过程中的暂时现象;粮食在未来将不会成其为问题,在未来,增产粮食的技术将大量采用,食品方面的科学发明将起更大的作用。况且,经济发展的历史表明,工业化本身是在农业基础已经建立起来的时候才开始的;随着科学技术的进步,不能再生的资源会得到进一步的开发和利用。市场机制的作用将促进代用品的应用、节约资源和资源回收。这些学者认为,最重要的就是经济增长中出现的各种问题只有通过发展经济才能解决,人类在经济增长和技术进步中一定可以解决粮食、污染、资源等问题,如果实行零经济增长,使技术停滞,人类只能自取灭亡。

经济增长问题不仅是一个经济问题,而且还是一个社会问题。有关零经济增长理论的争论实际上已超出了经济学的范围。

【习题精编】

一、判断题

1. 经济增长和经济发展是同样的概念。( )
2. 经济周期是指几个部门或仅仅几个经济变量的波动,相反,扩张或衰退总是同时在许多经济活动中发生。( )
3. 根据索洛模型,人口增长率较高的国家将有人均产量和较低到稳态人均增长率。( )
4. 在一定时期内,经济周期是围绕着长期的经济增长趋势而上下波动的。( )
5. 从图形上来看,经济增长表现为生产可能性曲线上的某一点沿曲线向上方移动。( )
6. 加速原理断言,投资的增加导致 GDP 数倍增加。( )
7. 根据索罗经济增长模型,一国人均收入到长期增长主要取决于资本积累速度,即取决于储蓄率。( )

8. 实际经济周期理论认为技术的冲击是经济波动的源泉。 （   ）
9. 经济周期的四个阶段依次为繁荣、复苏、萧条、衰退。 （   ）
10. 在一定时期内,经济周期是围绕着长期的经济增长趋势而上下波动的。 （   ）
11. 如果国民收入在某个时期增加,则净投资肯定是大于零。 （   ）
12. 实际经济周期理论主要从总供给方面解释宏观经济波动。 （   ）
13. 乘数原理和加速原理都是说明投资的决定的。 （   ）
14. 加速数原理的含义是国民生产总值的增加导致资本需求曲线右移。 （   ）
15. 技术进步最终所体现的不是要素生产率的提高。 （   ）

二、单项选择

1. 下列哪一项属于生产要素供给的增长 （   ）
   A. 规模经济   B. IT技术的迅速应用
   C. 劳动者教育年限的增加   D. 实行劳动专业化

2. 根据哈罗德-多马模型,有保证的增长率对应（   ）储蓄率。
   A. 实际的   B. 自然的
   C. 有效的   D. 适宜的

3. 经济增长在图形上表现为 （   ）
   A. 生产可能性曲线内的某一点向曲线上移动
   B. 生产可能性曲线上的某一点沿曲线移动
   C. 生产可能性曲线向外移动
   D. 生产可能性曲线上的某一点向曲线上移动

4. （   ）导致经济发生周期性波动。
   A. 加速数作用   B. 乘数作用
   C. 外部经济因素的变动   D. 乘数和加速数的交织作用

5. 根据哈罗德的分析,如果有保证的增长率大于国民收入增长率,经济将 （   ）
   A. 长期萧条   B. 持续高涨
   C. 均衡增长   D. 不能确定

6. 根据丹尼森的研究,经济增长的最大可衡量的源泉是 （   ）
   A. 物质资本的积累   B. 人力资本的积累
   C. 规模经济   D. 资源的重新配置

7. 经济增长的标志是 （   ）
   A. 城市化速度加快   B. 先进技术的广泛应用
   C. 失业率的下降   D. 社会生产能力的不断提高

8. 经济增长的原因不包括 （   ）
   A. 资源更有效配置   B. 技术转让

C. 劳动力素质的提高　　　　　　　　D. 资本的积累
9. 熊彼特认为,每一个长周期包括(　　)个中周期,每一个中周期包括(　　)个短周期。
　A. 7,4　　　　B. 6,3　　　　C. 5,2　　　　D. 4,3
10. 可持续发展指的是　　　　　　　　　　　　　　　　　　　　　　　　(　　)
　A. 没有过度的技术进步　　　　　　B. 没有过度的人口增长
　C. 没有过度的资本投资　　　　　　D. 没有过度地使用自然资源
11. 人力资本指的是　　　　　　　　　　　　　　　　　　　　　　　　　(　　)
　A. 人们所拥有的资本品　　　　　　B. 生育能力
　C. 能够提高人生产率的教育和技能　D. 工人工作时使用的资本品
12. 所谓"资本形成"是指　　　　　　　　　　　　　　　　　　　　　　(　　)
　A. 总投资　　　　　　　　　　　　B. 净投资
　C. 存货投资　　　　　　　　　　　D. 重置投资
13. 以下选项中不属于有助于生产率增长的是　　　　　　　　　　　　　　(　　)
　A. 储蓄及投资
　B. 扩大劳动队伍的规模
　C. 教育及劳动力的素质
　D. 将资源从低效率部门重新配置到高效率部门
14. 经济增长的定义是　　　　　　　　　　　　　　　　　　　　　　　　(　　)
　A. 投资和资本量的增长
　B. 人均货币收入的增长
　C. 实际国民收入在现存水平上有所提高
　D. 因要素供给增加或生产率提高使潜在的国民收入有所提高
15. 只有(　　)加速原理才能发生作用。
　A. 经济活动由衰退转向扩张时
　B. 投资的增加会导致国民收入的增加
　C. 投资的增加会导致消费支出的持续增加
　D. 生产消费品需要有一定量的资本品,因而消费支出的增加会导致投资支出的增加
16. 乘数原理和加速原理的关系是　　　　　　　　　　　　　　　　　　　(　　)
　A. 乘数原理说明国民收入的决定,加速原理说明投资的决定
　B. 乘数原理解释经济如何走向繁荣,加速原理说明经济怎样陷入萧条
　C. 只有乘数作用时国民收入的变化比乘数、加速数作用相结合时的变动要更大一些
　D. 两者都说明投资的决定
17. 长期以来,最大可能实现的最大增长率为　　　　　　　　　　　　　　(　　)
　A. 自然增长率　　　　　　　　　　B. 有保证的增长率

C. 实际增长率　　　　　　　　　D. 以上均不正确

18. 根据新古典模型理论,人口增长率的上升将会　　　　　　　　　　　　( )
    A. 提高人均资本的稳定状态水平　　B. 对人均资本的稳定状态水平没有影响
    C. 降低人均资本的稳定状态水平　　D. 都有可能

19. 下列是新古典经济增长模型所包含的内容的是　　　　　　　　　　　　( )
    A. 要实现充分就业的均衡增长,要使 $GA = GW = GN$
    B. 均衡增长率取决于有效需求到大小
    C. 从长期看,由于市场的作用,经济总会趋向于充分就业的均衡增长
    D. 通过调整收入分配,降低储蓄率,可以实现充分就业的均衡增长

20. 下列不属于生产要素供给的增长的是　　　　　　　　　　　　　　　　( )
    A. 增加投资　　　　　　　　　　B. 合理流动人才
    C. 发展教育事业　　　　　　　　D. 增加就业人口

21. 经济波动周期的四个阶段依次为　　　　　　　　　　　　　　　　　　( )
    A. 峰顶、衰退、谷底、扩张　　　C. 扩张、峰顶、衰退、谷底
    B. 谷底、扩张、峰顶、衰退　　　D. 以上各项均正确

22. 某国经济增长率为10%,劳动增长率和资本增长率均为4%,劳动产出弹性为0.7,资本产出弹性为0.3,则该国技术进步因素对经济增长的贡献份额为　　　　( )
    A. 3%　　　　B. 4%　　　　C. 以上都不是　　　　D. 6%

23. 如果哈罗德的自然增长率实现了,那么　　　　　　　　　　　　　　　( )
    A. 经济将持续高涨　　　　　　　B. 经济将实现均衡增长
    C. 社会资源将得到充分利用　　　D. 经济将实现充分就业下的均衡增长

24. 根据现代关于经济周期的定义,经济周期是指　　　　　　　　　　　　( )
    A. GDP上升和下降的交替过程　　B. GDP增长率上升和下降的交替过程
    C. 人均GDP上升和下降的交替过程　D. 以上均正确

25. (　　)是将劳动、资本等要素投入数量等因素对经济增长率的贡献扣除之后,技术进步因素对经济增长的贡献份额。
    A. 两因素分解法　　　　　　　　B. 三因素分解法
    C. 经济增长率　　　　　　　　　D. 全要素生产率

26. 罗伯特·索洛在研究生产率增长时,将注意力集中在　　　　　　　　　( )
    A. 对物质资本的投资　　　　　　B. 减少人口增长
    C. 改进教育系统　　　　　　　　D. 技术革新

27. 较低的储蓄会导致　　　　　　　　　　　　　　　　　　　　　　　　( )
    A. 较高的利率,它对投资没有影响
    B. 较高的利率,它将导致较低的投资

C. 较低的利率,它将导致较低的投资

D. 较低的利率,它将导致较高的投资

28. 若人均资本品的数量越大,人均资本品的一个给定的增加值并未导致人均产量的较小增加值,则( )抵消了( )的影响。

A. 劳动力增长,较低投资　　　　　B. 技术进步,收益递减规律

C. 收益递减规律,劳动力增长　　　D. 收益递减规律,技术进步

29. 资本深化是指 （　　）

A. 增加人均资本量

B. 减少人均资本量

C. 增加每单位资本的工人数

D. 将资本从低效部门重新配置到高效部门

30. 当社会经济出现经济周期的扩张阶段时 （　　）

A. 总需求超过总供给

B. 经济的生产能力超过它的消费需求

C. 存货的增加与需求的减少相联系

D. 总需求逐渐增长,但没有超过总供给

31. 中周期的每一个周期为 （　　）

A. 9~10年　　　B. 15~20年　　　C. 20~30年　　　D. 50年

32. 下列关于经济波动的叙述中,正确的是 （　　）

A. 如果政府不加以政策调控,经济波动将无限地扩张与收缩

B. 在一定时期内,经济波动是围绕长期的经济增长趋势而上下波动的

C. 经济波动在其衰退阶段时总需求和经济活动下降的时期,表现为GNP值的下降

D. 乘数作用导致总产出的增加,加速作用导致总产出的减少,成数和加速数的交织作用造成经济的周期性波动

33. 基钦周期是一种 （　　）

A. 短周期　　　B. 中周期　　　C. 长周期　　　D. 不能确定

34. 下列加速原理表述正确的是 （　　）

A. 投资的变动引起国民收入数倍变动

B. 消费支出随着投资的变动而数倍变动

C. 消费需求的变动引起投资的数倍变动

D. 投资的变动引起国民收入增长率数倍变动

35. 根据经济统计资料,( )经济周期性波动最大。

A. 日用消费品的生产　　　　　B. 资本品的生产

C. 农产品的生产　　　　　　　D. 没有一定的规律

36. 因为（　　）导致经济发生周期性波动。
   A. 乘数作用　　　　　　　　　B. 加速数作用
   C. 乘数加速数的交织作用　　　D. 外部经济因素的变动

37. 加速数是指　　　　　　　　　　　　　　　　　　　　　　　（　　）
   A. 资本存量与总产出之比　　　B. 投资总量与总产出之比
   C. 投资增量与总收入之比　　　D. 资本增量与收入增量之比

38. 当国民收入在乘数和加速数的作用下趋于下降时，其减少将因下列哪项因素而放慢
   　　　　　　　　　　　　　　　　　　　　　　　　　　　　　　（　　）
   A. 失业增加　　　　　　　　　B. 边际消费倾向下降
   C. 加速系数上升　　　　　　　D. 总投资降为零

39. 随着社会资本的增长，该社会的产量也会增长，两者之间的增长量之比被称为（　　）
   A. 资本－产量之比　　　　　　B. 产量－资本之比
   C. 边际资本－产量之比　　　　D. 边际产量－资本之比

40. 资本－产量之比是指　　　　　　　　　　　　　　　　　　　　（　　）
   A. 社会总产量与资本存量之比
   B. 社会资本量与产量之比
   C. 社会资本存量与该社会总产量之比
   D. 固定资本与平均产量之比

三、分析题

1. 请运用乘数－加速数模型分析经济周期性波动。
2. 试分析在货币政策、刺激劳动力投入的政策、财政政策、教育科研政策和人口控制政策中，哪一项能够影响长期增长率？

四、论述题

1. 试论述政府如何采取措施对经济波动实行控制。
2. 请阐述乘数－加速数模型的一般原理。
3. 试论述新古典经济增长理论。

【习题答案】

一、判断题
　　1～5. ×××√×　6～10. ××√×√　11～15. √√×√×

二、单项选择题
　　1～5. CDCDA　6～10. BCBBD　11～15. CBBDD　16～20. AACCB
　　21～25. DDDBD　26～30. ABBAD　31～35. AAAAB　36～40. CDDCD

三、分析题

1. 按照乘数加速数原理,在乘数作用下,投资变动会导致收入的多倍变动;而在加速数作用下,收入变动又会引起投资的多倍变动,正是这种双重作用引起了经济的周期性波动。

假设由于新发明的出现使投资的数量增长。投资数量的增长会通过乘数作用使收入增加。当人们的收入增加时,他们会购买更多的物品,从而整个社会的物品销售量增加。通过加速数的作用,销售量的增加会促进投资以更快的速度增加,而投资的增长又使国民收入增长,从而销售量再次上升。如此循环往复,国民收入不断增大,于是,社会便处于经济周期的扩张阶段。

经济周期中波动的根源在于经济体内部,即宏观经济内在就存在着波动的趋势,乘数和加速数都有强化经济波动的趋势。当只有乘数作用时,即加速系数为零,一定支出数额的增加只会使均衡收入增加,而不会造成经济波动。乘数和加速数相互作用才会导致经济波动。宏观经济波动的幅度取决于边际消费倾向和加速系数的数值大小,当这两个参数较小时,经济的波动幅度较小。

然而,社会的资源是有限的,收入的增大迟早会达到资源所能容许的峰顶。一旦经济达到经济周期的峰顶,收入便不再增长,从而销售量也不再增长。根据加速原理,销售量增长的停止意味着投资量下降为零。由于投资的下降,收入减少,从而销售量也因之而减少。又根据加速原理,销售量的减少使得投资进一步减少,而投资的下降又使国民收入进一步下降。如此循环往复,国民收入会持续下降。这样,社会便处于经济周期的衰退阶段。收入的持续的下降使社会最终达到经济周期的谷底。这时,由于在衰退阶段的长时期所进行的负投资,生产设备的逐年减少,所以仍在营业的一部分企业会感到有必要更新设备。这样,随着投资的增加,收入开始上升。上升的国民收入通过加速数的作用又一次使经济进入扩张阶段。于是,一次新的经济周期又开始了。

2. 政府可以影响经济增长的决定因素在于:促进资本的形成,刺激劳动力的投入以及提高技术水平以提高生产率。

(1) 促进成本形成的政策。毫无疑问,投资的增长会提高经济增长的速度,但是,要使经济迅速增长,其投资额十分巨大,尽管在一定的条件下,巨额的投资也是可能的,但是要靠这种巨额投资来带动经济增长是难以持久的。

(2) 刺激劳动力投入的政策。尽管劳动力可以长期增加,但是大多数国家不希望通过加快人口增长速度来扩大劳动大军,因为人们关心的主要是生活水平的提高,而人口增长率高意味着人均收入增长率的下降。在短期内,由于劳动力供给曲线可能后弯的特殊形状,政府采取诸如低税率的财政政策,就业人数会增加,但伴随较高的收入水平,收入效应又会使工作动力下降。因而,大多数经济学家不去考虑增加工人人数的问题,而从提高工人素质角度考虑。

(3) 提高生产力水平的政策。提高生产力水平主要是依靠技术的进步。政府提高生产率的政策重点应该放在增加实物资本的投资和研究发展经费来鼓励技术的发展上。技术进步可以在长期内促使经济的增长。

综上所述,刺激劳动力投入的政策在长期中对经济增长没有效果,人口控制政策只能提高人均产出的增长,大多数国家也不会追求人口增长来带动经济增长;货币政策和财政政策在长期过程中有其缺陷乃至失效。唯有教育与科研政策能使先进的技术知识与高素质的劳动者结合起来形成先进的生产力,促进经济的稳定增长。

四、论述题

1. 从经济增长的源泉我们可以知道,政府可以影响经济增长到决定因素在于:促进资本的形成,刺激劳动力的投入以及提高技术水平以提高生产率。

首先,看促进资本形成的政策。毫无疑问,投资的增长会提高经济增长的速度,但要使经济迅速增长,其投资额十分巨大,尽管在一定的条件下,巨额投资也是可能的,但靠这种巨额投资来带动经济增长是难以持久的。比如,国家为了促进投资,采用扩张的货币政策与财政政策,长期下去会造成通货膨胀,导致经济增长的不稳定。

其次,看刺激劳动力的投入的政策。尽管劳动力可以长期增加,但是大多数国家不希望通过加快人口增长速度来扩大劳动大军,因为人们关心的主要是生活水平的提高,而人口增长率高意味着人均收入增长率的下降。在短期内,由于劳动力供给曲线可能后弯的特殊形状,政府采取诸如低税率的财政政策,就业人数会增加,但伴随较高的收入水平,收入效应会使工作动力下降。因而,大多数经济学家不去考虑增加工人人数的问题,而从提高工人素质角度考虑。

再次,我们来看提高生产力水平的政策。这主要是依靠技术进步。在美国,20世纪60年代经济增长的主要原因在于技术进步。政府提高生产率的政策重点应该放在增加实物资本的投资和研究发展经费来鼓励技术的发展上。当然,技术知识中的一部分被写入书本,还有一部分凝聚在工人的生产经验之中。技术进步可以在长期内促使经济的增长。

从上面的分析可知,刺激劳动力投入的政策在长期中对经济增长没有效果,人口控制政策只能提高人均产出的增长,大多数国家也不会追求人口增长来带动经济增长;货币政策和财政政策在长期过程中有其缺陷乃至失效。唯有教育与科研政策能使先进的技术知识与高素质的劳动者结合起来形成先进的生产力,促进经济的稳定增长。

2. 加速原理是凯恩斯的继承者们对凯恩斯投资理论的重要补充和发展。他们认为,投资是影响经济周期性波动的主要因素,但凯恩斯只考虑了投资对于收入和就业所产生的影响,没有进一步考虑当收入和就业增加后,反过来对投资会产生什么影响。汉森认为,投资的增加通过乘数的作用会引起总收入的增加,而总收入增加后,又会引起消费的增加。当消费数量增加后,又会引起投资的再增加,这种由于收入变动而引起的投资是一种引致投资,而且这种投资增长的速度要比总收入增长的速度更快,这就是"加速原理"的含义。

加速原理的作用要以下述假设条件为前提。首先,假设技术水平不变,资本 – 产量比率不变。从历史发展的观点来看,技术的进步从来没有停止过,因此,资本与产量的比率亦是不断变化的。但是,加速原理的分析必须假定技术水平不变为前提,即假定产量增加同资本存量的增加保持同步增长。其次,假设企业没有闲置的生产设备。加速原理的主要参数加速系数是以固定的资本-产量比率为假定条件,要增加产量,必须增加资本存量,所以,一定要假设企业的设备已达到充分利用,那么,增加产量就要添置新的设备。当然,如果企业有闲置生产设备,需要增加产量时,企业只要动用闲置设备就行了,不必添置新设备,这样就不会增加净投资。最后,假设社会上还有可利用而尚未利用的资源。这样为增加产出而增加的净投资,就能购买到新的设备。

投资的变动取决于年度总产出量增量的变动情况,而不取决于总产出量的绝对值。只要总产出量的增长速度下降,即使其绝对数量还在增加,也会导致社会投资水平的下降。由于资本-产量比率大于1,因此净投资的变动量数倍于总产出量的变动量,这就是加速原理的作用。加速原理是一把双刃剑,它可以使经济加速增长,也可以使经济加速减少。要想使投资保持不变,消费必须持续增长,消费总量只有以递增的速度增长,才能保持加速原理对经济繁荣所产生的刺激作用。如果消费不能持续增长,投资就会下降。有时仅仅是因为消费增长速度减慢了或者消费增长停止了,但消费总量并没有减少,也会导致社会经济出现衰退。

加速原理反映了厂商在对自己产品未来需求有较为确定的预期时,对投资所采取的态度。当厂商认为自己产品的市场需求在不久的将来会增加时,他们就会提高当期的投资意愿,以使这一预期需求能够得以满足。由于能够满足产品需求的一个重要的决定因素是国民收入水平,因此投资所带来的总产出的增长又会产生更多的社会有效购买力,有效需求的增加反过来又会促使厂商增加更多的投资,从而导致总产出更快地增长。设加速数为2,意味着社会每增加一元钱的需求,厂商就必须增加2元钱的投资。如果某经济中的厂商认为该社会的市场需求每年将增加10万元,为完全满足这一预期需求,厂商愿意将当期投资提高到20万元,用于对厂房与设备的购置。在非充分就业的条件下,这增加的20万元投资将会带来更多的产出增长,假设能够带来80万元的产出增长。如果厂商认为这增加了的80万元中有60万元将购买厂商所生产的产品,并能够保持相当长一段时间,他们将愿意再增加120万元的投资,显然,这又会促使总产出以更大的幅度增长。经济由此将不断地向前发展,一直达到经济发展的极限点——由社会可用经济资源如劳动与资本的有限性所造成的对经济发展规模的限制。

综上所述,投资加速原理的经济学含义是:一定时期的投资量取决于总产出增量,而且两者之间存在着确定性的数量关系,这一比值一般是大于1的正数。表明总产出的增加将要求资本存量以更大数量地增加,从而使厂商的当期投资也以更大数量地增加。

3. 新古典经济增长是在生产的规模报酬和劳动力的增长比率不变的假设条件下,研究资本与储蓄之间的关系。模型的基本方程为

$$\Delta k = sy - (n + \delta)k$$

式中,k 为人均资本;Δk 为人均资本的增加量;s 为储蓄率;y 为人均产量;sy 为人均储蓄;n 为劳动力的增长率;δ 为折旧率。

这一关系式表明,人均资本的增加等于人均储蓄减去 $(n+\delta)k$ 这一项。$(n+\delta)k$ 被称为资本的广化,它可以理解为:一方面,一定量的人均储蓄必须用于装备新工人,这一用途的储蓄为 nk;另一方面,一定量的储蓄必须用于替换折旧资本,这一用途的储蓄为 δk。人均储蓄超过 $(n+\delta)k$ 的部分则导致了人均资本的上升,即 $\Delta k > 0$,被称为资本的深化。因此,新古典增长模型的基本方程可以表示为

资源本身化 = 人均储蓄 - 资本广化

新古典增长理论展示了一个稳定的动态增长过程,即当经济偏离稳定状态时,无论人均资本过多还是过少,都存在着某种力量使其恢复到长期的均衡。新古典增长理论提出,要实现稳态,即 $\Delta k = 0$,其条件是:人均储蓄正好等于资本的广化,即 $sy = (n+\delta)k$。

新古典增长理论从20世纪60年代到80年代中期一直都在经济增长的研究中占据主导地位,但随着时间推移,逐渐暴露了一些不足和缺陷。从理论方面来说,其假定的经济中生产函数具有规模报酬不变的性质,往往与事实不符。因为对大多数工业化国家来说,少量的生产投入可能带来大量的产出,而一些发展中国家由于自身条件及政府政策失误等原因有可能出现规模报酬递减。同时,此理论中,稳态增长率是外生的,无法对劳动力增长率和技术进步率做出解释,因而也就对控制人口增长率,提高技术进步速度提不出相应的政策建议。在解释现实方面,新古典经济理论也碰到了很大的麻烦,其得出的"不同国家的经济增长具有趋同性"的结论,显然与现实中的"各国之间存在着增长率上的较大差异"相悖。因此,20世纪80年代中后期以来,逐步形成了流行于西方的"新增长理论"。

第十章
Chapter 10

宏观经济政策

【考点归纳】

重点:本章要求掌握宏观经济政策目标、财政政策和货币政策的产出效应、挤出效应、财富效应及资源配置效应的含义、宏观经济政策的组合效应及组合选用,理解宏观经济政策内容和宏观经济政策调控的力度。

难点:财政政策和货币政策的工具及运用。

【要点解读】

一、宏观经济政策的目标

经济政策是指国家或政府为了增进社会经济福利而制定的解决经济问题的指导原则和措施。在社会主义市场经济中,最根本的目标就是提高人民生活水平。因此,我们可以以此作为宏观调控的终极目标,制定政策,实施调控。怎样才能使人民的生活水平提高呢？首先,居民要就业,要参加社会劳动并获取相应的报酬,一旦失业,生活水平就要大幅下降,因此,增加就业可定位为该层次的一个目标;其次,经济要不断增长,收入要日益增加,而且分配比较合理,如果仅仅维持在原有收入水平,居民生活状况就无法改善和提高;再次,物价要稳定,如果物价不断上涨,收入的上涨部分会被物价吃掉,甚至收入增长赶不上物价上涨,实际收入水平和实际生活水平就会下降;最后,要保持国际收支平衡,在经济全球化的大趋势下,国际经济紧密联系,如果国际收支失衡,势必全面影响一国的就业状况、经济发展和物价水平。因此,从靶心数起,第二层次的调控目标有四个:充分就业、经济增长、稳定物价和国际收支平衡。

(一)充分就业

一般来说,充分就业是指一切生产要素(包含劳动)都有机会以自己愿意的报酬参加生产的状态。

(二)物价稳定

物价稳定是指价格总水平的稳定。物价稳定不是价格不变,经济要增长,没有一点通货膨胀是很难的。

(三) 经济增长

经济增长是指在一个特定时期内经济社会所生产的人均产量和人均收入的持续增长。通常用一定时期内实际国内生产总值年均增长率来衡量。适度的增长率是要既能满足社会发展的需要,又是人口增长和技术进步所能达到的。

(四) 国际收支平衡

国际收支平衡主要是要求一国能保持汇率稳定,同时其进出口达到基本平衡,达到既无大量的国际收支赤字又无过度的国际收支盈余。

二、宏观经济政策的内容

宏观经济政策工具是用来达到政策目标的手段。在实现经济政策工具中,常用的有需求管理政策、供给管理政策和国际经济政策。

(一) 需求管理政策

一些经济学家认为经济波动的根源在于总需求的波动。总需求不足导致失业增加,经济萧条;总需求过多,导致物价上升,经济膨胀。需求管理政策就是要通过对总需求的调节,实现总需求等于总供给,达到既无失业又无通货膨胀、经济稳定增长的目标。需求管理政策包括财政政策和货币政策。

(二) 供给管理政策

另一些经济学家相信萨伊定律,认为供给会创造出自己的需求。失业是由总供给不足引起的。而总供给不足的原因在于税率过高,挫伤了人们储蓄、投资与工作的热情。只有降低税率,才能增加总供给,增加就业。供给管理政策是通过对总供给的调节,来达到上述政策目标。供给管理包括控制税收政策、改善劳动力市场状况的人力政策以及放松减轻政府对经济的管制,鼓励自由竞争等政策。

(三) 国际经济政策

一国的宏观经济政策目标的实现不仅有赖于国内经济政策,而且受到国际经济环境的影响。需要采取相应的国际经济政策,以实现国际收支平衡。

本章集中精力介绍凯恩斯的需求管理政策,即财政政策和货币政策。

三、财政政策

(一) 财政政策的含义

财政政策是指根据稳定经济的需要,通过财政支出与税收政策来调节总需求,进而影响就业和国民收入的政策。按照不同的标准,财政政策可划分为不同的类型。按内容可分为政府支出政策、转移支出政策和税收政策;按其对总需求的影响可分为扩张性的财政政策和紧缩性的财政政策;按作用机制可分为相机抉择的财政政策和自发的财政政策等。

为了更好地了解财政政策的内容,我们必须首先来了解财政政策的工具。

(二)财政政策的工具

财政政策工具是政府为实现既定财政政策目标而采取的手段。选择什么样的财政政策工具,这是制定和实施财政政策的重要一环。财政由政府收入和支出两个方面构成。政府支出是指整个国家中各级政府支出的总和,主要包括政府购买和政府转移支付两类;政府的收入则主要包括税收和公债两类。

1. 政府购买

政府购买是指政府对商品和劳务的购买,例如支付政府雇员报酬、购买军需品、政府办公用品、投资公共基础设施建设(学校、公路、机场)等所需的支出等都属于政府购买。其作用形式是政府购买的规模、方向和方式。政府购买是一种实质性支出,有着商品和劳务的实际交易,因而直接形成社会需求和购买力,是国民收入的一个组成部分。因此,政府购买支出是决定国民收入大小的主要因素之一,其规模直接关系社会总需求的增减。购买支出对整个社会总支出水平具有十分重要的调节作用。在总支出水平过低时,政府可以提高购买支出水平,如举办公共工程,增加社会整体需求水平,以此同衰退进行斗争。反之,当总支出水平过高时,政府可以减少购买支出,降低社会总需求,从而抑制通货膨胀。因此,变动政府购买支出水平是财政政策的有力手段。

2. 转移支付

政府转移支付是指政府不以取得商品和劳务为目的的支出,主要包括社会保险与社会福利支出,如公共医疗保险、义务教育支出、社会福利支出等。其作用形式是政府转移支付的对象、规模、结构和范围。通过支付与否、支付多少的差别,贯彻国家对经济生活的鼓励或限制政策。转移支付仅仅是政府将收入在不同社会成员之间进行转移和重新分配,全社会的总收入并没有发生变动。一般情况下,当总支出不足时,失业增加,这时政府应增加社会福利费用,提高转移支付水平,从而增加人们的可支配收入,社会有效需求因而增加;当总支出水平过高时,通货膨胀率上升,政府应减少社会福利支出,降低转移支付水平,从而降低人们的可支配收入和社会总需求水平。

3. 税收

税收是最主要的财政政策工具之一,是政府财政收入中最主要的部分。作为政策工具,税收的作用形式是税种、税率和减免税。由于税收是凭借国家的政治权利取得的收入,税种的开征与废止,税率的提高与降低以及减免税规定,都必须通过立法程序来确定。因此,税收是国家可以依据法律的严肃性而加以控制和运用的一个可靠工具。国家通过对税种、税率、减免税的变化,体现国家对社会经济活动的鼓励或限制政策,从而调节经济结构,调节社会总供给和总需求,鼓励或限制某些行业、部门、企业或产品的生产与流通。一般情况下,降低税率、减少税收会引致社会总需求增加和国民收入的增长,反之则引起社会总需求和国民收入的降低。

4. 公债

公债是政府财政收入的又一组成部分,它不同于税收,是政府运用信用形式筹集财政资金的特殊形式。它的作用形式是公债发行额、公债对象和公债利息率。中央政府发行的公债,其发行的规模、对象及利率,国家都可以直接控制。国家利用公债资金进行现代化建设,可以加快能源、交通等重点建设及基础工业的发展,从而有利于产业结构的优化。国家通过公债规模的确定、发行对象以及利率的调整,可以间接调整市场上的货币流通量,调节社会总供给和总需求的总量平衡与结构平衡。

(三)财政政策的运用

财政政策的基本作用机制就是"逆经济风向而动"、"相机抉择",即当经济处于衰退状态时,采取扩张性政策,而当经济处于过热状态时,则采取紧缩性政策。财政政策对经济的调节可以分为自动调节和主动调节两种情况,下面分别介绍。

1. 财政政策的自动调节

由于政府收入和支出自身所具有的特点,许多收入和支出项目本身就具有一种自动逆经济风向而动的倾向和趋势,能够减缓宏观经济的波动性。这些财政收入和支出项目就称为自动稳定器,也可以称为内在稳定器,或者将这种情况称为财政政策的自动调节。

自动稳定器类似于汽车的减震器,即在经济处于过热状态时,自动具有冷却的作用,而当经济处于衰退状态时,则自动具有扩张性的影响。财政政策的自动调节功能主要体现在下列三个方面。

(1)政府的税收的自动变化。主要是个人和公司所得税,大多数国家的所得税制都是累进税制,即随着应纳税所得逐渐提高,增加部分应纳税所得适用的税率越来越高。当经济衰退时,国民收入水平下将,纳税人收入减少,则纳税人自动进入较低纳税档次,政府税收自动减少,从而产生紧缩作用可以抑制衰退;反之,当经济繁荣时,国民收入增加,纳税人收入水平提高,自动进入较高纳税档次,政府税收自动增加,从而产生扩张作用起到抑制通货膨胀的作用。

(2)政府转移支付的自动变化。政府转移支付当中的失业救济金和其他社会福利支出。当经济出现衰退时,失业水平提高,符合救济条件的人数增加,失业救济金和其他社会福利开支就会相应增加,有增加政府支出促使经济扩张的趋势,即通过增加人们的收入抑制消费需求的下降,抑制衰退;当经济繁荣时,失业水平下降,符合救济条件的人数自然减少,失业救济金和其他社会福利支出也就会减少,产生紧缩效应,从而抑制消费需求的增长,抑制经济过热。

(3)农产品价格维持制度。当经济萧条时,国民收入下降,农产品价格下降,政府按照不变的支持价格收购农产品,可以使农民的收入和消费维持在一定水平上;当经济繁荣时,国民收入水平上升,农产品价格上升,这时政府减少对农产品的收购并抛售一定量的农产品,限制农产品价格上升,这样就会抑制农民收入和消费的增长。

但应注意,由于政府税收和转移支付自动调整是一种事后调整而且调整的幅度很小,因此财政政策工具"自动稳定器"的作用很有限,它只能减轻经济萧条或通货膨胀的程度,而不能从根本上改变经济萧条或通货膨胀的状态。正是由于财政政策自动调节的有限性,所以各国均更重视财政政策的主动调节。

2. 财政政策的主动调节

在运用财政政策对宏观经济进行主动调节时,政府应针对不同情况采取不同的政策措施。综观各国的财政政策,概括起来有以下三种措施的运用。

(1)扩张性财政政策。在经济萧条时期,社会总需求小于总供给,失业率上升,储蓄大于投资,一部分货币购买力溢出循环,使一部分产品卖不出去,价格下降,市场上资金短缺,利率上升。这时,政府就应主动采取增加财政支出、减少税收的政策,以增加有效需求。这种积极增加财政支出的政策称为扩张性财政政策,如果增加的财政支出超过了财政收入,也被称为赤字财政政策。

由于凯恩斯分析的是需求不足型的萧条经济,赤字财政是凯恩斯学派的一个最主要的财政政策。在20世纪30年代大危机之后是有效需求不足的萧条时期,一方面政府实行减税(包括免税、退税),个人将留下较多的可支配收入,从而使消费增加。减税和个人增加消费的结果,使企业乐于增加投资,这样总需求水平就会上升,从而有助于克服萧条,使经济走出低谷。另一方面,政府扩大支出,包括增加公共工程开支、政府购买、政府转移支付等,以增加个人的消费和促使企业投资,提高总需求水平,对克服萧条也起到了重要的作用。

(2)紧缩性财政政策。在经济繁荣时期,总需求大于总供给,投资大于储蓄,需求虽旺盛,但产量已无法增加,因此引起物价上涨,通货膨胀率上升。为了抑制通货膨胀,稳定物价,使产量与收入保持在充分就业的水平上,政府要用紧缩财政支出与增加税收的方法来抑制有效需求,使财政收支有盈余。这种紧缩财政支出,使之小于财政收入的财政政策被称为紧缩性财政政策。

在通货膨胀时期,一方面政府增加税收,使个人的可支配收入减少,从而消费将减少。增加税收和个人减少消费的结果,使企业减少投资,总需求水平下降,有助于消除通货膨胀。另一方面政府减少财政支出,包括减少公共工程开支、政府购买、政府转移支付等,来压缩个人的消费和限制企业的投资,使得总需求水平下降,有助于消除通货膨胀。

在通货膨胀时期,政府多收少支,会出现财政盈余。对财政盈余比较可行的处理方法是,在通胀时期把财政盈余作为财政部的闲置资金冻结起来,等到经济萧条时再使用。政府不能在这时将财政盈余支出,否则会使通货膨胀更加严重。政府也不能在这时用盈余来偿还政府欠公众的债务,否则个人手中就会增加一笔现金,又会增加消费和投资,达不到消除通货膨胀的目的。

(3) 平衡性财政政策。平衡性财政政策是指政府通过财政分配活动对社会总需求的影响保持中性。财政的收支活动对社会总需求既不产生扩张性的后果,也不产生紧缩性的后果。在一般情况下,对财政收支保持平衡的政策就被称为平衡性财政政策。这种政策一般是通过严格规定财政收支的预算规模,并使之在数量上保持基本一致来实现的。只有当实现社会总供求矛盾不突出的条件下使用平衡政策,其效果才较为明显。如果财政收入总量与支出总量的平衡是建立在社会生产力严重闲置的基础上的,平衡性财政政策所维持的总供求平衡就是一种低效率的平衡。其结果必然是生产的停滞和资源的浪费。一般来说,平衡财政政策能否有效发挥作用的关键,是合理确定财政支出的总规模。长期以来,我国坚持平衡性财政政策,但由于在确定支出总量时缺乏科学性与合理性,所以导致平衡财政政策的预期目标往往很难达到。

综上所述,无论是扩张性、紧缩性还是平衡性财政政策,都与社会总需求与总供给的平衡状况相联系。宏观经济调控的任务在于保持总需求与总供给的基本平衡。因此,我们只能根据总需求与总供给的不同对比状态来选择使用财政政策。当总需求明显不足,经济资源未能充分利用,潜在的生产能力没有充分发挥时,一般应实行扩张性的财政政策。尽管采取减税或扩大支出的措施会产生财政赤字,但却可以扩大总需求,使之与总供给趋向平衡。当然,赤字的规模不能过大。当总需求明显超过总供给,并已发生通货膨胀的情况下,则应实行紧缩性财政政策,把过旺的需求压下来。这时虽然采取增税和缩减支出的措施会产生较多的财政盈余,但也是必要的。而当总需求与总供给大体平衡时,应采取平衡性财政政策。由于经济经常处于一种非均衡运行状态,因此,使用平衡性财政政策的机会是较少的,而较多的是使用扩张性或紧缩性的财政政策,一般是交替使用。这种交替使用的扩张性和紧缩性财政政策,也被称为补偿性财政政策。

四、货币政策

(一) 货币政策的含义

货币政策是指中央银行通过货币政策工具控制货币供应量,从而影响利率水平,进而影响投资和整个经济,以达到一定经济目标的行为。这主要是凯恩斯主义者的观点,大致也是西方目前的主流观点。

一般来说货币政策包括三方面的内容:最终目标、中间目标和实现目标所运用的政策工具。

货币政策的最终目标也就是宏观经济目标,由于宏观经济目标之间存在一定的矛盾性,因而,不同时期各个国家的货币政策的目标也会发生变化,并且通过中间目标的变动来影响社会的总需求，从而调节国家的宏观经济。

货币政策的中间目标，是指中央银行为了实现货币政策的最终目标而设置的可供观测和调控的指标。由于货币政策的最终目标是中央银行必须经过一定的努力才能达到的，所以中央银行必须寻找一些指标，来观测最终目标的实现情况及对政策变量进行调整。为此，中央银行设置了一些能够在短期内显现出来，并与货币政策最终目标高度相关的指标，通过对这些指标的观测和控制，从而间接地控制最终目标。

总体而言，货币政策中间目标的作用在于：表明中央银行实施货币政策的进度，为中央银行提供一个追踪观测和控制的指标，有利于中央银行随时调整货币政策。

中央银行在选择货币政策的中间目标时，需要考虑可控性和相关性。前者指作为中间目标的指标必须能直接处于中央银行运用的政策工具的作用范围之内；后者则指作为中间目标的指标必须同货币政策的最终目标高度相关，因为只有具有高度相关性，中央银行才能根据这些中间指标来判断最终目标的变化情况，才能准确地操作货币政策工具达到预定的目的。

一般而言，西方各国货币政策的中间目标主要有利率和货币供应量（包括现金和存款），是选用货币供应量还是选用利率作为中介目标，要根据具体的条件以及积累的实际经验来决定。

（二）货币政策工具

为了实现货币政策的最终目标，中央银行除了要设置中间目标用于观测和跟踪外，还需要设置强有力的货币政策工具。西方国家货币政策工具可分为一般性货币政策工具和选择性货币政策工具。一般性货币政策工具包括再贴现政策、公开市场业务和法定准备金等；选择性货币政策工具包括直接信用控制（消费信贷控制、房地产信贷控制、证券信用交易的保证金比率）和间接信用控制（道义劝说、窗口指导）。

1. 法定存款准备金率

当中央银行调整法定存款准备金率时，直接改变了货币乘数，从而改变了商业银行能够创造的存款货币量，使整个社会的货币供应量发生变化。如果中央银行希望减少货币供应量，那么可以提高法定存款准备金率，反之，通过降低该比率来增加货币供应量。另一方面，法定存款准备金率对商业银行贷款业务的实际成本也产生了重要的影响，准备率越高，实际成本越高，反之，实际成本越低。

改变法定存款准备金率会影响商业银行的实际收益和成本关系，当贷款成本降低，或者贷款收益增加，那么商业银行就愿意增加贷款，从而扩大了货币供应量，反之，则会减少货币供应量。

法定存款准备金率常常保持稳定。因为中央银行如果频繁地改变法定存款准备金率，不仅导致货币供给量的剧烈变动，而且会使商业银行感到无所适从，无法正常地开展业务。因此，改变法定存款准备金率，是一个强有力但却不常用的货币政策工具。

2. 再贴现率

商业银行持有商业票据也可能会出现资金不足的情况，那么，商业银行就可以将未到期的商业票据再向中央银行出售,这一过程与前面相似,称为再贴现,其中的利息率就称为再贴现率。

由于再贴现过程相当于中央银行向商业银行提供贷款,那么再贴现率就相当于贷款利率。当再贴现率提高时,商业银行向中央银行贷款的成本就增加了,商业银行就不愿意向央行贷款,从而间接控制了商业银行向外发放贷款的数量,减少了货币供应量。反之,当再贴现率降低时,商业银行向中央银行贷款的成本降低,商业银行愿意更多地向央行贷款,从而扩大了货币供应量。

除了商业银行向中央银行出售票据以获得贷款外,当商业银行出现临时性准备金不足时,也可以向央行贷款以补充准备金,或者将商业银行自己持有政府证券作为担保向央行贷款,由于这种情形与前面的类似,这时商业银行向中央银行贷款的利率也称为贴现率。控制该贴现率同样会控制银行体系的贷款规模,进而控制货币供应量。

贴现率对货币供给量的影响比人们想象的要小得多。因为贴现率不是一个具有主动性的政策,一方面,如果商业银行不向中央银行借款,贴现率的变动就没有效果;另一方面,当商业银行十分缺乏准备金时,即使贴现率很高,商业银行依然会从贴现窗口借款。

而事实上,商业银行和其他金融机构总是尽量避免去贴现窗口借款,以免被人误认为自己财务状况有问题。而且,在贴现窗口的借款期限很短,借款数量也有一定的限制。所以,商业银行和其他金融机构一般只将它作为紧急求援手段,平时很少加以利用。

贴现率政策往往作为补充手段而和公开市场业务政策结合在一起进行。一般来说,当公开市场业务成功地把利息率提高或降低到某一水平时,中央银行也必须把贴现率提高或降低到与该水平相协调的数值。因此,在更多的情况下,再贴现率主要是跟随市场利率,以防止商业银行的投机套利行为。

3. 公开市场业务

公开市场业务是指中央银行在公开市场(面对社会公众的市场)上买卖政府证券以控制货币供给和利率的政策行为。虽然公开市场业务反映了中央银行与社会公众的证券买卖关系,但一般操作中是通过商业银行进行的,中央银行不直接与社会公众进行交易。

由于政府证券是一种债权债务凭证,不能在市场上流通,即不能作为交易过程中的媒介,当中央银行购买政府证券时相当于向社会增发了相应的货币量,这些基础货币量通过货币乘数的作用影响到货币供应量。当中央银行出售政府证券时相当于从社会回笼了相应的货币量,同样经过货币乘数的作用减少了货币供应量。

另一方面,当中央银行介入政府证券市场(主要是政府债券、国库券的二级交易市场)进行交易时,也改变了市场的供求关系,引起债券价格变动,从而影响到市场利率水平。

公开市场业务在现代央行最主要的货币政策工具。因为运用这种政策手段能够比较准确而又及时地控制银行体系的准备金和货币供给量。

表 10.1　三种货币政策工具的比较

货币政策工具	效力	主动性	灵活性
法定存款准备金率	强	主动	弱,不能微调
贴现率	弱	被动	弱,能微调
公开市场业务	中	主动	强,能微调

4. 选择性货币政策工具

除了上述三大货币政策工具外,中央银行还可以运用一些其他的货币政策工具,通常称为选择性货币政策工具。主要有:

(1)消费信贷控制,即对各种消费信贷的条件、用途、还款方式、利率等进行限制,从而达到控制某些类型贷款的目的。

(2)房地产信贷控制,主要是对土地和房屋等不动产信贷进行控制,对贷款中的首付款成数、贷款期限等进行控制,例如,如果将贷款成数从70%放宽到80%,那么会促进这类贷款增加,反之,则可以控制贷款数量。通过这些控制可以在一定程度防止因房地产投机造成经济波动。

(3)证券信用交易的保证金比率,即中央银行对以信用方式购买各类证券规定最低应付现款的比率,限制信用规模,从而控制市场投机行为。

(4)道义劝告,是指中央银行利用其特殊的地位,向商业银行和其他金融机构通过发布通告、指示、指南或者进行人员沟通等,传达央行的政策意图,从而达到一定的政策目的。虽然道义劝告不具备法律效力,但商业银行往往愿意遵循央行的指示,以免对自身业务造成不利的影响。

(二)货币政策的传导机制

由于货币政策不直接对总需求产生影响,而是通过政策工具间接调整总需求的投资项目,因此,货币政策与财政政策相比更为间接、迂回,涉及的中间变量和环节较多。货币政策的传导机制如图 10.1 所示。

①货币政策工具→②货币供应量→③货币市场供求关系→④利率→⑤投资→⑥国民收入

图 10.1　货币政策的传导机制

上述传导机制说明,当中央银行调整某个货币政策工具后,引起货币供应量发生变化,进一步使货币市场的供求关系出现相对的供过于求或相对的供不应求,从而使利率发生变化,当利率变化后,引致投资变动,投资变动带来国民收入变化。

下面我们结合具体的货币政策工具进行说明。假如中央银行提高法定存款准备金率,那么,使货币乘数变小,同样的基础货币量带来较低的货币供应量。从而改变了货币市场上的供求关系,出现相对的供不应求,使利率水平提高。由于利率与投资之间存在反方向变动关系,因此,引致投资减少,进而带来均衡国民收入水平降低。可见,提高法定存款准备金率是一种紧缩性的货币政策。

假如中央银行降低贴现率,那么商业银行向中央银行贷款的成本会降低,商业银行愿意向中央银行更多地贷款,从而扩大了货币供应量,货币市场出现相对的供过于求,利率下降,投资增加,均衡国民收入提高。当然,均衡国民收入提高的另一含义就在于增加了就业量,减少了失业量。可见,降低贴现率是一种扩张性的货币政策。

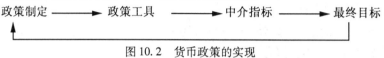

图 10.2 货币政策的实现

(三) 货币政策的运用

货币政策是政府通过控制货币供给、影响利率及经济中的信贷供应程度所组成的。其核心是通过货币供应量的调节和控制来扩张或抑制社会总需求水平,从而实现社会总供给与社会总需求的平衡。货币政策分为扩张性货币政策、紧缩性货币政策和均衡性货币政策。

1. 扩张性货币政策

扩张性货币政策是通过提高货币供给增长率,从而增加信贷的可供量,随之降低利率,来刺激总需求的增长。这种政策使用的条件是:总需求不足、资源未被充分利用、失业率很高。在经济萧条时,选择这种货币政策最为合适。

扩张性货币政策是以凯恩斯理论为依据的。按照凯恩斯理论,在经济处于萧条时期,采取扩张性货币政策,既可以扩大社会支付能力,又可以降低利率,而低利率既能刺激消费,又能刺激投资。但是,必须注意到,不断促进货币扩张,货币供应扩大,其结果又将使利率呈上升趋势。因为继续刺激经济,就会使货币的需求上升,货币需求上升又必然引起利率提高、投资下降,结果导致总需求下降。

2. 紧缩性货币政策

紧缩性货币政策是指通过降低货币供给增长率,从而减少信贷的可供量,随之提高利率,来削弱总需求的增长。在通货膨胀严重、经济过热情况下,选择这种货币政策最为合适。

从放松银根到抽紧银根,可以是采取主动措施的结果,例如,在公开市场上出售债券,提高准备率和贴现率等;也可以是被动的,例如,在信贷需求日益增长情况下,没有相应增加准备金。但是必须注意到,紧缩性货币政策的主要功能是抑制总需求的增长,使总需求的增长较快地落后于总供给的增长。

3. 均衡性货币政策

均衡性货币政策的主要内容是:按照国内生产总值增长率确定货币供应量增长率,以使货币供应量形成的社会需求与总产出之间保持一种对等的关系。可见,均衡性货币政策着眼于经济的稳定,力图在总需求与总供给之间保持平衡。这时,币值也必然是稳定的,故均衡性货币政策有时又被称为稳定货币政策。

均衡性货币政策是指根据调整国内生产总值增长率来控制货币供应量,从而使货币供应量与货币需求量大体相等。使用的条件是:总供给和总需求大体上是平衡的。均衡性货币政策的调节功能,是促进或保持总需求与总供给的平衡。在社会总需求膨胀且超过总供给的条件下,中央银行依据均衡性货币政策,可以控制货币供给量,对过度的市场需求起到抑制作用;在社会有效需求不足,总供给严重超过总需求的条件下,中央银行依据均衡货币政策,可以扩张自己的资产业务,增加货币供给量,改变因货币供应不足而使需求萎缩的状况,有效地调节总需求和总供给的关系。

货币政策是经济理论在宏观经济管理中的具体实践。一定的货币政策总是代表着某一经济理论流派的理论观点和政策主张。例如,第二次世界大战后的很长一段时间,西方各国政府受凯恩斯经济理论的影响,普遍推行了扩张性货币政策。20世纪70年代末,面对"滞胀"的顽症,货币主义理论应运而生,不少国家政府又转而采取了货币主义控制货币供应量增长的政策主张。因此,货币政策的变动既受现实经济形势的制约,又受经济理论的影响,货币政策及其措施带有明显的理论倾向性。而且对于货币政策的宏观调控能力应当有一个正确的估计。既不应轻视货币政策的宏观调控作用,又不要过分夸大货币政策的效果,应当承认货币政策的作用是有局限性的。

五、宏观经济调控效应

(一)财政政策的调控效应

1. 财政政策的产出效应和挤出效应

(1)财政政策的产出效应。财政政策的产出效应是指财政政策对整个经济体系中的生产和就业水平所产生的实际影响。政府通过变动税收和政府支出来影响总需求,进而使国民收入发生变动。如图10.3,当一国实行扩张性的财政政策,会导致 IS_0 曲线向右移动到 IS_1,这会引起国民收入由 Y_0 增加到 Y_1,Y_0Y_1 即为产出效应。

(2)财政政策的挤出效应。

①挤出效应的概念。扩张性财政政策所引起的利率上升,挤占私人投资,抑制总需求增加的现象,称为财政政策挤出效应。

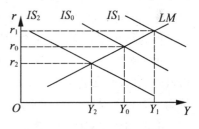

图10.3 财政政策的产出效应

下面几种财政政策都可能导致挤出效应:a. 政府对公共图书馆增加拨款。这样公众就会更多地利用公共图书馆的书籍,而在书店的购买支出将减少。b. 政府增加公共教育经费。这样公众接受私人教育的支出将减少。c. 政府增加对公共交通费用拨款。这样公众的交通费用支出将减少,随着道路质量的提高,汽车保养费用将降低。d. 随着政府支出的不断增加,财政势必出现赤字,赤字的规模也日益膨胀。为弥补财政赤字,政府不得不扩大资金筹集,或者提高实际利率,这样势必要影响私人的投资能力。

②挤出效应的产生原因。挤出效应可能是部分的,也可能是完全的。当私人投资的减少小于政府支出的增加时,这时的挤出效应就是部分的;当私人投资的减少量与政府支出的增加量相等时,挤出效应就是完全的。何种情况下政府的挤出效应是完全的,什么情况下是部分的,依经济社会的经济运行状况的不同而不同。

当经济达到充分就业时,政府支出增加会导致私人投资以如下方式减少:由于政府支出增加,产品市场上产出水平达到极大,导致在产品市场上对商品和劳务的购买竞争加剧,物价水平上涨,如果在这时货币的名义供给量不变,实际的货币供给量必然会由于价格的上涨而减少。由于产出水平不变,用于交易需求的货币量(m_1)不变,只有使用于投机需求的货币量(m_2)减少。结果,债券价格会下跌,利率上升,必然导致私人投资支出减少。私人投资的减少,必将产生一系列的影响,首先使总需求减少,导致国民收入降低,影响人们的消费水平,使人们的消费随之降低。这就是说,政府支出的增加"挤占"了私人的投资和消费。

短期中,如果工人由于存在货币幻觉或受工资契约的约束,货币工资不能随物价上涨同步增加,企业会由于工人实际工资水平的降低而增加对劳动的需求,因此,短期内就业和产量会增加。但从长期来看,工人会由于物价的上涨要求增加工资,企业也将把对劳动的需求稳定在充分就业的水平上,因此,政府支出的增加只能完全地挤占私人的投资和消费,"挤出效应"是完全的。

当经济处于非充分就业时,政府采取扩张性财政政策,增加政府支出,同样会对私人投资产生"挤出效应",但一般来说,这时的政府支出的增加对私人投资的挤出效应不会是完全的,原因在于此时的经济社会存在一定的失业,政府扩张性的财政政策多少能使就业和产出增加一些。但为什么在非充分就业的经济中,政府支出的增加还会对私人投资有一定的挤出效应呢?因为政府支出的增加提高了总需求水平,必然使产出水平相应提高,交易需求所需的货币量随之增加,在名义货币供给不变的情况下,货币需求就大于货币供给,利率因此而上升,从而导致私人投资水平不同程度地下降。

③影响挤出效应的因素。政府支出会在多大程度上"挤占"私人投资呢?具体来说取决于以下几个因素。

第一,货币需求的收入弹性。货币需求的收入弹性越大,LM 曲线越陡峭,说明货币需求对产出水平越敏感,一定的国民收入增加所引起的货币需求的增加也大,在货币供给量不变的前提下,货币需求越大,利率上升得越高,私人投资和总需求减少得越多,国民收入增加得越少,即挤出效应越大。反之,货币需求的收入弹性越小,LM 曲线越平坦,挤出效应越小。

第二,货币需求的利率弹性。货币需求的利率弹性越小,LM 曲线越陡峭,说明货币需求对利率越敏感,一定的货币需求增加需要利率上升很多,从而投资和总需求减少得越多,国民收入也就减少得越多,即挤出效应越大。反之,货币需求的利率弹性越大,LM 曲线越平坦,挤出效应就越小。

第三,投资的利率弹性。它表示投资需求对利率的敏感程度。投资的利率弹性越大,说明投资需求对一定的利率变动越敏感,IS 曲线的斜率就越小,IS 曲线越平坦,一定的利率变动所引起的投资变动也就越大,使总需求和国民收入的变动就大,因而挤出效应就越大。反之,投资的利率弹性小,"挤出效应"也越小。

第四,支出乘数。支出乘数越小,IS 曲线斜率会越大,IS 曲线越陡峭,政府支出所引起的国民收入的增加也越少,但利率提高使投资减少所引起的国民收入的减少也越少,即挤出效应也越小;反之,支出乘数越大,IS 曲线斜率就越小,IS 曲线越平坦,"挤出效应"也越大。

在这些影响挤出效应的因素中,支出乘数主要取决于边际消费倾向。一般而言,边际消费倾向是比较稳定的,同时税率也不会轻易变动。货币需求的弹性主要取决于人们的支付习惯和制度,一般也认为其比较稳定。因此,"挤出效应"的大小主要取决于货币需求的利率弹性和投资的利率弹性。

2. 财政政策的资源配置效应

在市场经济条件下,政府投资与一般的社会投资所涉及的领域是完全不同的。社会投资主要集中在竞争性的、私人产品的生产领域,而政府投资则主要集中在带有较强垄断性的、公共产品的生产领域。政府投资的资源配置效应就是指社会资源在这两大领域,尤其是指在私人产品与公共产品生产领域的分配比例。

税收对经济资源配置的影响是指国家通过税收的开征和调整影响经济资源在地区、产业、行业和产品间的分配。西方经济学家认为,在大多数情况下,市场竞争和价值规律能够做到对资源的合理配置,国家干预反倒有可能使资源配置效率受到损失。因此,他们推崇"中性税收",不主张用税收干扰私人部门已经形成的资源配置格局。但是他们同时也认为,在特殊情况下,政策利用税收进行适度调节也是可行的。西方经济学界的主流思想仍然是不干预或尽量少干预。然而在市场机制并不是非常健全,或正处于发展过程中的国家对中性税收的推崇程度并不如西方国家高。比如中国改革开放十几年来的税收政策明显没有贯彻税收中性思想,而是一种积极利用税收杠杆调节资源配置的非中性方式,并且也取得了令人瞩目的经济成就。其原因主要是中国不可能重复西方国家几百年以来利用市场优化资源配置的过程,必须在汲取前人经验、深刻洞察规律的基础上借助税收政策促进经济发展和市场的完善。但这种税收干预资源配置的方式人为因素过多,如果掌握不好定会带来巨大的风险和损失,所以对经济决策者的素质提出了更高的要求。

3. 财政政策的局限性

对财政政策的分析表明,如果要扩张经济就需要增加政府支出或者削减税收,以增加总需求;如果要紧缩经济就应采取相反措施,这种决策看起来相当简单,但在实际应用中却很难收到预期的效果。

(1) 财政政策在实际运用中会发生各种矛盾，从而限制财政政策对市场经济的调节作用。这种局限性在税收政策方面表现为：

①为防止通货膨胀而增加税收，以压缩社会总需求，抑制物价上涨。但是，如果对企业利润增加课税，企业为了保持原有利润，会抬高商品价格；因此，通过税收负担的转嫁过程，增税必然会引起物价上涨，从而限制了税收政策用以抑制物价上涨的作用。如果对个人所得增加税收，将直接降低个人可支配收入以及个人消费水平，这会与因对企业增税而引起的物价上涨结合起来，遭到国民的反对，实施起来有一定的难度。

②为防止经济衰退而减少税收，但人们并不一定将因少纳税而留下来的钱用于购买商品，而可能用于储蓄。因此，减税并不见得能够带来消费或投资的增加。

财政政策在支出政策方面的局限性表现为：

①在萧条时期，政府的购买和转移支付的增加，虽然提供了消费与投资，扩大总需求的可能性，但如果人们将这笔收入用于储蓄而非商品购买时，这种可能性就不能成为现实。

②在通货膨胀时期，政府要减少对商品的购买，将直接影响大企业的收益，因此会遭到他们的强烈反对。政府要削减转移支付，将直接减少人们的收入，甚至影响基本生活，因此会遭到公众的反对。

③在通货膨胀时期，政府削减支出，但由于其中部分财政支出具有刚性，使得财政支出难以大幅度压缩。

(2) 财政政策的调控作用还受时间滞差的限制。财政政策的调控措施需要一定的时间才能取得效果，这种因时间的滞差限制政策措施作用的现象叫做"政策时滞"，它在实际经济生活中主要有以下表现：

①识别时滞，即在经济运行状况发生变化与认识这种变化之间存在着时间的迟误。它一方面来自识别和搜集资料时间产生的迟误；另一方面来自市场短期波动掩盖长期波动的现象，要从短期波动中识别长期波动的转折点总是困难的。因此，当识别出衰退或膨胀的转折点时，可能已置身于这一过程之中了。

②行动时滞，即认识到经济变化与制定执行政策措施之间存在的迟误。以美国为例，在经济周期转折点表现出来后，不能立即采取行动，而是由主管部门制定了可供选择的财政措施，交总统批准，然后送交国会讨论。这需要经过较长时期的辩论、折中和妥协，才能达成一致意见。

③反应时滞，即在政策措施开始执行与这些措施产生实际效果之间存在时间的迟误。即使政府及时地将反经济周期的财政政策付诸实施，该措施也须经过一段时间才能奏效。乘数的发生过程即是如此。

(二)货币政策的调控效应

1. 货币政策的产出效应和挤出效应

(1)货币政策的产出效应。货币政策的产出效应是指货币政策对整个经济体系中的生产和就业水平所产生的实际影响。影响货币政策产出效应的因素很多,如政治和经济环境的稳定性、信贷和金融工具的可获得性、工会的权利、司法体系的完备性、中央银行的独立性,预期的构成、货币政策传导的速度或者时间以及经济开放度。

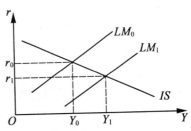

图10.4 货币政策的产出效应

如图10.4,一国变动货币政策,如采取扩张性货币政策,会使得 LM 曲线从 LM_0 右移到 LM_1,这使实际国民收入水平由 Y_0 增加到 Y_1,那么,Y_0Y_1 为产出效应。

(2)货币政策的挤出效应。紧缩性货币政策所引起的利率上升,挤占私人投资,抑制总需求增加的现象,称为货币政策的挤出效应。

一般情况下,当采取货币政策变动货币供给量,既影响利率,也影响实际国民收入水平。如图10.5,一国变动货币政策,如采取紧缩性货币政策,会使得 LM 曲线从 LM_0 左移到 LM_1,这使利率由 r_0 上升到 r_1,而利率的上升必然会减少私人投资,使总需求减少,从而导致国民收入由 Y_0 减少到 Y_2,Y_0Y_2 即为挤出效应。

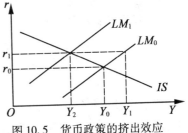

图10.5 货币政策的挤出效应

2. 货币政策的财富效应

财富效应(the wealth effect)是指由于金融资产价格上涨(或下跌),导致金融资产持有人财富的增长(或减少),进而促进(或抑制)消费增长,影响短期边际消费倾向(MPC),促进(或抑制)经济增长的效应。简而言之,就是指人们资产越多,消费意欲越强。财富效应又称实际余额效应。

这一概念是 C·哈伯勒提出来的,在研究非充分就业的均衡状况的可能途径方面,哈伯勒把注意力集中在货币财富上,并指出在价格下降时,这种财富的实际价值会增加;因此货币财富的持有者会通过支出过多的货币,来减少他们增加的实际货币余额,从而提高趋向于充分就业的总需求水平。这种价格诱致的财富效应在理论上的正确性,已被各种类型的货币财富所证实。

利率水平的下降使人们的金融资产增值,从而鼓舞了人们的消费热情。随着社会消费的增加,又将诱使社会投资的扩大,最终可以在一定程度上弥补挤出效应的负面影响。这就是货币政策带来的财富效应。

财富包括两种形式:金融资产和实物资产。财富的增加或减少意味着两种资产总额的净增减，而不是某一种资产的增减，因而公众手持货币资产的增加或减少也并不意味着其持有财富的增减。当中央银行采取扩张性货币政策，利用公开市场操作，向私人部门购进政府债券，这样会使得社会现金资产增加，债券资产减少，这改变的只是财富的构成，但财富持有总额未变。同样，实行紧缩性货币政策也会得出相同的结论。

通过这种效应有可能影响总需求的扩大或缩小。当财富持有者为偿付其他债款或为筹资购买急需品而向商业银行借贷时，总资产和总负债依然没有发生变化，货币存量的增减也并没有带来公众持有财富的变动。但是，这种财富效应肯定会引起总需求的变化。当财政部为了弥补财政赤字采取印发新的钞票或者以财政部有价证券为交换，为在银行取得新的存款而增加货币供给时，货币存量增加。此时，由于财政部将钞票支付给公众或者将存款转交给公众，其结果是公众手持货币量增加，但未失去其他资产。这种财富效应会直接带来商品需求的上升。货币存量变动的财富效果大多数情况下是构成财富的各种资产的结构变化，只有在某些特定情况下才会产生财富的增减。但无论哪一种效应，都会带来总需求的改变，这也正是某些西方经济学家赖以说明货币政策有效性的一个论据。

3. 货币政策的局限性

中央银行通过货币政策，控制货币供应量，从而相应地影响市场利率水平，实现宏观调控目标。但是，在一些具体情况下，则暴露出货币政策本身的局限性：

（1）在经济衰退时期，尽管中央银行采取扩张性措施，如降低存款准备金率和再贴现率等，增加贷款，降低利率刺激投资，但是商业银行往往为了安全起见不肯冒此风险。厂商认为市场前景暗淡，预期利润率低，从而不愿为增加投资而向银行借款。

（2）在通货膨胀时期，尽管中央银行采取措施提高利率，但企业会认为此时有利可图，从而置较高利率于不顾，一味增加借款。

（3）货币政策的效果可能被货币流通速度的变化所抵消。在经济繁荣时期，人们对前景预期乐观而增加支出，在物价上涨时，人们宁愿持有货物而不愿持有货币，于是货币流通速度加快，产生扩大货币供应量的效果；在经济衰退时期，实行扩张性货币政策，扩大货币供应量，但由于人们压缩开支，使货币流通速度放慢，产生减少货币供应量的效果。

六、宏观经济政策的选择与使用

（一）宏观经济调控政策的选用

如图 10.6，宏观经济政策在选用时面临三种情况，分别是古典主义区域、中间区域和凯恩斯区域。

财政政策和货币政策的有效性，基本上依赖于货币流通速度在政府支出 G 和货币供应量 MS 发生变化时将会发生多大变化而定。货币需求对利息率变化的反应参数反映了上述货币流通速度变化的影响。

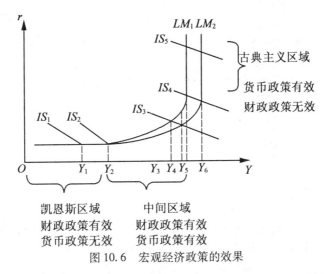

图 10.6 宏观经济政策的效果

LM 相对陡峭,意味着货币需求对利息率的反应为宏观经济政策的效果弹性较小,也就是利息率对货币供应量变动的反应较小,这样货币供应量变动就会更大地反映为实际收入的变动,财政政策会因为货币需求对利息率的反应不灵敏而减弱。反之,货币政策效率就比较低了。

针对凯恩斯主义与货币主义对宏观经济政策有效性的争论,一些较温和的经济学家提出了一种折中的观点。

利息率较高时,货币需求对利息率的弹性小,货币政策的效力远大于财政政策。因此,利息率较高的一个区域就是货币政策的有效区域。

在利息率较低时,货币需求对利息率变动的弹性大,使得财政政策的效力远大于货币政策。这样,利息率较低的区域就是财政政策的有效区域。

中等利息率的区域是财政政策的效力与货币政策的效力不相上下的区域,称为中间区。综上,如图 10.6,宏观经济政策的有效区间为中间区域。

(二) 宏观经济政策的组合使用

1. 组合的政策效应

现在将财政政策和货币政策这两种政策放在一起,分析它们的综合作用。如图 10.7,E_0 是 IS_0 与 LM_0 曲线的均衡点,当采取财政政策、扩大支出水平时,IS_0 曲线右移至 IS_1 曲线,假如货币当局的目标并非是维持固定的货币供给量,而是保持利率不变,则货币供给量相应增加,使 LM_0 曲线右移至 LM_1 曲线,均衡的利率水平依然是 r_0,均衡的实际国民收入水平则由 Y_0 增加到 Y_2。很显然,同时使用财政政策和货币政策,不会出现单独使用财政政策时所产生的排挤效应,其效果要比单独使用某一种政策大。

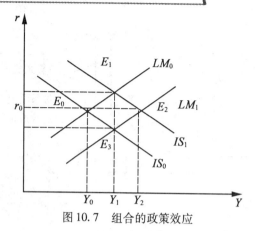

图 10.7 组合的政策效应

此外,图 10.7 还说明,假如 Y_1 为理想的实际国民收入水平,则单独使用财政政策或单独使用货币政策都能达到,但情况却不同。假如单独使用财政政策,IS_0 曲线右移到 IS_1 曲线,均衡点由 E_0 到 E_1,达到了 Y_1 这一理想的实际国民收入水平。支出增加而货币供给不变,为了保持商品市场和货币市场的同时均衡,利率水平必须上升到 r_1,这时为紧缩货币、放松财政的状态。反之,假如单独使用货币政策,LM_0 曲线右移到 LM_1 曲线,均衡点由 E_0 移到 E_3,也达到了 Y_1 这一理想的实际国民收入水平。货币供给增加而支出不变,为了保持商品市场和货币市场的同时均衡,利率水平下降到 r_2,这时为放松货币、紧缩财政的状态。利率上下波动的范围在 r_1 和 r_2 之间,取决于财政政策和货币政策的组合情况。

当考虑到一个经济究竟应当选择哪一种状态这一问题,西方经济学家认为,在点 E_3,社会投资水平较高,因此经济的自然实际 GDP 增长率也可能较高,这不仅有利于当代人,而且更能造福子孙后代。而在点 E_2,政府的支出水平较高,政府的购买可能用于当前政府所提供的各种服务(例如,国防、治安和防火、教育及健康保健等),或者是用于政府投资(例如,校舍和医院建筑等),对社会的当前利益较大。政府在这两种情况中作何抉择?这是一个十分棘手的问题,其答案部分取决于社会对公共物品还是对私人物品的偏好状况。

即使在使用财政政策方面,西方经济学家也存在着不同的观点,有的主张政府购买应多,转移支付应少。有的却认为政府转移支付应多,政府购买应少。这一争论长久不息,不过,有些人认为,这一争论主要是政治性的,已超出了经济学研究的范围。

表 10.2 政策组合效应

政策混合	产出	利率
扩张的财政政策和紧缩的货币政策	不确定	上升
紧缩的财政政策和紧缩的货币政策	减少	不确定
紧缩的财政政策和扩张的货币政策	不确定	下降
扩张的财政政策和扩张的货币政策	增加	不确定

2. 政策组合的选用

为了实现经济总量平衡的目标,财政政策与货币政策组合方式灵活多样,在具体的操作中,准确的形势判断是政策与货币政策能够成功协调配合以维护经济平稳增长的首要条件。这就涉及"相机抉择"问题。所谓相机抉择,是指政府在运用宏观经济政策来调节经济时,根据经济形势的客观要求和各种政策措施的特点,机动地决定和选择在某个时期选择哪一种或哪几种政策措施。

财政政策与货币政策以及其他各项政策都有自己的特点,经济繁荣或萧条的程度和原因也不同。因此,在不同的经济形势下要采取不同的政策,或将各种政策配合使用。政府在进行相机抉择时要做到以下几点:

(1)认真分析各项宏观经济政策的特点。宏观财政政策和宏观货币政策各有自己的特点。

①它们的猛烈程度不同。如政府支出的增加与法定准备金率的调整作用都比较猛烈;税收政策与公开市场业务的作用都比较缓慢。

②政策效应的"时滞"不一样。如货币政策可以由中央银行决定,作用快一些;财政政策从提案到议会讨论、通过,要经过一段较长的时间,作用较慢。

③政策发生影响的范围大小不一样。如政府支出政策的影响面就大一些;公开市场业务影响则小一些。

④政策受到阻力的大小也不同。如增税与减少政府支出的阻力大;而货币政策一般说来遇到的阻力较小。因此,在需要进行调节时,究竟采取什么政策,以及如何对不同的政策手段进行搭配使用,并没有一个固定不变的模式,政府应根据不同的情况灵活地决定和应用。

由于财政、货币政策具有不同的作用机制和特点,它们之间可能会产生三种效应:

①合力效应,使两者的配合可以获得比单一政策调控更大的效果。例如,在经济明显过热时,财政政策通过减少财政支出、增加税收;货币政策通过减少货币量的供应、提高利率,两者相互配合,可以取得较好的合力效应。

②互补效应。由于它们具有不同的作用方向和机制,可以取长补短。例如,货币政策越来越强调前瞻性,在有潜在的通胀压力时就采取措施。但这有可能会对经济增长造成损害。若在采取紧缩性货币政策的同时,维持或适度扩大财政对公共设施、基础性建设的投资,就可以增强经济持续发展的能力,取得较好的政策效应。再比如,当面临投资需求易膨胀,而消费需求却不足时,在采取紧缩性货币政策遏制投资需求的同时,适度扩大转移支付和社会保障支出,就能够兼顾投资与消费。

③矛盾效应。即财政、货币政策产生政策效果的抵消性。例如,当经济出现"滞胀"时,刺激经济增长的财政政策会增加通货膨胀的压力,货币政策在抑制通货膨胀时又会阻碍经济增长。它们之间的配合就是要避免这种现象。可见,在宏观调控中,必须构建一个有效的财政货币政策组合。

(2) 政策目标上的配合与平衡。经济总量平衡的具体表现实际就是经济平稳较快增长，物价总水平的相对稳定，当然还要顾及就业。就总量目标而言，财政货币政策的最终目标应该是一致的。但从短期看，当经济面临某种冲击时，它对产出、通胀率和就业的作用方向并不是不一致的，此时，宏观经济政策在稳定产出、通胀率和就业上存在平衡问题。根据丁伯根法则，为了达到多个目标，就需要有多种政策手段。例如，就通胀与失业而言，菲利普斯曲线中的交替关系就表明货币政策难以同时兼顾，所以，即便在美国的货币政策决策中，也都存在所谓的鸽派与鹰派之争。在这种情况下，恰当的财政政策配合，就可能会实现低失业、低通胀的经济增长，促进全社会的福利最大化。总量平衡的另一个表现就是国内储蓄与意愿投资的基本平衡，当两者不平衡时，就会出现贸易顺差或者逆差。大量的贸易顺差或逆差会引起方方面面的问题。在此情况下，宏观经济政策就是要缩小储蓄与意愿投资之间的缺口，单凭货币政策恰恰是无能为力的，财政政策就应当发挥更大的作用，一方面引导国内消费的增长，另一方面引导生产者把资产配置到符合国内需求的产业和行业当中去。

(3) 政策时间的配合。财政货币政策的时间配合主要包括两方面：一是政策选择的时机，即政策的选择时点问题；二是政策的持续期，它指的是财政、货币政策从开始到结束的时间。一方面，如果时点选择不当，要么就会过早地改变了经济运行方向，出现不良的后果；要么就会错失良机，加大以后政策调控的难度。另一方面，持续期过短达不到调控目标，持续期过长又会产生"矫枉过正"，从而可能会走向另一个极端。解决财政货币政策的时间问题的难点在于政策时滞的确定和政策持续时间的把握。二者的配合在时间问题上应注意对宏观经济运行态势的考察，在准确判断宏观经济运行态势的基础上，科学选择财政、货币政策的组合，同时需要对财政、货币政策工具时滞的长短进行仔细研究，根据需要选择时滞长短相匹配的政策工具组合。

(4) 要善于把各项政策协调起来使用。根据不同的经济形势采取不同的政策。例如，在经济发生严重衰退时，就不能运用作用缓慢的政策，而要运用作用较猛烈的政策，如紧急增加政府支出，或举办公共工程；相反，当经济开始出现衰退苗头时，就不能运用作用猛烈的政策，而要采取一些作用缓慢的政策，如有计划地在金融市场上收购债券以便缓慢地增加货币供给量，降低利息率。政府选择宏观经济政策的一般原则是"逆经济风向行事"，即经济形势萧条时，政府采用扩张性的经济政策；经济形势膨胀时，政府采用紧缩性的经济政策。根据不同的经济形势和具体情况，政府和中央银行可以采用不同的政策组合：一松一紧，即扩张性的财政政策和紧缩性的货币政策相结合。当经济萧条但又不太严重时，用扩张性的财政政策刺激总需求，又用紧缩性的货币政策控制通货膨胀；双紧政策，即紧缩性的财政政策和紧缩性的货币政策相结合。当经济发生严重通货膨胀时，用紧缩货币来提高利率，降低总需求水平，又紧缩财政，以防止利率过分提高。一紧一松，即紧缩性财政政策和扩张性货币政策相配合。当经济中出现通货膨胀但又不太严重时，用紧缩财政压缩总需求，又用扩张货币政策降低利率，以免财政过度紧缩而引起衰退。双松政策，即扩张性财政政策和扩张性货币政策相配合。当经济严重萧条时,用扩张性财政政策增加总需求,用扩张性货币政策降低利率以克服"挤出效应",见表10.3。

表10.3 政策组合的选用

经济形势	政策组合
滞胀	扩张的财政政策和紧缩的货币政策
严重通货膨胀	紧缩的财政政策和紧缩的货币政策
轻度通胀	紧缩的财政政策和扩张的货币政策
严重萧条	扩张的财政政策和扩张的货币政策

总之,通过各项相机抉择以协调各项宏观经济政策,能够有效地刺激总需求或更有效地制止通货膨胀,以便在刺激总需求的同时,又不至于引起太严重的通货膨胀;或者在控制通货膨胀的同时,又不至于引起过分严重的失业;或者使通货膨胀和失业同时得到有效抑制。当然,应该指出的是,并不是说政府在任何情况下都要应付失业与通货膨胀,而只是在政府认为已超过"临界点"之后才有必要采取干预的措施。临界点是指失业率和通货膨胀率的社会可接受程度。

相机抉择的实质是灵活地使用各种政策,所包括的范围相当广泛。同时,在考虑如何混合使用两种政策时,不仅要看当时的经济形势,还要考虑政治上的需要和其他因素的影响。

(三)宏观经济政策调控力度

财政、货币政策的力度是指财政、货币政策对其调控对象作用力的大小,不同政策工具的作用力度是不同的。

(1)财政政策的调控力度。预算政策的"自动稳定器"功能对稳定经济的力度较强,但对调节经济总量来说,力度则较小。如果采取补偿性的财政政策,人为地通过预算政策来调节经济的话,预算政策的力度就会较大,其力度的大小与财政盈余或赤字占国民收入的比率成正比。

(2)税收是通过税种的设置、税率的调整、税款的减免等来调节经济的,它对总量的调节作用较强。

(3)政府投资,如果是在超越预算平衡的基础之上形成的赤字投资,其对经济总量的调节力度很强,调节力度的大小和一个国家当期的财政赤字成正比例关系。

(4)财政补贴和转移支付制度对经济总量有比较积极的影响。

2. 货币政策的调控力度

(1)法定存款准备金率的变动对经济总量的调控力度一般较强。准备金率的变动会直接影响商业银行的准备金结构和货币乘数的变化,从而引起银行信贷和货币总量成倍地变化,正因为如此,它向来就具有"巨斧"之称。

(2)再贴现和再贷款的政策力度由中央银行对再贴现和再贷款的条件限制、中央银行对再贴现和再贷款额度以及对再贴现和再贷款的利率调整所决定。

(3)公开市场业务的力度与法定存款准备金、再贴现和再贷款政策的力度相比,要小一些。它是微调的货币政策工具。

【习题精编】

一、名词解释

1. 经济政策 2. 充分就业 3. 物价稳定 4. 经济增长
5. 国际收支平衡 6. 财政政策 7. 自动稳定器 8. 公开市场业务
9. 货币政策 10. 挤出效应

二、判断题

1. 高能货币指的是活期存款。( )
2. 充分就业就是百分之百的就业。( )
3. 投资业务属于商业银行的负债业务。( )
4. 中医学有"热者寒之,寒者热之"的治疗原则,利用财政和货币政策进行总需求管理亦如此。( )
5. 系统性风险是可以通过分散投资分散的。( )
6. 一个银行家说:"我的银行的账面始终是平衡的。我仅仅把存款人带给我的储蓄存款转交给投资者。谁说银行能够创造货币?"这句话对吗? ( )
7. 提高再贴现率将直接减少商业银行在中央银行的准备金,就如中央银行在公开市场上卖出债券一样。( )
8. 假如中央银行要增加货币供给量,它可以命令商业银行来增加贴现。( )
9. 假如居民具有完全理性,那么,对于一笔新增的政府支出,债券融资和税收融资对产出的影响是等价的。( )

三、单项选择题

1. 当政府购买的增加与转移支付的减少相同时,那么收入水平会 ( )
   A. 增加 B. 减少 C. 不变 D. 不相关
2. 出现以下哪种情况时,中央银行应该停止执行紧缩性货币政策 ( )
   A. 物价水平急剧上涨 B. 经济衰退
   C. 经济过热 D. 劳动力严重短缺
3. 如果所得税率既定不变,政府预算为平衡性的,那么增加自主性投资在其他条件不变时会增加均衡的收入水平,并且使政府预算 ( )
   A. 保持平衡 B. 出现赤字
   C. 有盈余 D. 以上三种情况都可能

4. 下面那种购买属于政府购买　　　　　　　　　　　　　　　　（　　）
   A. 地方政府办两所中学　　　　　B. 政府建造办公楼
   C. 政府订购一批军火　　　　　　D. 政府给低收入人群一笔住房补贴
5. 以下不是中央银行的职能的是　　　　　　　　　　　　　　　（　　）
   A. 发行货币　　　　　　　　　　B. 制定货币政策
   C. 为政府赚钱　　　　　　　　　D. 为成员银行保存储备金
6. 法定准备率高低和存款种类的关系是　　　　　　　　　　　　（　　）
   A. 定期存款的准备率要高于活期存款的准备率
   B. 定期存款的准备率要低于活期存款
   C. 准备率高低与存款期限无关
   D. 以上几种情况都存在
7. 分散投资可以消除的风险是　　　　　　　　　　　　　　　　（　　）
   A. 系统性风险　　　　　　　　　B. 非系统性风险
   C. 金融风险　　　　　　　　　　D. 总风险
8. 与货币乘数大小有关的变量是　　　　　　　　　　　　　　　（　　）
   A. 法定准备率　　　　　　　　　B. 现金存款比例
   C. 超额准备率　　　　　　　　　D. 以上都是
9. 影响国民经济的重要变量是　　　　　　　　　　　　　　　　（　　）
   A. 货币供给量　　　　　　　　　B. 货币余额
   C. 投资量　　　　　　　　　　　D. 利率
10. 中央银行在公开市场上买进政府债券的结果会是　　　　　　（　　）
    A. 银行存款减少　　　　　　　　B. 市场利率上升
    C. 公众手里的货币增加　　　　　D. 以上都不是
11. 在经济过热时期,中央银行应公开采取(　　)的公开市场业务措施。
    A. 减少政府购买　　　　　　　　B. 降低收入
    C. 买入政府债券,使得货币回笼　D. 出售政府债券,使得货币回笼
12. 财政部向(　　)出售政府债券时,基础货币会增加。
    A. 居民　　　　B. 企业　　　　C. 中央银行　　　　D. 商业银行
13. 中央银行最常用的政策工具是　　　　　　　　　　　　　　（　　）
    A. 法定准备率　　　　　　　　　B. 公开市场业务
    C. 再贴现率　　　　　　　　　　D. 道义劝告
14. 中央银行可通过(　　)变动货币供给。
    A. 变动法定准备率以变动乘数　　B. 变动再贴现率以变动基础货币
    C. 公开市场业务以变动基础货币　D. 以上都是

15. 各国决定货币政策的政府机构一般是 （   ）
    A. 政府   B. 议会
    C. 中央银行   D. 总统及其顾问班子

16. 债券价格越高,则 （   ）
    A. 利率越高   B. 利率越低
    C. 人们货币持有量越少   D. A 和 B

17. 中央银行在公开市场上卖出政府债券的企图是 （   ）
    A. 减少商业银行在中央银行的存款
    B. 通过买卖政府债券获取差价利益
    C. 收集一笔资金帮助政府弥补财政赤字
    D. 减少流通中基础货币以紧缩货币供给,提高利率

18. 下列哪一种情况说的是固定政策规则 （   ）
    A. 若下雪了,就穿靴子   B. 若下雪了就把靴子放在家里
    C. 每天都穿靴子   D. 若靴子湿了,就把它放在室外

19. 下列属于紧缩性财政工具的是 （   ）
    A. 减少政府支出和减少税收   B. 减少政府支出和增加税收
    C. 增加政府支出和减少税收   D. 增加政府支出和增加税收

20. 下列哪一项财政政策工具是应对经济中存在失业时的? （   ）
    A. 提高个人所得税   B. 提高公司所得税
    C. 增加货币发行量   D. 增加政府支出

21. 许多经济学家像凯恩斯一样认为,在衰退时货币政策是无效的,这是因为 （   ）
    A. 货币需求和投资都相对有弹性
    B. 货币需求和投资需求都相对无弹性
    C. 货币需求相对有弹性,投资相对无弹性
    D. 货币需求相对无弹性,投资相对有弹性

22. 如果政府增加个人所得税的量与政府支出相等,将会导致 （   ）
    A. 总支出净额下降   B. 总支出净额上升
    C. 总支出净额不变   D. 无法确定

23. 银行的准备金会因为市场利率的提高而 （   ）
    A. 减少   B. 增加
    C. 不变   D. 以上都有可能

24. 中央银行货币供给可以通过 （   ）
    A. 变动法定准备率以变动货币乘数   B. 公开市场业务以变动基础货币
    C. 变动再贴现率以变动基础货币   D. 以上都是

第十章 宏观经济政策

25. 在经济衰退时期如果政府不加干预的话,将导致 （   ）
   A. 税收减少,政府支出增加 B. 税收减少,政府支出减少
   C. 税收增加,政府支出增加 D. 税收增加,政府支出减少
26. 当经济条件恶化时,政府开支自动增加而税收自动减少,这称为自动稳定器。以下哪一项不是自动稳定器。 （   ）
   A. 失业补偿 B. 累进税制
   C. 社会保障付款 D. 国防开支
27. 当经济在当前开支和税收政策条件下处于充分就业,而产生赤字,这称为 （   ）
   A. 充分就业赤字 B. 贸易赤字
   C. 平衡预算赤字 D. 实际预算赤字
28. 下列是联邦预算赤字的是 （   ）
   A. 联邦政府支出和收入之间的累积差额
   B. 联邦政府所担负的外债总额
   C. 进口总值与出口总值的差额
   D. 任意一年联邦政府的支出和收入之间的差额

四、分析题

1. 试分析供给学派宏观经济政策的核心特征。
2. 试分析宏观政策目标之间的关系。

五、论述题

论述宏观经济政策工具。

【习题答案】

一、名词解释

1. 经济政策:是指国家或政府为了增进社会经济福利而制定的解决经济问题的指导原则和措施。
2. 充分就业:是指一切生产要素(包含劳动)都有机会以自己愿意的报酬参加生产的状态。
3. 物价稳定:是指价格总水平的稳定。
4. 经济增长:是指在一个特定时期内经济社会所生产的人均产量和人均收入的持续增长。
5. 国际收支平衡:国际收支平衡主要是要求一国能保持汇率稳定,同时其进出口达到基本平衡,达到既无大量的国际收支赤字又无过度的国际收支盈余。
6. 财政政策:是指根据稳定经济的需要,通过财政支出与税收政策来调节总需求,进而影响就业和国民收入的政策。

7. 自动稳定器:由于政府收入和支出自身所具有的特点,许多收入和支出项目本身就具有一种自动逆经济风向而动的倾向和趋势,能够减缓宏观经济的波动性。这些财政收入和支出项目就称为自动稳定器。

8. 公开市场业务:是指中央银行在公开市场(面对社会公众的市场)上买卖政府证券以控制货币供给和利率的政策行为。

9. 货币政策:是指中央银行通过货币政策工具控制货币供应量,从而影响利率水平,进而影响投资和整个经济,以达到一定经济目标的行为。

10. 挤出效应:扩张性财政政策所引起的利率上升,挤占私人投资,抑制总需求增加的现象,称为财政政策挤出效应。

二、判断题

1~5. ××׃×   6~9. ×××√

三、单项选择题

1~5. ABCDC   6~10. BBDAC   11~15. DCBDC
16~20. BDCBD   21~25. CBBDB   26~28. DAD

四、分析题

1. 供给学派是 20 世纪 70 年代在美国兴起的一个经济学流派。该学派强调经济的供给方面,认为需求会自动适应供给的变化,因而得名。

供给学派宏观经济政策的主要特征包括:

(1)恢复萨伊定律,主张"供给会自行创造需求"。供给学派认为,在供给和需求的关系上,供给居于首要的、决定性的地位。社会的购买能力取决于社会的生产能力,而社会的生产能力就是社会的供给能力,人们在向社会提供商品的过程中自然会创造出多方面的需求。社会的供给能力越强,需求就越大,在信用货币制度下,不会出现购买力不足而导致商品过剩的问题。供给学派不仅把萨伊定律奉为其理论和政策的基础,而且以此为武器,否定凯恩斯主义需求决定供给的理论和需求管理政策,他们认为经济发生滞胀完全是由需求管理政策造成的,是需求过度和供给衰退的必然结果,其祸根就是凯恩斯需求决定供给的理论,因此必须坚决摒弃。

(2)降低税率,刺激供给。他们认为供给能自动创造需求,而生产要素的投入取决于各种刺激。

(3)降低政府开支。主张减少税收,缩减政府开支,以便刺激人们的劳动积极性,并控制政府的支出。

(4)放松政府干预,加强市场调节。

(5)主张限制性货币政策。

2. 经济政策是指国家或政府为了增进社会经济福利而制定的解决经济问题的指导原则

和措施。宏观政策主要包括充分就业、经济增长、稳定物价和国际收支平衡四个目标。经济政策各项目标之间既协调又冲突。充分就业与经济增长之间是正相关;经济增长,就业增加;经济下滑,则失业增加。但除此之外,各个目标相互之间都存在矛盾。

(1)充分就业与物价稳定的目标不可同时实现。菲利普斯曲线表明在失业率和物价上涨之间存在着此消彼长的替换关系。失业率和通货膨胀率存在反方向关系。所以根据菲利普斯曲线,中央银行的货币政策目标只有根据当时的社会经济条件,寻求物价上涨率和失业率之间的某一适当的组合点,而不可能有两全其美的办法。

(2)物价稳定与经济增长的矛盾。就现代市场经济的实践而言,经济的增长大多伴随着物价的上涨。

(3)经济增长与国际收支平衡的矛盾。一方面,经济增长通常伴随着对进口商品的需求增加,结果使出口的增长慢于进口的增长,这就可能导致贸易差额的恶化。另一方面,就资本项目而言,要促进经济增长,就要增加投资,在国内自有资金不足的情况下,必然借助于外资流入。外资的流入可能使国际收支中的资本项目出现顺差,一定程度上可弥补贸易逆差造成的国际收支失衡,但并不一定能使经济增长与国际收支平衡并存。

(4)物价稳定与国际收支平衡的矛盾。在出现通货膨胀的情况下,为了控制通货膨胀,如果采取降低货币供应量的办法,那么由于国内物价的下降和总需求的减少,经常项目可能因为出口增加和进口减少而出现顺差。

处理以上目标之间的冲突,首先要侧重于统筹兼顾,力求协调;其次要侧重于权衡或选择,视经济环境的需要而突出重点。由于对目标间冲突协调的难度看法不同,各国政府也就有着不同的政策选择目标。

五、论述题

宏观经济政策分为财政政策和货币政策两类。

(1)财政政策工具是政府为实现既定财政政策目标而采取的手段。选择什么样的财政政策工具,这是制定和实施财政政策的重要一环。财政由政府收入和支出两个方面构成。政府支出是指整个国家中各级政府支出的总和,主要包括政府购买和政府转移支付两类;政府的收入则主要包括税收和公债两类。

①政府购买。政府购买是指政府对商品和劳务的购买,例如,支付政府雇员报酬、购买军需品、政府办公用品、投资公共基础设施建设(学校、公路、机场)等所需的支出等都属于政府购买。其作用形式是政府购买的规模、方向和方式。政府购买是一种实质性支出,有着商品和劳务的实际交易,因而直接形成社会需求和购买力,是国民收入的一个组成部分。因此,政府购买支出是决定国民收入大小的主要因素之一,其规模直接关系社会总需求的增减。购买支出对整个社会总支出水平具有十分重要的调节作用。在总支出水平过低时,政府可以提高购买支出水平,如举办公共工程,增加社会整体需求水平,以此同衰退进行斗争。反之,当总支出水平过高时,政府可以减少购买支出,降低社会总需求,从而抑制通货膨胀。

②转移支付。政府转移支付是指政府不以取得商品和劳务为目的的支出,主要包括社会保险与社会福利支出,如公共医疗保险、义务教育支出、社会福利支出等。其作用形式是政府转移支付的对象、规模、结构和范围。通过支付与否、支付多少的差别,贯彻国家对经济生活的鼓励或限制政策。转移支付仅仅是政府将收入在不同社会成员之间进行转移和重新分配,全社会的总收入并没有发生变动。一般情况下,当总支出不足时,失业增加,这时政府应增加社会福利费用,提高转移支付水平,从而增加人们的可支配收入,社会有效需求因而增加;当总支出水平过高时,通货膨胀率上升,政府应减少社会福利支出,降低转移支付水平,从而降低人们的可支配收入和社会总需求水平。

③税收。税收是最主要的财政政策工具之一,政府财政收入中的最主要部分。作为政策工具,税收的作用形式是税种、税率和减免税。由于税收是凭借国家的政治权利取得的收入,税种的开征与废止,税率的提高与降低以及减免税规定,都必须通过立法程序来确定。因此,税收是国家可以依据法律的严肃性而加以控制和运用的一个可靠工具。国家通过对税种、税率、减免税的变化,体现国家对社会经济活动的鼓励或限制政策,从而调节经济结构,调节社会总供给和总需求,鼓励或限制某些行业、部门、企业或产品的生产与流通。一般情况下,降低税率、减少税收会引致社会总需求增加和国民收入的增长,反之则引起社会总需求和国民收入的降低。

④公债。公债是政府财政收入的又一组成部分,它不同于税收,是政府运用信用形式筹集财政资金的特殊形式。它的作用形式是公债发行额、公债对象和公债利息率。中央政府发行的公债,其发行的规模、对象及利率,国家都可以直接控制。国家利用公债资金进行现代化建设,可以加快能源、交通等重点建设及基础工业的发展,从而有利于产业结构的优化。国家通过公债规模的确定、发行对象以及利率的调整,可以间接调整市场上的货币流通量,调节社会总供给和总需求的总量平衡与结构平衡。

(2)货币政策指中央银行通过控制货币供给量,调节利率进而影响国民收入的政策措施。一般性货币政策工具包括再贴现政策、公开市场业务和法定存款准备金率等;选择性货币政策工具包括直接信用控制(消费信贷控制、房地产信贷控制、证券信用交易的保证金比率)和间接信用控制(道义劝说、窗口指导)。

①法定存款准备金率。当中央银行调整法定存款准备金率时,直接改变了货币乘数,从而改变了商业银行能够创造的存款货币量,使整个社会的货币供应量发生变化。如果中央银行希望减少货币供应量,那么可以提高法定存款准备金率,反之,通过降低该比率来增加货币供应量。另一方面,法定存款准备金率对商业银行贷款业务的实际成本也产生了重要的影响,准备率越高,实际成本越高,反之,实际成本越低。

改变法定存款准备金率会影响商业银行的实际收益和成本关系,当贷款成本降低,或者贷款收益增加,那么商业银行就愿意增加贷款,从而扩大了货币供应量,反之,则会减少货币供应量。

法定存款准备金率常常保持稳定。因为中央银行如果频繁地改变法定存款准备金率,不仅导致货币供给量的剧烈变动,而且会使商业银行感到无所适从,无法正常地开展业务。因此,改变法定存款准备金率,是一个强有力但却不常用的货币政策工具。

②再贴现率。商业银行持有商业票据也可能会出现资金不足的情况,那么,商业银行就可以将未到期的商业票据再向中央银行出售,这一过程与前面相似,称为再贴现,其中的利息率就称为再贴现率。

由于再贴现过程相当于中央银行向商业银行提供贷款,那么再贴现率就相当于贷款利率。当再贴现率提高时,商业银行向中央银行贷款的成本就增加了,商业银行就不愿意向央行贷款,从而间接控制了商业银行向外发放贷款的数量,减少了货币供应量。反之,当再贴现率降低时,商业银行向中央银行贷款的成本降低,商业银行愿意更多地向央行贷款,从而扩大了货币供应量。

除了商业银行向中央银行出售票据以获得贷款外,当商业银行出现临时性准备金不足时,也可以向央行贷款以补充准备金,或者将商业银行自己持有政府证券作为担保向央行贷款,由于这种情形与前面的类似,这时商业银行向中央银行贷款的利率也称为贴现率。控制该贴现率同样会控制银行体系的贷款规模,进而控制货币供应量。

贴现率对货币供给量的影响比人们想象的要小得多。因为贴现率不是一个具有主动性的政策,一方面,如果商业银行不向中央银行借款,贴现率的变动就没有效果;另一方面,当商业银行十分缺乏准备金时,即使贴现率很高,商业银行依然会从贴现窗口借款。

而事实上,商业银行和其他金融机构总是尽量避免去贴现窗口借款,以免被人误认为自己财务状况有问题。而且,在贴现窗口的借款期限很短,借款数量也有一定的限制。所以,商业银行和其他金融机构一般只将它作为紧急求援手段,平时很少加以利用。

贴现率政策往往作为补充手段而和公开市场业务政策结合在一起进行。一般来说,当公开市场业务成功地把利息率提高或降低到某一水平时,中央银行也必须把贴现率提高或降低到与该水平相协调的数值。因此,在更多的情况下,再贴现率主要是跟随市场利率,以防止商业银行的投机套利行为。

③公开市场业务。公开市场业务是指中央银行在公开市场(面对社会公众的市场)上买卖政府证券以控制货币供给和利率的政策行为。虽然公开市场业务反映了中央银行与社会公众的证券买卖关系,但一般操作中是通过商业银行进行的,中央银行不直接与社会公众进行交易。

另一方面,当中央银行介入政府证券市场(主要是政府债券、国库券的二级交易市场)进行交易时,也改变了市场的供求关系,引起债券价格变动,从而影响到市场利率水平。

公开市场业务是现代央行最主要的货币政策工具。因为运用这种政策手段能够比较准确而又及时地控制银行体系的准备金和货币供给量。

④选择性货币政策工具。除了上述三大货币政策工具外,中央银行还可以运用一些其他的货币政策工具,通常称为选择性货币政策工具。主要有:a. 消费信贷控制;b. 房地产信贷控制;c. 证券信用交易的保证金比率;d. 道义劝告。

第十一章 Chapter 11

国际经济学

【考点归纳】

现实的经济都是开放的,本章把封闭经济中的分析扩大到开放经济中。所谓"开放",就是说商品与某些生产要素可以在国际上流动的经济。本章首先介绍开放经济的基础理论知识,接下来进行相关的理论分析与政策分析,从开放经济的角度分析国民收入的均衡及其相关的政策调节。重点部分是国际贸易理论和汇率理论,只要有了国际贸易,即商品在世界范围内的流动,一个经济就已经具备了开放的特征,国际收支账户上就要加上进口与出口,汇率也会成为一个变量进入分析,因此,把国际市场作为一个大背景,把国际贸易和国际资本流动的影响引入国内宏观经济的研究,就成为本章重点学习的内容,也是难点和重要的考点。

【要点解读】

一、国际贸易理论

(一)绝对优势理论

绝对优势理论,又称绝对成本说。该理论将一国内部不同职业之间、不同工种之间的分工原则推演到各国之间的分工,从而形成其国际分工理论。

(二)比较优势理论

比较优势理论认为,国际贸易的基础是生产技术的相对差别(而非绝对差别),以及由此产生的相对成本的差别。每个国家都应根据"两利相权取其重,两弊相权取其轻"的原则,集中生产并出口其具有"比较优势"的产品,进口其具有"比较劣势"的产品。

二、汇率理论

(一)外汇

1. 外汇的定义

外汇具有静态和动态两层含义。

外汇的动态是指将一国的货币兑换成另一国的货币,借以清偿国际债务债权关系的专门性货币经营活动,它是国际汇兑(foreign exchange)的简称。

外汇的静态则是指以外国货币表示的,用于国际结算的支付手段和信用工具。这种支付手段包括以外币表示的信用工具和有价证券,如银行存款、商业汇票、银行汇票、银行支票、外国政府库券及其长短期证券等。

人们通常所说的外汇,一般都是就其静态意义而言。

2. 外汇的分类

根据外汇的来源和用途不同,划分为:

(1)贸易外汇。

(2)非贸易外汇。

根据外汇的交割期限,划分为:

(1)即期外汇,又称现汇。

(2)远期外汇,又称期汇。

(二)汇率与汇率制度

1. 汇率的含义

由于世界各国货币的名称不同,币值不一,所以一国货币对其他国家的货币要规定一个兑换率,即汇率。也就是说,汇率是一国货币兑换另一国货币的比率,是以一种货币表示的另一种货币的价格。

2. 汇率的表示方法

(1)直接标价法。直接标价法是指为购买一单位外国货币所必需的本国货币的单位数量。

(2)间接标价法。间接标价法是指为购买一单位本国货币所必需的外国货币的单位数量。

3. 汇率制度

(1)固定汇率制。在固定汇率制体系下,中央银行固定本国货币与一种外国货币的相对价格。这个固定的价格有时也被称为该货币的平价。

(2)浮动汇率制。浮动汇率制,也叫做弹性汇率制,在这种汇率制度下,中央银行允许货币价格根据货币供求的波动的变化来自由调节。但是,在具体的实践中,使用浮动汇率制的国家常常试图通过外汇操作来影响本国货币的价值,因此浮动汇率制又进一步分为清洁浮动和肮脏浮动。

三、国际收支

1. 国际收支的含义

国际货币基金组织对国际收支的定义为:国际收支是一种统计报表,系统地记载了在一定时期内经济主体与世界其他地方的交易。大部分交易在居民与非居民之间进行。

2. 国际收支平衡表

国际收支平衡表记录了一国对外全部经济交易，不仅包括纯粹经济交易引起的货币收支，还包括政治、文化、军事引起的货币收支。

国际收支平衡表的内容有：经常项目、资本项目、错误与遗漏。

国际收支平衡表一般采用复式记账原则，也就是说任何一笔交易要求同时作借方记录和贷方记录：一切收入项目或负债增加、资产减少的项目，都列入贷方；一切支出项目或资产增加、负债减少的项目都列入借方；借贷两方金额相等。如果交易属于单向转移，记账的项目只有一方，不能自动成双匹配，就要使用某个特种项目记账以符合复式记账的要求。

（1）经常项目。经常项目指本国与外国进行经济交易而经常发生的项目，是国际收支平衡表中最主要的项目，具体包括对外贸易收支、非贸易往来和无偿转让三个项目。

（2）资本项目。资本项目指资本的输出输入，所反映的是本国和外国之间以货币表示的债权债务的变动，换言之，就是一国为了某种经济目的在国际经济交易中发生的资本跨国界的收支项目。

资本项目在国际收支平衡表中，是与经常项目并列的两个主要项目之一，用于统计资本国际收支的项目，主要包括资本和储备两项内容。

①资本，主要包括直接投资、证券投资等。

②储备项目，主要包括货币黄金、外汇储备、国际货币基金组织的特别提款权和国际货币基金组织成员国在基金组织的储备头寸、外汇。

3. 国际收支的平衡

国际收支的平衡指一国国际收支净额即净出口与净资本流出的差额为零。相反的，如果净出口与净资本流出出现不匹配，就会出现国际收支的不平衡。国际收支的不平衡可以具体地体现在经常项目和资本项目两个方面上。

四、对外经济政策

（一）关税的基本分析

关税作为最简单的贸易政策，指的是对某种进口商品所征收的税款，指国家授权海关对出入关境的货物和物品征收的一种税。关税主要包括从量关税和从价关税两种。

（二）贸易政策的其他工具

1. 出口补贴

出口补贴是指出口国政府对国内出口产品的公司或个人给予的支付。在这种补贴政策下，出口商会尽量出口产品直到国内价格与国外价格的差额正好等于补贴额时为止。

2. 进口配额

进口配额是指对可能进口的商品实行的直接进口数量限制。这种限制表现在政府主动向一些个人或公司颁发进口许可证,从而从源头直接控制进口产品数量,限制了进口产品的数量,进而起到保护本国同类产品的目的。

3. 自愿出口限制

自愿出口限制是进口配额的一种特殊形式,指的是出口国对本国出口产品自愿实行配额限制。

4. 国产化程度要求

国产化程度要求指的是在最终产品中必须有一个明确规定的比例是本国生产的。通常这一比例以价值标准来衡量,即要求产品价格至少有某一份额反映的是国内附加值。

【习题精编】

一、名词解释

1. 绝对优势理论　　2. 比较优势理论　　3. 汇率
4. 国际收支　　　　5. 经常项目　　　　6. 资本项目

二、判断题

1. 重商主义的实质是主张自由贸易。　　　　　　　　　　　　　　　　　　(　　)
2. 亚当·斯密的代表作是《政治经济学及赋税原理》。　　　　　　　　　　(　　)
3. 如果一国生产某种产品的绝对成本低于其他国家生产同一产品的相对成本,则该国在此产品的生产上就具有比较优势。　　　　　　　　　　　　　　　　　　　　(　　)
4. 亚当·斯密和大卫·李嘉图是自由贸易理论的代表人物。　　　　　　　(　　)
5. 产品的比较优势通常通过劳动生产率、生产成本或机会成本来确定。　　(　　)
6. 国际分工的概念最早是由著名经济学家凯恩斯提出的。　　　　　　　　(　　)
7. 大卫·李嘉图对国际贸易理论的重要贡献之一是提出了相对成本概念。　(　　)
8. 根据国际收支平衡表的登录规则,资产减少、负债增加的项目应记入贷方。(　　)
9. 国际收支的自动调节机制可存在任何经济条件下。　　　　　　　　　　(　　)
10. 在间接标价法下,当外国货币数量减少时,称外国货币汇率上浮或升值。(　　)
11. 外汇管制就是限制外汇流出。　　　　　　　　　　　　　　　　　　　(　　)
12. 只要实现了经常项目下的货币兑换,该国货币可被称为自由兑换货币。　(　　)
13. 特别提款权的分配同国际信贷一样,是有代价的。　　　　　　　　　　(　　)
14. 套汇交易是银行的一种正常业务,它不属于外汇投机。　　　　　　　　(　　)
15. IMF采用的是狭义的国际收支概念。　　　　　　　　　　　　　　　　(　　)
16. 一国货币贬值后,一定会导致贸易收支的改善。　　　　　　　　　　　(　　)
17. 20世纪70年代中期固定汇率制垮台后,世界上主要发达国家都实行了浮动汇率制度。
　　　　　　　　　　　　　　　　　　　　　　　　　　　　　　　　　　(　　)
18. 升水表示远期外汇比即期外汇贵,贴水表示远期外汇比即期外汇便宜,这一说法的前提是

直接标价法。 ( )
19. 无论何种标价法,外汇买入价均低于卖出价。 ( )
20. 按规定,投资利润应记入资本账户下。 ( )
21. 流入与流出的外汇若非同一种货币,且金额不等,期限相异,则可能承受双重风险。
( )

三、单项选择题

1. 能够比较确切地反映一国对外贸易实际规模,便于各个时期进行比较的是( )指标。
   A. 贸易顺差　　　　　　　　　　B. 对外贸易额
   C. 对外贸易商品结构　　　　　　D. 对外贸易量
2. 贸易顺差是指 ( )
   A. 出口总额大于进口总额　　　　B. 进口总额大于出口总额
   C. 国际收支为正　　　　　　　　D. 国际收支为负
3. 当一定时期内一国进口总额超过出口总额时,称为 ( )
   A. 贸易顺差　　　　　　　　　　B. 贸易逆差
   C. 贸易失衡　　　　　　　　　　D. 贸易平衡
4. 与从价税相比,从量税 ( )
   A. 在商品价格上涨时保护作用更强　B. 在商品价格下降时保护作用更强
   C. 能够体现公平税负原则　　　　D. 目前被大多数国家采用
5. 从价税 = 商品( )×从价税率。
   A. 重量　　　　　　　　　　　　B. 质量
   C. 数量　　　　　　　　　　　　D. 总值
6. 进口附加税通常是一种( )措施。
   A. 特定的临时性措施　　　　　　B. 普遍采用的措施
   C. 经常性措施　　　　　　　　　D. 被禁止的措施
7. A 国规定 2005 年从 B 国进口打火机数量不得超过 100 万只,这种贸易限制措施属于
( )
   A. "自动"出口配额　　　　　　　B. 关税配额
   C. 国别配额　　　　　　　　　　D. 全球配额
8. 一般说来,一国国际收支出现顺差会使 ( )
   A. 货币疲软　　　　　　　　　　B. 货币坚挺
   C. 通货紧缩　　　　　　　　　　D. 物价下跌
9. 当今国际储备资产币种最大的资产是 ( )
   A. 黄金储备　　　　　　　　　　B. 外汇储备
   C. 普通提款权　　　　　　　　　D. 特别提款权

10. 出口商向银行售出外汇,应使用 ( )
    A. 卖出价   B. 买入价   C. 中间价
11. 以本币为基准货币,以外币为标价货币的标价方法称 ( )
    A. 直接标价法   B. 间接标价法   C. 美元标价法
12. 1994年以后,我国的汇率制度为 ( )
    A. 固定汇率制度   B. 自由浮动汇率制度
    C. 单独的管理浮动汇率制度   D. 有管理的浮动汇率制度
13. 欧洲美元是指 ( )
    A. 欧洲地区的美元   B. 世界各国美元的总称
    C. 各国官方的美元储备   D. 美国境外的美元
14. 按照国际收支平衡表的编制原理,凡引起资产增加的项目应记入 ( )
    A. 贷方   B. 借方   C. 借贷双方同时记录
15. 一般说,国际收支平衡表中,最平衡、最重要的项目是 ( )
    A. 经常项目   B. 资本和金融项目
    C. 平衡项目   D. 错误和遗漏
16. 若在一国的国际收支平衡表中,官方储备资产项目为-100亿美元,则表示该国 ( )
    A. 减少了100亿美元储备   B. 增加了100亿美元
    C. 该国政府动用了100亿美元储备资产
17. 在金本位制下,决定汇率的是 ( )
    A. 黄金平价   B. 外汇供求
    C. 铸币平价   D. 利率水平
18. 一国在一定时期内同其他国家或地区之间资本流动的总体情况,主要反映在该国际收支平衡表的( )中。
    A. 经常项目   B. 资本项目
    C. 金融项目   D. 平衡项目
19. 管理浮动又叫做 ( )
    A. 联合浮动   B. 单独浮动
    C. 肮脏浮动   D. 钉住浮动

四、分析题

1. 在古典贸易模型中,假设A国有120名劳动力,B国有50名劳动力,如果生产棉花的话,A国的人均产量是2吨,B国也是2吨;要是生产大米的话,A国的人均产量是10吨,B国则是16吨。分析两国中哪一国拥有生产大米的绝对优势?哪一国拥有生产大米的比较优势?

2. 墨西哥金融危机既是一场货币危机,也是一场金融危机。20世纪80年代末至90年代初,墨西哥进行了全面的市场化改革,大力推进贸易自由化、金融自由化和全面私有化。市场化改革取得了一系列成果:经济增长稳步提高、财政赤字消失以及通货膨胀率稳步下降等。墨西哥市场化改革和经济状况被国际社会普遍看好,从而吸引大量外资涌入。大规模的资本流入(主要通过证券投资的方式)增加了墨西哥的外汇储备,但也使其持续严重的经常项目逆差等问题不为人们所关注,结果是大规模持续的经常项目逆差引发了墨西哥金融危机。1994年3月,墨西哥革命组织党的总统候选人遇刺,使人们对墨西哥政局的稳定产生了怀疑,面对外汇储备的潜在流失,墨西哥当局用发行一种美元指数化标价的国库券(tesobonos)来应对。但是1994年的最后几个月,资本外流越加凶猛,即使进一步发行国库券也不能弥补,墨西哥政府在两天之内就失去了四五十亿美元的外汇储备。到12月22日,外汇储备几近枯竭,降到了低于一个月进口额的水平,最后墨西哥政府被迫宣布新比索自由浮动,新比索贬值65.8%。在汇率急剧下挫的同时,墨西哥股票交易也崩溃了。危机给墨西哥带来了严重冲击。大批银行、企业因支付困难濒临倒闭。经济从1995年开始出现全面衰退,GDP下降了6.9%。失业率从3.2%上升到6.6%。墨西哥金融危机还对全球主要是拉美国家的经济产生了广泛影响。

从这个案例中,我们能得到什么启示?

3. 由于两个国家刚好具有不同商品生产的绝对优势的情况是极为偶然的,斯密的绝对优势理论仍然面临一些挑战。

1815年英国政府为维护土地贵族阶级利益而修订实行了《谷物法》。《谷物法》颁布后,英国粮价上涨,地租猛增,它对地主贵族有利,而严重地损害了产业资产阶级的利益。昂贵的谷物,使工人货币工资被迫提高,成本增加,利润减少,削弱了工业品的竞争能力;同时,昂贵的谷物,也扩大了英国各阶层的吃粮开支,而减少了对工业品的消费。《谷物法》还招致外国以高关税阻止英国工业品对他们的出口。为了废除《谷物法》,工业资产阶级采取了多种手段,鼓吹谷物自由贸易的好处。而地主贵族阶级则千方百计维护《谷物法》,认为,既然英国能够自己生产粮食,根本不需要从国外进口,反对在谷物上自由贸易。

请同学们根据自己所学的知识,想一想如何才能解决工业资产阶级的难题。

4. 作为全球最大出口国和第二大进口国,中国对外贸易自2011年下半年以来出现持续下滑态势。据商务部数据显示,2012年一季度,中国进出口总额8 592亿美元,增长7.3%,同比回落22.3%。尤其是进口方面,一季度进口额4 292.1亿美元,增长6.8%,同比回落26%。

在此背景下,国务院此次出台的加强进口的措施,旨在保持出口稳定增长的同时更加重视进口,促进对外贸易基本平衡,实现对外贸易可持续发展。为此,《关于加强进口促进对外贸易平衡发展的指导意见》(以下简称《意见》)要求进一步优化进口商品结构,稳定和引导大宗商品进口,积极扩大先进技术设备、关键零部件和能源原材料的进口,适度扩大消费品进口,进一步优化进口国别和地区结构。

尤其值得注意的是,《意见》明确将加大财税政策支持力度,调整部分商品进口关税。根据国内经济社会发展需要,以暂定税率的方式,降低部分能源原材料的进口关税,适当降低部分与人民群众生活密切相关的生活用品进口关税,重点降低初级能源原材料及战略性新兴产业所需的关键零部件的进口关税。

能源原材料及生活用品进口关税的降低将直接影响老百姓的切身利益。对此,国家发改委对外经济研究所国际合作研究室主任张建平表示,从2012年1月开始,包括资源能源、护肤品等日用品在内的730多种商品的平均关税已经降到了4.4%,比我们最惠国的税率还要低50%。自中国加入WTO之后,平均关税水平也就是9%左右,4.4%相当于已经降了一半,这个幅度很大。

根据上述资料,讨论国务院此次出台的加强进口的措施对我国进出口贸易的影响。

5. 试分析人民币升值的利与弊。

五、论述题

1. 论述一国货币贬值对进出口的作用。
2. 简述购买力平价理论的主要贡献。
3. 简述人民币汇率的形成机制。
4. 判断国际收支失衡的主要依据是什么?
5. 浮动汇率制度的利弊各有哪些?

【习题答案】

一、名词解释

1. 绝对优势理论:又称绝对成本说。该理论将一国内部不同职业之间、不同工种之间的分工原则推演到各国之间的分工,从而形成其国际分工理论。

2. 比较优势理论:比较优势理论认为,国际贸易的基础是生产技术的相对差别(而非绝对差别),以及由此产生的相对成本的差别。每个国家都应根据"两利相权取其重,两弊相权取其轻"的原则,集中生产并出口其具有"比较优势"的产品,进口其具有"比较劣势"的产品。

3. 汇率:由于世界各国货币的名称不同,币值不一,所以一国货币对其他国家的货币要规定一个兑换率,即汇率。也就是说,汇率是一国货币兑换另一国货币的比率,是以一种货币表示的另一种货币的价格。

4. 国际收支:是一种统计报表,系统地记载了在一定时期内经济主体与世界其他地方的交易。大部分交易在居民与非居民之间进行。

5. 经常项目:指本国与外国进行经济交易而经常发生的项目,是国际收支平衡表中最主要的项目,具体包括对外贸易收支、非贸易往来和无偿转让三个项目。

6. 资本项目:指资本的输出输入,所反映的是本国和外国之间以货币表示的债权债务的变动,国际收支的平衡指一国国际收支净额即净出口与净资本流出的差额为零。

二、判断题

1~5. ×××√× 6~10. ×√√×√ 11~15. ×××××

16~20. ×√×√× 21. √

三、单项选择题

1~5. DABBD   6~10. ACABB   11~15. BDDBA

16~19. BCCC

四、分析

1. 要点：A 国生产大米有绝对优势，B 国生产大米有比较优势。

2. 累积的经常项目逆差与金融危机之间似乎有较明显的因果关系。

经常项目指本国与外国进行经济交易而经常发生的项目，是国际收支平衡表中最主要的项目，包括对外贸易收支、非贸易往来和无偿转让三个项目。

对外贸易收支是指通过本国海关进出口货物而发生的外汇收支。

非贸易往来，又称劳务收支或无形贸易收支，包括货运、港口供应与劳务、旅游收支、投资收支和其他非贸易往来收支。

无偿转让，包括本国与国际组织、外国政府之间相互的无偿援助和捐赠，以及私人的侨汇和居民的其他收入。

当经常项目出现持续性逆差，而资本项目顺差又无法加以抵消时，则在国家不动用国际储备的情况下，外汇市场供求将出现较大的不平衡，对外汇的需求将大大超出对外汇的供给。此时，如若该国是浮动汇率制国家，则本币汇率会自动贬值；但如若该国为固定汇率制国家，则该国汇率将被迫维持在较高的水平，导致汇率高估问题。

3. 这篇资料提供的正是李嘉图提出比较优势的背景。李嘉图在 1817 年出版的《政治经济学及赋税原理》，提出了著名的比较优势原理(law of comparative advantage)。这是一项最重要的，至今仍然没有受到挑战的经济学的普遍原理，具有很强的实用价值和经济解释力。他认为，英国不仅要从外国进口粮食，而且要大量进口，因为英国在纺织品生产上所占的优势比在粮食生产上优势还大。故英国应专门发展纺织品生产，以其出口换取粮食，取得比较利益，提高商品生产数量。

比较优势理论是在绝对成本理论的基础上发展起来的。根据比较优势原理，一国在两种商品生产上较之另一国均处于绝对劣势，但只要处于劣势的国家在两种商品生产上劣势的程度不同，处于优势的国家在两种商品生产上优势的程度不同，则处于劣势的国家在劣势较轻的商品生产方面具有比较优势，处于优势的国家则在优势较大的商品生产方面具有比较优势。两个国家分工专业化生产和出口其具有比较优势的商品，进口其处于比较劣势的商品，则两国都能从贸易中得到利益。这就是比较优势原理。也就是说，两国按比较优势参与国际贸易，通过"两利取重，两害取轻"，都可以提升福利水平。

4. 关税是指进出口商品在经过一国关境时，由政府设置的海关向进出口国所征收的税收。

征收关税是一国政府增加其财政收入方式之一，但随着世界贸易的不断发展，关税占国家财政收入的比重在不断下降。每个国家都会对进出口的商品根据其种类和价值征收一定的税款。其作用在于通过收税抬高进口商品的价格,降低其市场竞争力,减少在市场上对本国产品的不良影响。

降低关税,可以扩大进口,从而改善我国贸易失衡局面。长期以来,随着外贸的不断繁荣,我国经济得到快速发展。但同时,贸易不平衡的问题日益显现,导致争端和摩擦不断增多,尤其是对美国持续的贸易顺差使其近来频频挥舞贸易制裁的大棒,对我国经济可持续发展造成不利影响。此次国务院出台加强进口的措施,无疑将对我国追求贸易平衡发展具有重要意义。

降低关税,可以扩大进口,从而对外可以改善中国的国际形象,对内可以增加消费。随着人民生活水平的提高和消费能力的提升,加强进口不仅能满足消费者的消费需求,也体现当前我国调整经济结构、转变经济增长方式的需求。

此外,此次进一步降低能源原材料的进口关税的措施,对抑制我国通胀水平也起到有利影响。

5. 人民币升值用最通俗的话讲就是人民币的购买力增强。

利处:

(1)扩大国内消费者对进口产品的需求,使他们得到更多实惠。

(2)减轻进口能源和原料的成本负担。我国是一个资源匮乏的国家,在国际能源和原料价格不断上涨的情况下,国内企业势必承受越来越重的成本负担。如果人民币升值到合理的程度,便可大大减轻我国进口能源和原料的负担,从而使国内企业降低成本,增强竞争力。

(3)有利于促进我国产业结构调整,改善我国在国际分工中的地位。长期以来,我国依靠廉价劳动密集型产品的数量扩张实行出口导向战略,使出口结构长期得不到优化,使我国在国际分工中一直扮演"世界打工仔"的角色。人民币适当升值,有利于推动出口企业提高技术水平,改进产品档次,从而促进我国的产业结构调整,改善我国在国际分工中的地位。

(4)有助于缓和我国和主要贸易伙伴的关系。鉴于我国出口贸易发展的迅猛势头和日益增多的贸易顺差,我国的主要贸易伙伴一再要求人民币升值。对此,简单地说"不",看似振奋人心,实则于事无补。因为这会不断恶化我国和别国的关系,给我国对外经贸发展设置障碍。近年来,针对中国的反倾销案急剧增加,就是一个很有说服力的证据。人民币适当升值,不仅有助于缓和我国和主要贸易伙伴的关系,减少经贸纠纷,而且能够树立我国作为一个大国的良好国际形象。

弊端:

(1)将对我国出口企业特别是劳动密集型企业造成冲击。在国际市场上,我国产品尤其是劳动密集型产品的出口价格远低于别国同类产品价格。究其原因,一是我国劳动力价格低廉,二是由于激烈的国内竞争,使得出口企业不惜血本,竞相采用低价销售的策略。人民币一旦升值,为维持同样的人民币价格底线,用外币表示的我国出口产品价格将有所提高,这会削弱其价格竞争力;而要使出口产品的外币价格不变,则势必挤压出口企业的利润空间,这不能不对出口企业特别是劳动密集型企业造成冲击。

(2)不利于我国引进境外直接投资。我国是世界上引进境外直接投资最多的国家,目前外资企业在我国工业、农业、服务业等各个领域发挥着日益明显的作用,对促进技术进步、增加劳动就业、扩大出口,从而对促进整个国民经济的发展产生不可忽视的影响。人民币升值后,虽然对已在中国投资的外商不会产生实质性影响,但是对即将前来中国投资的外商会产生不利影响,因为这会使他们的投资成本上升。在这种情况下,他们可能会将投资转向其他发展中国家。

(3)加大国内就业压力。人民币升值对出口企业和境外直接投资的影响,最终将体现在就业上。因为我国出口产品的大部分是劳动密集型产品,出口受阻必然会加大就业压力;外资企业则是提供新增就业岗位最多的部门之一,外资增长放缓,会使国内就业形势更为严峻。

(4)影响金融市场的稳定。人民币如果升值,大量境外短期投机资金就会趁机而入,大肆炒作人民币汇率。在中国金融市场发育还很不健全的情况下,这很容易引发金融货币危机。另外,人民币升值会使以美元衡量的银行现有不良资产的实际金额进一步上升,不利于整个银行业的改革和负债结构调整。

(5)巨额外汇储备将面临缩水的威胁。目前,中国的外汇储备居世界第一位。充足的外汇储备是我国经济实力不断增强、对外开放水平日益提高的重要标志,也是我们促进国内经济发展、参与对外经济活动的有力保证。然而,一旦人民币升值,巨额外汇储备便面临缩水的威胁。假如人民币兑美元等主要可兑换货币升值10%,则我国的外汇储备便缩水10%,这是我们不得不面对的严峻问题。

五、论述题

1. 这种手段也能起到限制进口的作用。因为,本币对外币贬值,出口商用外币表示的价格就会下降,从而提高了商品的竞争能力,有利于扩大出口。

2. (1)产生背景:金本位制结束和纸币本位制的开始,使货币金平价开始失去意义,学者们将研究转移到汇率决定基础上。

(2)贡献:

①认为两国货币的购买力(或两国物价水平)可以决定两国货币汇率,实际是从货币所代表的价值量这个层次上去分析汇率决定的,这就抓住了汇率决定的主要方面。为后人进一步分析汇率决定问题奠定了基础。

②运用购买力平价折算不同国家的国民经济主要指标,比用现行实际汇率换算更科学和可靠。

③购买力平价决定汇率的长期走势。最后,购买力平价把物价指数、汇率水平相联系,这实际就是从商品交易出发来讨论货币交易,对讨论一国汇率政策与发展进出口贸易的关系具有参考价值。

3.（1）现行人民币汇率形成机制是指现行人民币汇率是在什么机制作用下形成的。1994年1月1日人民币汇率实现了官方汇率与外汇调剂市场汇率并轨,开始实行以市场供求为基础的单一的有管理的浮动汇率制度。

（2）该制度下人民币汇率形成机制可概括为以下要点：

①汇率制度是有管理的浮动汇率制度：允许人民币汇率在中国人民银行公布的汇率范围内浮动；人民银行通过规定银行在外汇市场的周转头寸,以及相应的货币政策手段在外汇市场吞吐外汇,调节外汇供求,以保证汇率稳定。

②汇率形成以外汇市场的供求状况为基础。外汇指定银行在中央银行规定的交易头寸内进行银行间外汇买卖,形成市场供求,并在此基础上确定人民币对外币的市场价格。人民银行根据前一营业日银行间外汇市场上形成的美元对人民币的加权平均价,公布当日主要交易货币对人民币的基准汇率；外汇指定银行根据公布的基准价,根据国际主要外汇市场的行情,套算出人民币对其他货币的汇价。外汇指定银行在规定的浮动范围内确定挂牌汇率,对客户买卖外汇。

③在国内汇率是统一的。所有的贸易、非贸易以及资本项目的对外结算支付都使用统一汇率。

4.国际经济交易反映到国际收支平衡表上有若干项目,按交易的性质,这些项目可分为自主性交易和调节性交易两种类型。所谓自主性交易,又称事前交易,是指个人或企业为某种自主性目的(比如追逐利润、追求市场、旅游、汇款、赡养亲友等)而进行的交易。

从理论上说,如果基于自主性交易就能维持的平衡,则该国的国际收支是平衡的,如果自主性交易收支不能相抵,必须用补偿性交易来轧平,这样达到的平衡是形式上的平衡,被动的平衡,其实质就是国际收支的不平衡或失衡。

这种识别国际收支不平衡的方法,从理论上看是很有道理的,但在概念上很难准确区别自主性交易与补偿性交易,在统计上也难以区别。因此,按交易动机识别国际收支的平衡与不平衡仅仅提供了一种思维方式,迄今为止,还无法将这一思维付诸实践。

5.浮动汇率制度的主要优点：

（1）对国际收支失衡的调节具有自发性。

（2）具有本国经济政策的自主性。

（3）浮动汇率制能在一定程度上抵御国外经济波动对本国经济的冲击。

（4）浮动汇率制下,一国无需保有太多的外汇储备,可使更多的外汇资金用于经济发展。

浮动汇率制的主要缺点是汇率频繁与剧烈的波动,对世界经济发展产生不利影响；浮动汇率制的另一个主要缺点是为外汇投机提供了条件,助长了外汇投机活动,这必然会加剧国际金融市场的动荡与混乱。

参考文献

[1] 佟明亮,李敬来. 微观经济学[M]. 哈尔滨:哈尔滨工业大学出版社,2010.
[2] 尹伯成. 西方经济学简明教程[M]. 上海:上海人民出版社,2006.
[3] 曼昆. 经济学原理[M]. 2版. 北京:北京大学出版社,2001.
[4] 黄亚钧. 宏观经济学[M]. 2版. 北京:高等教育出版社,2000.
[5] 尹伯成. 现代西方经济学习题指南(微观经济学)[M]. 上海:复旦大学出版社,2006.
[6] 蔡继明. 宏观经济学习题[M]. 北京:人民出版社,2002.
[7] 张东辉. 西方经济学习题集萃(宏观分册)[M]. 北京:经济科学出版社,2003.